CHRISTOPH REICHARD

Managementkonzeption des Öffentlichen Verwaltungsbetriebes

Betriebswirtschaftliche Forschungsergebnisse

Band 61

Managementkonzeption des Öffentlichen Verwaltungsbetriebes

Von

Dipl.-Kfm. Dr. Christoph Reichard

DUNCKER & HUMBLOT / BERLIN

Gedruckt 1973 bei Buchdruckerei Bruno Luck, Berlin 65
Printed in Germany
ISBN 3 428 02970 4

Geleitwort des Herausgebers

Die vorliegende Arbeit behandelt eine Fragestellung, deren Beantwortung sowohl das Interesse der Sozialwissenschaften als auch der Verwaltungspraxis finden dürfte. Ist sie zwar wegen des Untersuchungsgegenstandes hauptsächlich in der Betriebswirtschaftslehre angesiedelt, so betreffen doch deren Ergebnisse auch ihre Nachbardisziplinen.

Dieser reizvolle interdisziplinäre Bezug der Thematik erfordert die Bewältigung eines breiten Spektrums von Teilfragen, zumal die Intention des Verfassers darauf abzielt, das unkonventionelle privatwirtschaftliche Managementdenken und -handeln auf öffentliche Institutionen (Bundes-, Landes- und Kommunalverwaltungen, Militär, Schulen, Universitäten etc.) zu übertragen, die nicht nur historisch nach Funktionen und Mentalität gewachsen, sondern auch mit verschiedensten Handlungsnormen belegt und in ihrer Aktivität eingeengt sind. Das fordert somit die Berücksichtigung staatsphilosophischer, verwaltungsrechtlicher sowie cameralistischer Entwicklungslinien und Tendenzen heraus. Die Thematik ist dabei höchst aktuell, zumal sich eine entscheidungsorientierte Betriebswirtschaftslehre der öffentlichen Verwaltung zu entwickeln beginnt, und zudem das Selbstverständnis der angesprochenen Institutionen bezüglich der Erfüllung ihrer Aufgaben eine kräftige Nuancierung erfährt.

Ausgehend von einer systemtheoretischen Darstellung der Struktur des Öffentlichen Verwaltungsbetriebes und einer Bestandsaufnahme des gegenwärtigen „Verwaltungshandelns“ werden als wesentliche Elemente der Managementkonzeption dieser Institutionen Zielbildung, Entschlußdezentralisation, Leistungsmotivation und Personalentwicklung hinsichtlich der Realisierungsmöglichkeiten und -hindernisse untersucht sowie Vorschläge über anwendbare Methoden und Instrumente unterbreitet. Dabei wird das menschliche Element in einen Blickpunkt des Interesses gerückt, der ihm in früheren Betrachtungen dieses Phänomens nicht beigemessen wurde, ihm dennoch im Hinblick auf die theoretischen und praktischen Entwicklungslinien zukommt. Die Darlegung drängt in die Richtung, den Behördenleiter bezüglich der Erreichung ökonomischer Ziele in seinem Ressort als Manager und die ihm unterstellten Staatsdiener als agierende Mitarbeiter zu sehen.

Folgerichtig ist die Prüfung der Anwendbarkeit dieser Elemente einer Managementkonzeption auf den Öffentlichen Verwaltungsbetrieb, unausbleiblich die sich stets stellende Frage nach der Verträglichkeit privatwirtschaftlich bewährter Praktiken mit den Belangen dieser staatlichen Einrichtungen. Dabei muß man bedenken, daß die „staatsphilosophische Brücke“ nicht einfach zu überschreiten ist.

Die Arbeit ist mutig; zu betonen aber auch die Frische, mit der der Verfasser die Dinge angeht, festzustellen nicht zuletzt manche Unbefangenheit, mit der er sich über normative Residuen hinwegsetzt. Doch das dürfte notwendig sein, wenn man in unerschlossene Gebiete vordringt. Der Schrift ist sowohl aus theoretischer als auch praktischer Sicht eine lebhafte Diskussion zu wünschen.

Freiburg im Breisgau, Juni 1973

Prof. Dr. *Ralf-Bodo Schmidt*

Vorwort

Zwischen den in ihrer Menge wachsenden sowie ihrer Art und Qualität variierenden Zielen der Öffentlichen Verwaltung und den zu ihrer Erreichung eingesetzten Methoden der Planung, Führung und Kontrolle von Verwaltungsbetrieben besteht eine sich zunehmend vergrößernde Diskrepanz. Von verschiedenen Seiten wird aus diesem Grunde die Neuformulierung einer zeitgemäßen, zielorientierten Managementkonzeption der Verwaltung gefordert.

Die vorliegende Untersuchung will einen Beitrag zu diesem Anliegen leisten, indem wesentliche Elemente einer tragfähigen, zukunftsorientierten Managementkonzeption von Verwaltungsbetrieben entwickelt und auf ihre Praktikabilität hin geprüft werden. Dabei steht zwar die betriebswirtschaftliche Sichtweise im Vordergrund, sozialpsychologische und verwaltungswissenschaftliche Aspekte werden jedoch möglichst in die Untersuchung einbezogen.

Herrn Professor Dr. Ralf-Bodo Schmidt, meinem akademischen Lehrer, danke ich für die wohlwollende Förderung und Betreuung dieser Arbeit. Desgleichen schulde ich Herrn Professor Dr. Jürgen Wild Dank für seine wertvollen Anregungen. Darüber hinaus bin ich Herrn Professor Dr. Klaus Chmielewicz für seine richtungweisenden Hinweise im Entstehungsstadium dieser Untersuchung sehr zu Dank verpflichtet.
Das Manuskript wurde im August 1972 abgeschlossen.

Christoph Reichard

Inhaltsverzeichnis

A. Grundlegung

1. Behörden gelten gemeinhin nicht gerade als Symbole eines fortschrittlichen Managements. Sie werden vielfach mit wenig schmeichelhaften Vokabeln wie unproduktiv, bürokratisch, traditionsverhaftet oder engstirnig belegt. Überlegungen zu einer Neugestaltung des Verwaltungsmanagements scheinen daher bereits auf den ersten Blick nicht völlig nutzlos zu sein. Die Notwendigkeit einer Beschäftigung mit dem Management der Öffentlichen Verwaltung nimmt zu, wenn man sich die Tatsache vergegenwärtigt, daß Behörden durch Steuermittel finanziert werden und daß die Öffentliche Hand am Sozialprodukt fast zur Hälfte beteiligt ist, wobei ihr Anteil ständig zunimmt. Eine Beschäftigung mit Problemen der Öffentlichen Verwaltung hat demzufolge zweifellos praktische Bedeutung.

Fragestellungen des Verwaltungsmanagements kann man sich von verschiedenen Disziplinen her nähern. Hier wird versucht, die Problematik primär aus betriebswirtschaftlicher Sicht zu beleuchten. Eine betriebswirtschaftliche Betrachtungsweise hat den Vorteil, daß — im Rahmen einer Betriebswirtschaftslehre der Öffentlichen Verwaltung (vgl. dazu die Vorschläge von *Chmielewicz* [Betriebswirtschaftslehre]) — Erkenntnisse zur Lösung von Verwaltungsproblemen angewendet werden können, die sich bereits im Unternehmungsbereich bewährt haben. Diese Zentrierung auf die betriebswirtschaftliche Problemschicht der Öffentlichen Verwaltung schließt anderweitige Erkenntnisbemühungen keineswegs aus, sondern ergänzt sie.

Im Vordergrund der Betrachtung steht demgemäß nicht die Öffentliche Verwaltung in ihrer Gesamtheit, sondern entsprechend der Blickrichtung der Betriebswirtschaftslehre der einzelne „Betrieb" der Öffentlichen Verwaltung, wie er etwa durch ein Ministerium, eine Stadtverwaltung oder andere Einzelbehörden repräsentiert wird. Derartige Verwaltungseinrichtungen haben *Betriebscharakter,* weil in ihnen ebenso wie in privaten Wirtschaftseinheiten im Rahmen eines einheitlichen Zielsystems ökonomische Entscheidungen über den Einsatz knapper Mittel (Etat, Personal, Sachgüter, Dienstleistungen) getroffen werden.

Jeder Betrieb bedarf zur Erfüllung seiner Funktionen eines Managementsystems, das die auftretenden Entscheidungsprozesse lenkt und die an diesen beteiligten Mitarbeiter führt. Auf die Gestaltung des Managementsystems von Öffentlichen Verwaltungsbetrieben nach Maßgabe einer zu entwerfenden Managementkonzeption konzentrieren sich die hier vorgestellten Überlegungen. Durch die Begrenzung des Betrachtungsfeldes auf die Managementkonzeption, die angibt, welche Elemente und Relationen eines Managementsystems zum Zwecke der Betriebslenkung zu aktivieren sind, müssen eine Reihe wichtiger Fragen einer Betriebswirtschaftslehre der Öffentlichen Verwaltung zwangsläufig unbeantwortet bleiben (vgl. dazu *Chmielewicz* [Betriebswirtschaftslehre 588 ff.]).

Des weiteren sei darauf hingewiesen, daß sich die Überlegungen auf die Verhältnisse in der Öffentlichen Verwaltung der Bundesrepublik Deutschland beziehen, weil gehaltvolle Aussagen einer konkreten Erfahrungsbasis bedürfen. Eine komplette Bestandsaufnahme des gegenwärtigen deutschen Verwaltungsmanagements kann und soll damit indes nicht geliefert werden. Vielmehr werden einzelne Beispiele aus der Verwaltungspraxis zur Verdeutlichung des Neugestaltungserfordernisses herangezogen. Dabei wird die Öffentliche Verwaltung in ihrer Gesamtheit betrachtet, was zur Folge hat, daß einige Bemerkungen für Teilbereiche — wie etwa die Ministerialbürokratie — nur partiell zutreffend sind. Die empirische Erfahrungsbasis ist gegenwärtig noch zu schmal, um differenzierende Betrachtungen im Einzelfall zuzulassen.

Ferner können von dieser Untersuchung keine konkreten Vorschläge zur Durchsetzung und Einführung der referierten Managementkonzeption erwartet werden, da die Realisation von Verwaltungsreformen im Spannungsfeld divergierender gesellschafts-, partei- und standespolitischer Interessen steht und die Ergebnisse derartiger Reformen kaum mittels theoretischer Erörterung antizipiert werden können. Schließlich sei bemerkt, daß innenpolitische, staats- und verwaltungsrechtliche, finanzwissenschaftliche oder gesamtwirtschaftliche Fragestellungen nur insoweit diskutiert werden, wie sie zur Beurteilung der Managementkonzeption von Öffentlichen Verwaltungsbetrieben relevant sind.

2. Unter einem *Öffentlichen Verwaltungsbetrieb* ist ein sozioökonomisch-technisches System mit einheitlichem Zielsystem zu verstehen, das als integrierter Bestandteil eines Staatswesens öffentliche Leistungen produziert (vgl. zum Betriebscharakter von öffentlichen Verwaltungen auch *Bischofsberger* [Durchsetzung 30 ff.], *Chmielewicz* [Betriebswirtschaftslehre 583 ff.], *Eichhorn* [Haushalte 619], *Kosiol* [Einführung 25 ff.], *Pohmer* [Steuerlehre 37 ff.], *Winckelmann* [Betriebswirtschaftslehre 322 f.]). Als Öffentliche Verwaltungsbetriebe sind alle diejenigen staatlichen Exekutivinstitutionen anzusehen, die durch *kollektive* Fremdbedarfsdeckung zur Erreichung staatlicher Ziele beitragen (vgl. *Chmielewicz* [Betriebswirtschaftslehre 585 f.]). Dazu rechnen in erster Linie die Bundes-, Landes- und Kommunalverwaltungen, aber auch

die Organe der inneren und äußeren Sicherheit (Militär, Polizei, Feuerwehr, Strafvollzug), Schulen, Universitäten und andere öffentliche Einrichtungen wie Bundes- oder Landesämter bzw. -anstalten (z. B. Bundeskriminalamt, Bundesgesundheitsamt, Statistisches Bundesamt, Bundesamt für Umweltschutz, Bundesanstalt für Materialprüfung). Organe der Legislative und der Judikative (Parlamente, Gerichte) gehören hingegen — wie auf S. 23 f. noch im einzelnen ausgeführt wird — nicht zum Bereich der Öffentlichen Verwaltung.

Öffentliche Verwaltungsbetriebe stellen einen eigenständigen Betriebstyp im betriebswirtschaftlichen Begriffssystem dar, da sie weder als Unternehmungen (wegen mangelnder Selbständigkeit) noch als Haushaltungen (aufgrund ihres Fremdbedarfsdeckungscharakters) angesehen werden können.

Öffentliche Betriebe wie auch öffentliche Unternehmungen — man denke etwa an kommunale Versorgungsbetriebe oder Sparkassen — sind hingegen nicht als Öffentliche Verwaltungsbetriebe anzusehen, da sie nicht die Deckung von Kollektivbedürfnissen, sondern von Individualbedürfnissen verfolgen und zudem durch die besondere technologische und marktwirtschaftliche Art der angebotenen Leistungen charakterisiert sind (vgl. *Schnettler* [Betriebe], *Püttner* [Unternehmen 383 ff.]). Eine eindeutige Trennung von Öffentlichem Betrieb und Öffentlichem Verwaltungsbetrieb fällt indes vielfach schwer, weil beide genannten Betriebstypen nur bestimmte Punkte eines Merkmalskontinuums markieren und zwischen ihnen eine Reihe von Mischtypen liegen (z. B. Theater oder Krankenhäuser; vgl. hierzu *Chmielewicz* [Betriebswirtschaftslehre 603 ff.]). Inwieweit die hier diskutierte Managementkonzeption auch in Öffentlichen Betrieben einsetzbar bzw. durch privatwirtschaftliche Lenkungsinstrumente zu modifizieren ist, muß späteren Untersuchungen vorbehalten bleiben.

3. Die Analyse von praktizierten Managementkonzeptionen in Öffentlichen Verwaltungsbetrieben und die Entwicklung von Hypothesen zu ihrer Neugestaltung ist geboten, weil das existierende Verwaltungsmanagement den gegenwärtig zu stellenden Anforderungen nicht entspricht. Die Diskrepanz zwischen Anforderungen und Istzustand ist vor allem darauf zurückzuführen, daß sich das Management in der Öffentlichen Verwaltung an Leistungszielstrukturen orientiert, die zwar für die Vergangenheit Gültigkeit besaßen, heute jedoch nicht mehr in gleichem Umfang maßgeblich sind, und daß die Mitarbeiter von einem Selbstverständnis des Staatsdieners ausgehen, das heute kaum mehr der Wirklichkeit entspricht.

In der Vergangenheit dominierte die Eingriffs- resp. *Hoheitsverwaltung* im Staatswesen, was vor allem mit einer entsprechenden Staatsauffassung zu erklären ist. Man braucht dabei nicht einmal bis zu ständischen oder absolutistischen Staatsformen zurückzudenken (vgl. zu letzteren sehr ausführlich *Höhn* [Verwaltung 1—58]), auch in liberalistisch orientierten Staatsvorstellungen, in denen der Staat als Selbstschutzorganisation der Bürger vor inneren und äußeren Gefahren fungierte (*Chmielewicz* [Betriebswirtschaftslehre 586]), war die Öffentliche Verwaltung primär ein Herrschaftsinstrument des — sich zunehmend verselbständigenden — Staates zur Aufrechterhaltung von Ruhe und Ordnung mit dem Ziel seiner Existenzsicherung.

Die Leistungsziele der Öffentlichen Verwaltung waren in der Vergangenheit durch einen geringen Umfang staatlicher Aktivität und durch die Dominanz gesetzlich fundierter Hoheitsakte (vor allem Ausübung obrigkeitlicher Herrschaft und Sicherung des Staates) geprägt. Begünstigt wurden derartige Zielstrukturen durch das vergleichsweise statische Verhalten gesellschaftlicher, ökonomischer und technologischer Systeme. Es gab relativ starre gesellschaftliche Klassen sowie gesicherte, generell akzeptierte Normensysteme. Die Wirtschaftsentwicklung verlief stabil, der technische Fortschritt wies relativ geringe Steigerungsraten auf. Die Selbststeuerung von Wirtschaft und Gesellschaft wurde allgemein als funktionsfähig empfunden. Die Zielentwicklung verlief in den einzelnen (Teil-)Staaten allerdings unterschiedlich. Preußen beispielsweise übernahm schon früh Leistungsfunktionen für seine Bürger in Form von Krankenversorgung oder Verkehrswesen.

Die Reaktion des Verwaltungsapparates war folgerichtig: Es entwickelte sich ein *bürokratisches System,* das Art, Umfang und Kontinuität staatlicher Leistungsziele durch entsprechende Strukturbildung Rechnung trug (s. S. 39 ff.). Dabei kann nicht bestritten werden, daß das bürokratische System deutscher Staatsverwaltung im Lichte damaliger Zielstrukturen effektiv war. Zum Erfolg der Öffentlichen Verwaltung trug nicht zuletzt auch der Geist der in diesem System tätigen „Staatsdiener" bei, der durch Staatsethos, Pflichtbewußtsein, Treue und unbedingten Gehorsam geprägt war und der im Ideal des unbestechlichen, gewissenhaften „preußischen Beamten" sichtbaren Ausdruck fand. Im Verwaltungssystem der Vergangenheit erwiesen sich mithin Mitarbeiterstamm, organisatorische Struktur wie auch Managementkonzeption durchaus als geeignet zur Bewältigung anstehender Leistungsziele.

Für die Gegenwart trifft dies indes nicht in gleichem Maße zu: der Öffentliche Verwaltungsbetrieb befindet sich in einem „administrative gap" hinsichtlich gegenwärtiger Leistungsziele. Die Zielstruktur der Öffentlichen Verwaltung hat sich von der Hoheits- zur Leistungsverwaltung gewandelt, das Zielerreichungspotential der Öffentlichen Verwaltungsbetriebe hat jedoch auf den Zielwandel strukturell noch nicht reagiert, sondern ist nach wie vor auf die Ziele des vorigen Jahrhunderts fixiert. Der Verwaltungsmitarbeiter fungiert zudem in erster Linie nicht mehr als Diener eines Staates, sondern als Diener für die Öffentlichkeit („public servant"; vgl. *Scheuch* [Denkstruktur 105]).

Die gegenwärtig dominante *Leistungsverwaltung* bezieht ihre Legitimation aus dem grundgesetzlich normierten Sozialstaatsprinzip, demgemäß der Staat für gesicherte Lebensbedingungen seiner Bürger zu sorgen hat. Der Staat leistet in stärkerem Maße als früher beispielsweise Schutz vor unverschuldeter Not (so im Falle von Krankheit, Invalidität oder Arbeitslosigkeit) und betreibt Infrastrukturpolitik in Form von Wirtschaftsförderung, Straßen-, Schul- oder Kindergartenbau (vgl. auch *Reichelt* [Organisationsprobleme 327]). Eine individuelle Bedürfnisbefriedigung ist heute vielfach nur bei Vorhandensein entsprechender komplementärer Kollektivgüter möglich (vgl. *Sutter* [Führung 24]).

Der Zielverlagerungsprozeß dokumentiert sich zahlenmäßig in der Relation, daß 75 % der Staatsausgaben auf Leistungs-, 25 % auf Hoheitsverwaltung entfallen (vgl. *Kaiser* [Aufstand 54]). Hinzu kommt das außergewöhnlich hohe Wachstum von Ausgabenvolumen und Beschäftigtenzahlen in den letzten 50 Jahren, wie Statistiken nachweisen (vgl. *Wagener* [Neubau 38 ff.]). Adolph Wagners Gesetz der wachsenden Staatsaufgaben hat sich damit weitgehend bestätigt (vgl. z. B. *Winckelmann* [Betriebswirtschaftslehre 321]), wenngleich nicht angenommen werden kann, daß sich derartige Wachstumssprünge auch in der Zukunft wiederholen werden (vgl. *Wagener* [Neubau 43 ff.]).

Diese Aspekte machen wohl deutlich, in welch außerordentlichem Maße sich die Leistungsziele des Öffentlichen Verwaltungsbetriebes gewandelt haben. Ergänzend tritt eine — heute erst in Ansätzen erkennbare — Veränderung der *Erfolgszielsetzung* hinzu, wie sie etwa in den Bestrebungen zur Durchführung von Cost-Benefit-Analysen bei der Beurteilung öffentlicher Projekte zum Ausdruck kommt. Das Bewußtsein wächst, daß öffentliche Leistungen nicht etwa weniger, sondern im Gegenteil besonders wirtschaftlich erzeugt werden müssen, weil der Öffentliche Verwaltungsbetrieb ihm anvertraute Steuergelder einsetzt (vgl. *Höhn* [Verwaltung 141]), auch wenn infolge fehlender Wirtschaftlichkeitsautomatismen die Erfolgslenkung schwieriger ist.

Durch das rein quantitative Mitwachsen der Öffentlichen Verwaltung mit der Zielexpansion treten zusätzliche Schwierigkeiten auf: Behörden erreichen Dimensionen von *Großbetrieben,* in denen Einzelressorts ein Eigenleben führen und Koordination mit herkömmlichen Mitteln kaum noch möglich ist. Allein innerhalb der Bundesregierung gibt es beispielsweise über 1500 Referate in den verschiedenen Ministerien (vgl. *Jochimsen* [Aufbau 950]). Hinzu kommt, daß die Öffentliche Verwaltung von reinen Zielerreichungsaktivitäten zunehmend auch zu *Zielsetzungsentscheidungen* übergeht, die früher fast ausschließlich vom Gesetzgeber getroffen wurden (vgl. auch die Überlegungen zum korrelativen Modell der Verwaltung von *Grauhan* [Verwaltungsführung]). Der Grund hierfür liegt in der steigenden Komplexität staatlichen Handelns und vor allem im wachsenden Planungsaufwand, der vom Parlament, auch in Ausschußarbeit, kaum bewältigt werden kann. Hieraus resultiert ein Informationsvorsprung der Öffentlichen Verwaltung, der sich in wachsendem Einfluß auf (vor allem Detail-)Zielsetzungsentscheidungen niederschlägt und zu größerer Selbständigkeit speziell im Bereich der Leistungsverwaltung führt. Die Legislative entwickelt sich dadurch zur Rahmenzielsetzungs- und Kontrollinstitution, die zunehmend auf die Kooperation mit der Verwaltung angewiesen ist, woraus sich Konsequenzen für das Gewaltenteilungssystem herleiten.

Für die Zukunft ist mit einer verstärkten Zunahme der Leistungsverwaltung zu rechnen, wobei das Schwergewicht auf *Planungsleistungen* liegen wird. Dies läßt sich exemplarisch mit der prognostizierten Zunahme einiger Zielbereiche untermauern: Umweltschutz, Stadterneuerung, Verkehrswege und -mittel, Bildungseinrichtungen, Sozialhilfe, Gesundheitsförderung und Freizeitgestaltung werden — ganz abgesehen von wirtschaftspolitischen Steuerungsmaßnahmen, wie sie ansatzweise in den §§ 8 und 9 des Stabilitätsgesetzes vom 8. 6. 1967 zum Ausdruck kommen — in erheblichem Maße Planungsaktivitäten der Öffentlichen Verwaltung erforderlich machen (vgl. *Wagener* [Neubau 44 ff.]). Insbesondere die Früherkennung gesellschaftlicher Bedürfnisse sowie technologischer und ökonomischer Veränderungen und — vielleicht noch wichtiger — die aktive Neugestaltung gesellschaftlicher Lebensräume, um Bedürfnisse von vornherein in sinnvolle Bahnen zu lenken, stellen primäre, innovative Leistungsziele dar. Erschwerend kommt eine steigende Änderungsgeschwindigkeit und damit kürzere Lebensdauer der Verwaltungziele hinzu (vgl. *Bleicher* [Perspektiven 25]).

4. Die Entwicklung der Aussagen über die Struktur und Funktionsweise einer Managementkonzeption von Öffentlichen Verwaltungsbetrieben geschieht zwar grundsätzlich auf der *methodischen Basis* des logischen Empirismus (vgl. dazu z. B. *Schmidt* [Wirtschaftslehre I, 22 ff. u. 34]). Den strengen Anforderungen einer realtheoretischen Wissenschaftskonzeption kann jedoch kaum entsprochen werden. Im gegenwärtigen Stadium können weder logisch stringente noch empirisch hinreichend bestätigte Theorien angeboten werden. Dieser wohl für die gesamte Betriebswirtschaftslehre zutreffende, wenig befriedigende Zustand (vgl. *Wild* [Grundlagen 179 ff.], *R. H. Schmidt* [Überlegungen 398 ff.]) macht deutlich, daß realtheoretische Anforderungen als Forschungsziele fraglos unbedingte Gültigkeit besitzen, daß man aber von

der Erreichung dieser Ziele weit entfernt ist und sich heutzutage meist mit relativ unscharfen Plausibilitätsannahmen begnügen muß.

Infolge der Komplexität der in Managementsystemen auftretenden Entscheidungsprobleme sowie insbesondere angesichts der in diese Entscheidungsprozesse integrierten Menschen ist eine interdisziplinäre Fundierung des betriebswirtschaftlichen Aussagensystems unumgänglich (vgl. auch *Schanz* [Wertfreiheit 391]). Der rein ökonomischen Analyse sind insbesondere soziologische und psychologische Problemlösungen (beispielsweise im Zusammenhang mit der Mitarbeitermotivation) vorgelagert, so daß es bisweilen zu einer Akzentverschiebung von der wirtschaftlichen zur sozialpsychologischen Betrachtungsweise kommen kann, wobei aber immer der wirtschaftliche Aspekt der ausschlaggebende ist. Auf diese Weise zeichnet sich eine Verlagerung des Wissenschaftsprogrammes von einer „reinen" Ökonomie zu einer Sozialökonomie ab.

Die Erarbeitung der angestrebten Aussagen folgt einer pluralistischen *Wissenschaftszielkonzeption*, die sich aus einem essentialistischen, einem theoretischen und einem pragmatischen Wissenschaftsziel zusammensetzt (vgl. *Chmielewicz* [Forschungskonzeptionen 5]). Das essentialistische Ziel besteht in einer möglichst exakten und zweckmäßigen Begriffsbildung, das theoretische Ziel in der Erklärung und Prognose realer ökonomischer Phänomene und das pragmatische Ziel in der Aufstellung instrumentaler Satzsysteme zur Lösung betrieblicher Entscheidungsprobleme. Zur Erreichung dieser Wissenschaftszielkonzeption dienen verschiedene *Forschungskonzeptionen* (vgl. dazu ebenfalls *Chmielewicz* [Forschungskonzeptionen 7 ff.]). Erstens sind in gewissem Umfang terminologische Aussagen erforderlich, weil infolge des expliziten Einbezuges von Öffentlichen Verwaltungsbetrieben in das Erkenntnisobjekt der Betriebswirtschaftslehre einige Begriffe einzuführen resp. zu prüfen sind. Zweitens ist ein theoretisches Aussagensystem zur Beschreibung und Erklärung von Managementkonzeptionen zu schaffen, das allerdings infolge mangelnder empirischer Begründbarkeit weitgehend im Stadium der Beschreibung gedanklicher Vorstellungsmodelle verharrt. Das Wahrheitsproblem realtheoretischer Aussagen, das bereits im Unternehmungsbereich auftritt (vgl. dazu *Beyer* [Managementlehre 344 ff.]), verstärkt sich bei der Übertragung von Unternehmungserkenntnissen auf den Öffentlichen Verwaltungsbetrieb, weil dabei ein — methodisch fragwürdiger — Analogieschluß oftmals nicht vermeidbar ist. Drittens sind technologische Aussagen zu treffen, indem finale Handlungsregeln bezüglich der praktischen Gestaltung von Managementkonzeptionen entworfen werden, die über die Wirksamkeit von Mitteln im Hinblick auf gesetzte Ziele Auskunft geben. Als generelles Ziel wird die Erreichung einer größeren Effizienz bei der Lenkung von Öffentlichen

Verwaltungsbetrieben, die sich letztlich in Leistungs-Kosten-Differenzen niederschlägt, ins Auge gefaßt.

Mit Blick auf das zukünftige methodische Vorgehen könnte man eine *Verwaltungstechnologie* im Sinne der interdisziplinären Ergänzung und Umformung verschiedener theoretischer Einzeldisziplinen als geeignetes Forschungskonzept ansehen. Eine solche Verwaltungstechnologie müßte neben anderen Disziplinen Teilgebiete der System-, Entscheidungs- und Informationstheorie, der Politologie, Soziologie, Psychologie und Rechtswissenschaft sowie schließlich der Volks- und Betriebswirtschaftslehre einbeziehen, weil sich diese Wissensgebiete partiell mit Phänomenen der Öffentlichen Verwaltung befassen (vgl. auch *Luhmann* [Grenzen 305, 308, 313]). Wesentliches Merkmal einer Verwaltungstechnologie sollte die integrative Kopplung — bislang meist isoliert diskutierter — sozialpsychologischer und entscheidungstheoretischer Erkenntnisse sein, weil nur so eine entscheidungsorientierte Managementlehre entwickelt werden kann.

5. Im Rahmen der vorliegenden Untersuchung werden folgende *Ergebnisse* angestrebt: Es sollen Vorschläge zur Gestaltung einer Managementkonzeption von Öffentlichen Verwaltungsbetrieben entwickelt und geprüft werden, die die Lenkung betrieblicher Entscheidungsprozesse nach Maßgabe gegenwärtig gültiger Staatsziele gestattet. Dabei wird es sich zeigen, daß eine Aufgliederung der Managementkonzeption in die vier Grundelemente Zielbildung, Entschlußdezentralisation, Leistungsmotivation und Personalentwicklung zweckvoll ist, weil es sich hierbei um zwar partiell überlappende, jedoch hinreichend abgrenzbare und übersichtliche Problembereiche des Managements handelt.

a) Zunächst wird versucht, ein Formalgerüst der Bildung von Verwaltungszielen zu entwerfen, indem ein kooperatives und integriertes *Zielbildungssystem* im Öffentlichen Verwaltungsbetrieb mit seinen Strukturmerkmalen dargestellt wird und mögliche staatstheoretische Bedenken gegen das Konzept geprüft werden. Der Kern dieses Managementbausteins ist in der Integration der sachorientierten Ziel- und Maßnahmenplanung sowie der personenorientierten Zielvereinbarung zwischen den beteiligten Verwaltungsmitarbeitern zu sehen. Im Zuge dieses Integrationsvorhabens wird es auch darauf ankommen, zu einer Kombination zweier — jeweils isoliert bekannter — neuerer Managementkonzepte zu finden, nämlich des Planning-Programming-Budgeting-Systems (PPBS) und des Management by Objectives (MbO).

b) In einem nächsten Schritt ist beabsichtigt, die Möglichkeiten und Techniken der *Dezentralisation* von Entscheidungen zu untersuchen. Dabei sollen — ausgehend von einer entscheidungsprozessualen und motivationstheoretischen Analyse der Entschlußpartizipation von Verwaltungsmitarbeitern — die funktionalen und motivationalen Vorteile eines erweiterten Dezentralisationskonzeptes im Öffentlichen Verwaltungsbetrieb zusammengestellt und mögliche verwaltungsrechtliche, personelle wie auch organisatorische Bedenken auf ihre Berechtigung geprüft werden. Bei weitreichender Entschlußdezentralisation können Kapazitätsfreisetzungseffekte bei Vorgesetzten und Motivationseffekte bei Untergebenen bei gleichzeitiger Beschleunigung und Vereinfachung der Verwaltungsprozesse erwartet werden. Als nachteilig können sich allerdings mögliche Bürokratisierungstendenzen, insbesondere bei zu detaillierten und statischen Stellenbeschreibungen, erweisen.

c) Im folgenden Managementbaustein wird die Gewinnung von Erkenntnissen über die betriebsziel- wie auch bedürfnisadäquate *Leistungsmotivation* von Verwaltungsmitarbeitern angestrebt. Hierzu wird es erforderlich sein, bestehende Motivationsprozesse und -instrumente im Öffentlichen Verwaltungsbetrieb einer kritischen Analyse zu unterziehen und unter Heranziehung neuerer sozialpsychologischer Forschungsergebnisse Gestaltungsvorschläge abzuleiten. Als Resultat ist ein pluralistisches Anreizsystem zu erwarten, das mehr auf tätigkeits-, aufstiegs- und gruppenorientierte Anreize denn auf sicherheits- und sanktionsbezogene Motivatoren abstellt. Dabei sind auch die jedem Motivationskonzept immanenten Manipulationsgefahren nicht außer acht zu lassen.

d) Im letzten Element einer Verwaltungs-Managementkonzeption sollen schließlich Überlegungen zur Struktur eines *Personalentwicklungssystems* angestellt werden. Weder die gegenwärtige Aus- und Fortbildung noch die Personalförderung von Verwaltungsmitarbeitern entsprechen den an ein zweckmäßiges „Management-Development"-System zu stellenden Anforderungen. Aus diesem Grunde sind Vorschläge zur Gestaltung von Aus- und Fortbildungs- wie auch Förderungsprozessen, -verfahren und -instrumenten im Öffentlichen Verwaltungsbetrieb zu machen. Damit werden mitarbeitsintensive, motivationswirksame und arbeitsplatznahe Aus- und Fortbildungsverfahren sowie individuelle Beurteilungsmethoden zur Diskussion gestellt.

Eine praktikable Managementkonzeption kann nicht in der bloßen Aneinanderreihung isolierter Grundelemente bestehen, sondern hat den *Wirkungsverbund* der Elemente zu berücksichtigen. Diesem Anliegen soll zumindest hinweisartig in einem letzten Teil der Untersuchung entsprochen werden. Dabei wird es sich zeigen, daß insbesondere vom Motivationselement Wirkungsbeziehungen zu den übrigen Elementen ausgehen und daß auch zwischen Zielbildung und Entschlußdezentralisation Interdependenzen bestehen. Ferner soll in diesem abschließenden Teil geprüft werden, ob die entwickelte Managementkonzeption in allen Öffentlichen Verwaltungsbetrieben gleichermaßen einsetzbar ist oder ob typbedingte *Modifikationen* erforderlich sind. Als zweckmäßige Differenzierung von Betriebstypen wird sich eine Unterscheidung zwischen (dominant) innovativen und routinehaften Öffentlichen Verwaltungsbetrieben resp. Subsystemen empfehlen. Bei Innovationssystemen ist ein hochgradig partizipatives Management zu erwarten, während bei Routinesystemen mit geringeren Partizipationsquoten und stärker ausgebauten Kontrollsystemen zu rechnen ist.

Ein schwerwiegendes Problem wird sich in der Anwendung ökonomischer Denkkategorien auf *öffentlich-rechtliche Sachverhalte* stellen, weil die wirtschaftliche Ebene staatlichen Handelns stets nur ein Teilaspekt des Staatswesens ist. Man darf daher bei einer ökonomischen Analyse Öffentlicher Verwaltung nicht erwarten, daß dadurch Privatwirtschaft und Staat durchweg vergleichbar werden. Ein Staatswesen behält vielmehr Eigenschaften insbesondere staatsphilosophischer Natur, die sich wirtschaftlicher Betrachtung entziehen. Dies zeigt sich etwa am Beispiel von Verwaltungsmanagern wie Bundesministern oder Universitätsrektoren, deren öffentliches Denken und Handeln stets über die ökonomische Dimension hinausgeht und daher gewissermaßen nur mittels „Persönlichkeitsspaltung" in der hier vertretenen Disziplin erklärt werden kann. Die „staatsphilosophische Brücke" zwischen Privatwirtschaft und Staat wird daher stets zu beachten und nicht immer einfach und gefahrlos zu beschreiten sein.

B. Der Öffentliche Verwaltungsbetrieb als Zielerreichungssystem im Wirkungsverbund staatlichen Handelns

I. Bedeutung und Struktur des Öffentlichen Verwaltungsbetriebes

1. Stellung des Öffentlichen Verwaltungsbetriebes im Staatssystem

1. Jeder Staat hat nach dem Willen seiner Träger — das sind in einem demokratischen Staatswesen seine Mitglieder — bestimmte Ziele zu erfüllen. Der Staat — und das gilt in gleichem Sinne für Länder, Kommunen und öffentlichrechtliche Körperschaften — ist wie jede andere menschliche Gemeinschaft ein Zweckverband und stellt mithin ein Instrument seiner Träger zur Erreichung gesetzter persönlicher Zielvorstellungen dar. Die Zielvorstellungen der Träger schlagen sich bei der parlamentarischen Demokratie in relativ indirekter Form über die Wahl von Parteiabgeordneten in einer bestimmten Mehrheitskonstellation des Parlaments als willensbildendem Gremium des Staates nieder. In der Staatslehre bezeichnet man den willensbildenden Teil der Staatstätigkeiten üblicherweise als Legislative. Bei finaler Betrachtung des Staates als Ziel/Mittel-System kann dieser Komplex mit dem Terminus *Zielsetzung* belegt werden: die Träger des Staates setzen aus ihren individuellen Interessenlagen heraus Ziele. Diese können über einen komplizierten Wahlprozeß je nach Mehrheitslage Bestandteil des staatlichen Zielsystems werden. Darüber hinaus kommt der Legislative eine Kontrollfunktion zu, insbesondere die der Richtungskontrolle des Regierungskurses (vgl. *Ellwein/Görlitz* [Parlament 155 ff.]).

Da ein Ziel eine „Handlungsaufforderung" darstellt (*Schmidt* [Wirtschaftslehre I, 111]), verlangt es ex definitione nach entsprechenden *Zielerreichungshandlungen.* Diesem Zweck dient die Öffentliche Verwaltung (Verwaltung als Zweck/Mittel-System im Sinne *Max Webers;* vgl. *Luhmann* [Zweck 37 ff.]), indem sie die in das staatliche Zielsystem transformierten Zielvorstellungen des Volkes in konkrete Handlungsprogramme übersetzt und diese vollzieht. Die Staatslehre benennt diesen Tatbestand gemeinhin mit Exekutive.

Der dritte Komplex des Systems der Gewaltenteilung, die Judikative, ist bei institutioneller Selbständigkeit partiell ebenfalls mit der Legislative verknüpft: Das Parlament beeinflußt durch gesetzgeberische Akte das Entscheidungsverhalten der Rechtsprechung, indem es dieser Normen vorgibt, mit denen sie Handlungen im Volk (Zivil- und Strafrecht) sowie in der Öffentlichen Verwaltung (Verwaltungsrecht) beurteilen kann. Der Grobzusammenhang der staatlichen Teilsysteme kann in der folgenden Skizze ausgedrückt werden.

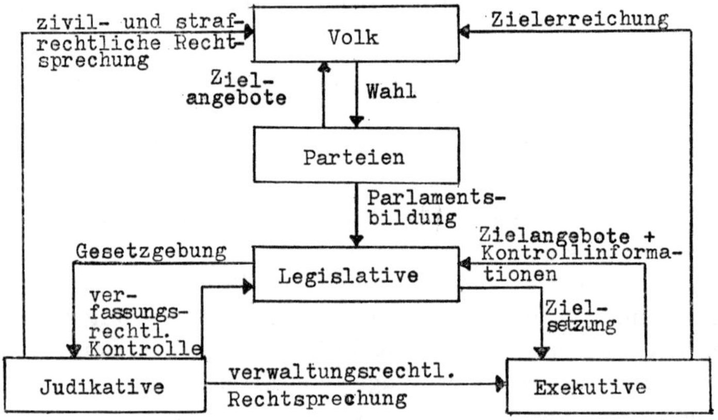

Abbildung 1

2. Problematisch ist in diesem System die Stellung der *Regierung*. In unserem parlamentarischen Regierungssystem, in dem im Normalfall die Mehrheitspartei die Regierung bildet, hat sie eine Übergangsfunktion, eine Mittlerstellung zwischen Parlament und Verwaltung. Dies verstößt zwar gegen das strenge Gewaltenteilungsprinzip, hat aber den Vorteil einer gut funktionierenden „Schaltstelle“, was vor allem die Durchsetzungsstufe bei Zielsetzungsentscheidungen günstig beeinflußt.

Besonders deutlich wird die Übergangsfunktion durch die Doppelfunktion des Kabinettssystems: Ein Minister ist — abgesehen von seiner Funktion als Parlamentsabgeordneter — zum einen Mitglied des von der Mehrheitspartei bestellten Regierungskabinetts und zum anderen alleinverantwortlicher Leiter des ihm unterstehenden Verwaltungsressorts. Im Regierungssystem überlappen sich dementsprechend Zielsetzungs- und Zielerreichungsaktivitäten. Regelungstheoretisch kann die Übergangsfunktion des Regierungssystems als Überlappung zweier Regelkreise beschrieben werden.

In dieser Untersuchung wird das Regierungssystem trotz seiner Sonderstellung zur Öffentlichen Verwaltung gerechnet, weil erstens ungeachtet des starken Parlamentseinflusses eine bis zu gewissem Grad eigenständige Regierungszielbildung erfolgt (Regierungserklärung) und zweitens die Abgrenzung der ministerialen Doppelfunktion kaum möglich ist. Schließlich gibt es auch eine „Politische Verwaltung" (vgl. etwa *Grauhan* [Verwaltung]), ganz abgesehen davon, daß das „Politische" der Regierung inhaltlich den unterschiedlichsten Sachbereichen entstammt, die ebenso auch in der Verwaltung vertreten sind (vgl. *Ellwein* [Verwaltungslehre 202]).

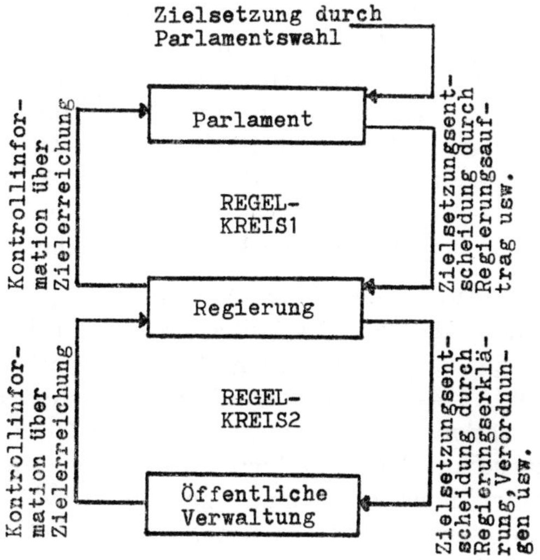

Abbildung 2

3. Nachdem die Öffentliche Verwaltung nach Maßgabe ihres Exekutivcharakters als Untersuchungsebene aus dem Staatssystem herausgelöst und als Zielerreichungssystem des Staates gekennzeichnet worden ist, ist nunmehr die generelle *Konstituierung* einzelner Öffentlicher Verwaltungsbetriebe (ÖVB) zu erläutern. Die Verdeutlichung dieses Vorganges sachlich-räumlicher Differenzierung kann in drei Schritten erfolgen.

a) Der erste Schritt ist die *Aufgliederung des langfristigen staatlichen Zielsystems* (vgl. dazu das Beispiel in Abb. 3) entsprechend folgender Zielgliederungsmerkmale sowie nach Maßgabe von Kosten/Nutzen-Kriterien, wobei es sich nur um einen groben Merkmalskatalog handelt, in dem insbesondere politische Maßstäbe außer acht bleiben (vgl. dazu ausführlich *Wagener* [Neubau 265 ff.]):

(1) Art der Leistung (z. B.: Leistung innerer Sicherheit, Krankheitsschutz, Ausbildung, Wirtschaftsförderung),

(2) Ort der Leistung (räumliche Zuständigkeit für bestimmte Einwohnerbereiche, d. h. Bund, Land, Kreis, Gemeinde, Bezirk),

(3) Art des Leistungsempfängers (Bürger, Unternehmungen, andere Behörden, andere Staaten),

(4) Leistungsphase (Planung, Realisation, Kontrolle).

Durch diese sachlich-räumliche Ableitung entstehen funktionale *Zielgefüge,* die für die Bildung von ÖVB ausschlaggebend sind, so etwa das Leistungszielgefüge eines für eine bestimmte Gemeinde zuständigen Gesundheitsamtes. Diese Ziele, die man auch als *Zielauflagen* kennzeichnen kann (vgl. *Schmidt* [Wirtschaftslehre I, 134 f.]), bilden den dominanten Teil des Zielsystems eines Öffentlichen Verwaltungsbetriebes. Abb. 3, in der von einer der Regierung nachgeordneten Behörde ausgegangen wird, verdeutlicht diesen Zieldekompositionsvorgang. Man erkennt, daß neben den indirekten Zielvorgaben über das staatliche Zielsystem eine Reihe direkter Ziele, Interessen und Weisungen auf das betriebliche Zielsystem einwirken.

b) Diese durch Aufgliederung entstandenen Zielgefüge werden im zweiten Schritt nach Maßgabe des Kriteriums des *Funktionenverbundes* — in Analogie zur organisatorischen Aufgabensynthese (vgl. *Kosiol* [Organisation 76 ff.]) — zum einheitlichen Zielsystem des ÖVB integriert. Die Integration wird bestimmt durch den Grad der Leistungsverflechtung zwischen den einzelnen Zielgefügen sowie durch den Umfang simultaner Inanspruchnahme mehrerer Verwaltungsfunktionen durch die Leistungsempfänger. Ein Rathaus sollte beispielsweise möglichst alle für die Bürger bedeutsamen Funktionen „unter einem Dach" vereinen.

c) Um öffentliche Leistungen im Sinne dieses Zielsystems produzieren zu können, muß schließlich zum Zielsystem ein *„Apparat"* von Menschen sowie Betriebsmitteln und anderen Gütern hinzutreten, mit dessen Hilfe es erst zur Planung, Durchführung und Kontrolle der Verwaltungsleistungen, d. h. zur Umsetzung von Zielen in Erfüllungshandlungen kommen kann.

In der Verwaltungspraxis besteht vielfach eine starke Diskrepanz zwischen der Struktur des Zielgefüges und der Organisationsstruktur eines Betriebes, weil zum Teil sachfremde Kriterien zur organisatorischen Gestaltung herangezogen werden, was die Zielerreichungsfähigkeit des Betriebes mindern kann.

2. Instrumentalcharakter des Öffentlichen Verwaltungsbetriebes

1. Es ist ein empirisch bekanntes Phänomen, daß ein Sozialgebilde ein gewisses „Eigenleben" entwickelt, d. h. daß die aus dem Zusammenspiel menschlicher Aktivitäten sich ergebenden Zielerreichungshandlungen sich nicht ausschließlich auf das von außen vorgegebene,

in diesem Falle aus den Staatszielen abgeleitete Zielgefüge zurückführen lassen. Dieses Phänomen kann mit Hilfe des Erklärungsmodells der Instrumentalthese (vgl. hierzu *Schmidt* [Wirtschaftslehre I, 47 ff.]) begründet werden:

Ein ÖVB ist ein Instrument in der Hand mehrerer Interessentengruppen, das diese nach Maßgabe ihres Einflußwillens und ihrer Einflußmöglichkeiten benützen, um individuelle politische, soziale, wirtschaftliche oder auch humanitäre Ziele zu erfüllen. Folgende Interessentengruppen erscheinen untersuchungsrelevant:

a) Die primäre — im bisherigen Selbstverständnis der Verwaltung allerdings oftmals sekundäre — Interessentengruppe sind die *Bürger* (*Scheuch* [Denkstruktur 110] spricht von mangelnder „Kunden-Orientierung" der Öffentlichen Verwaltung), d. h. die Mitglieder des Staatsverbandes in ihren vielfältigen Rollen (z. B. in ihrer Eigenschaft als Wähler, Steuerzahler, Leistungsempfänger, Antragsteller, Unternehmer, Vertreter von Sonderinteressen).

b) Die *Parteien* sind infolge ihrer Artikulation eigenständiger politischer Ziele (Parteiprogramm) ebenfalls als Interessentengruppe anzusehen, obwohl sie ja eigentlich die Interessen der Bürger vertreten sollen.

c) Das *Parlament* bildet eine Interessentengruppe, weil es aufgrund seiner Mehrheitsstruktur die vorgelagerten Bürger- und Parteiinteressen in z. T. neuartige parlamentarische Zielsetzungsentscheidungen transformiert.

d) Andere über-, neben- oder nachgeordnete *Öffentliche Verwaltungsbetriebe* mit erkennbarer Leistungsverflechtung kommen aufgrund ihrer durch Weisungsbefugnisse legitimierten Einflußmöglichkeiten gleichfalls als Interessenten in Frage, wozu insbesondere Regierungseinrichtungen gehören.

e) *Behördenleiter* stellen auch eine bedeutsame Interessentengruppe dar, weil sie aufgrund ihrer leitenden Position sowie ihres Expertenwissens starken Einfluß auf die systeminterne Zieltransformation und Zielerreichung ausüben können.

f) Eine Interessentengruppe, deren reale Einflußmöglichkeiten im Hinblick auf die Zielerreichung bisher erheblich unterschätzt worden sind, ist die der *Arbeitnehmer*. Ihre Interessen artikulieren sich z. T. direkt in ihrer Funktion als Entscheidungsträger, z. T. indirekt auf auf dem Wege über Personalvertretungen.

g) Eine letzte, etwas weniger offen in Erscheinung tretende Interessentengruppe ist die der *Justiz,* wobei vor allem an den Einfluß der Verwaltungsgerichtsbarkeit zu denken ist. Durch Setzung von verwal-

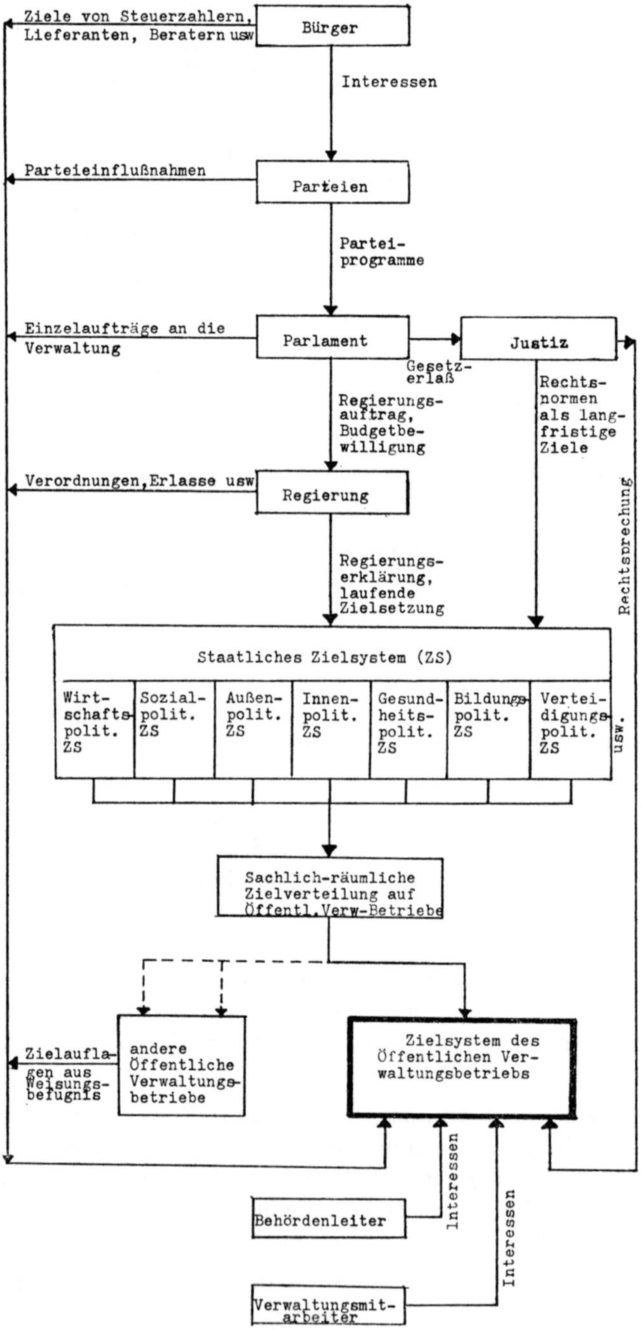
Ziele von Steuerzahlern, Lieferanten, Beratern usw
Bürger
Interessen
Parteieinflußnahmen
Parteien
Partei-
programme
Einzelaufträge an die Verwaltung
Parlament
Justiz
Gesetz-
erlaß
Regierungs-
auftrag,
Budgetbe-
willigung
Rechts-
normen
als lang-
fristige
Ziele
Verordnungen, Erlasse usw
Regierung
Regierungs-
erklärung,
laufende
Zielsetzung
Rechtsprechung
Staatliches Zielsystem (ZS)
Wirt-
schafts-
polit.
ZS
Sozial-
polit.
ZS
Außen-
polit.
ZS
Innen-
polit.
ZS
Gesund-
heits-
polit.
ZS
Bildungs-
polit.
ZS
Vertei-
digungs-
polit.
ZS
usw.
Sachlich-räumliche
Zielverteilung auf
Öffentl. Verw-Betriebe
Zielaufla-
gen aus
Weisungs-
befugnis
andere
Öffentliche
Verwaltungs-
betriebe
Zielsystem des
Öffentlichen Ver-
waltungsbetriebs
Interessen
Behördenleiter
Interessen
Verwaltungsmit-
arbeiter

Abbildung 3

tungsrechtlichen Normen, beispielsweise durch Interpretation von Gesetzesvorschriften sowie Überprüfung von Verwaltungsakten, nimmt sie Einfluß auf Zielsetzung sowie vor allem Zielwirksamkeitskontrolle des ÖVB.

2. Die Gruppen a) bis d) sowie g) sind in vielfach verflochtenem Wirkungsverbund an der Bildung und Dekomposition des staatlichen Zielsystems beteiligt. Daneben üben sie — wie in Abb. 3 deutlich gemacht wird — auch direkten Einfluß auf Zielsetzung und Zielerreichung des betrachteten ÖVB aus. Speziell der zuletzt genannte Aspekt von Einflußaktivitäten ist hier von Interesse.

3. Die genannten Interessentengruppen nutzen das Instrument ÖVB für ihre individuellen bzw. kollektiven Ziele. Inwieweit aus derartigen instrumentalen Handlungsweisen direkte Einflußaktivitäten resultieren, die vom extern vorgegebenen Zielgefüge des ÖVB abweichen, hängt vor allem von der Zielakzeptanz sowie den realen Einwirkungsmöglichkeiten der Interessenten ab. Zielakzeptanz und Einwirkungsmöglichkeit werden ihrerseits wiederum durch eine Reihe von Variablen bestimmt, die — soweit sie die Gruppen der Behördenleiter und Arbeitnehmer betreffen — im weiteren Verlauf der Untersuchung einer eingehenden Analyse unterzogen werden (so z. B. hinsichtlich der Akzeptanz: Grad der Mitwirkung bei der systeminternen Zielbildung; hinsichtlich der Einwirkungsmöglichkeit: Machtstärke und -basis, Entscheidungsspielraum und Stellung im Entscheidungsprozeß; vgl. hierzu auch *Schmidt* [Wirtschaftslehre II, 123 ff.]).

4. Die tatsächliche Einflußausübung auf Zielsetzung und Zielerreichung kann auch als *Trägerschaft* am ÖVB bezeichnet werden (vgl. *Schmidt* [Wirtschaftslehre I, 59 ff.]). Diejenigen Interessenten, denen es durch Majorisierung, Lobbyismus oder Ausübung von Amts- bzw. Fachautorität gelingt, die Entscheidungsprozesse im betrachteten System zu beeinflussen, sind als Träger des ÖVB anzusehen. Die Handlungen eines ÖVB sind demnach die Resultanten aus dem Zusammenspiel systemexterner Einflußaktivitäten hinsichtlich der Zielauflagenbildung sowie systeminterner Aktivitäten bezüglich der Zieltransformation, -anreicherung und -erreichung.

Die Trägerschaft wird als abstufbarer Begriff aufgefaßt: einflußausübende Interessenten haben nach Maßgabe der Stärke und Richtung ihrer Einflußaktivitäten einen mehr oder minder hohen Anteil an der Trägerschaft. So wie z. B. die Einflußmöglichkeit des Eigenkapitalgebers einer Privatunternehmung durch seinen Anteil am Eigenkapital der Unternehmung ausgedrückt werden kann, kann der Anteil einer Trägergruppe an der Trägerschaft des ÖVB in Prozent angegeben werden.

5. Faßt man die geschilderten Interessentengruppen ins Auge, so könnte man — rein hypothetisch — beispielsweise von folgender Trägerschaftsstruktur hinsichtlich der Einflußaktivitäten auf das Zielsystem in einer der Bundesregierung nachgeordneten Bundesbehörde für Umweltschutz ausgehen:

Bürger	5 %	Behördenleiter	20 %
Parteien	10 %	Arbeitnehmer	15 %
Parlament	15 %	Justiz	5 %
Übergeordneter ÖVB (Regierung)	30 %		

Formal lassen sich diese Relationen in einem Einflußvektor ausdrücken (5; 10; 15; 30; 20; 15; 5).

Die Interessen von Bürgern artikulieren sich in diesem Falle z. B. über Bürgervereine („Atomkraftwerksgegner"), aber auch etwa über Industrieverbände. Parteien nehmen über ihre lokalen oder regionalen Gremien, über Abgeordnete sowie indirekt über Parteimitglieder in der Behörde Einfluß. Das Parlament gibt Ziele etwa durch den Erlaß von Gesetzen vor. Die Regierung als übergeordneter ÖVB beeinflußt das Zielsystem in besonders starkem Maße mittels Einzelanordnungen im Wege seiner Aufsichtsausübung. Der Behördenleiter vermag aufgrund seiner Entscheidungskompetenz im Zuge der systeminternen Zieltransformation die Zielstruktur ebenfalls nicht unerheblich zu beeinflussen. Arbeitnehmer infiltrieren ihre persönlichen Interessen nach Maßgabe ihrer Position im Instanzengefüge und Entscheidungsprozeß, indem sie vor allem auf Quantität und Qualität vorgegebener Leistungsziele einwirken und sich für bestimmte Ziele stärker engagieren als für andere. Die Justiz schließlich übt Einfluß etwa durch Setzung und Interpretation verwaltungsrechtlicher Normen aus.

6. Diese wenigen Beispiele pluralistischen Verwaltungshandelns zeigen bereits, analog zum Umdenken von der „Einmann"-Unternehmung zum multipersonalen, interdependenten Ziel-Mittel-System, den grundsätzlichen Wandel in der Auffassung vom ÖVB auf. Die herkömmliche Verwaltungslehre wird vom Prototyp des Einzelrichters bestimmt, der individuell, als Handlungseinheit, Rechtsanwendungsakte vollzieht (vgl. *König* [Erkenntnisinteressen 259 f.]). Das zeigt sich — am Rande bemerkt — auch an der personalistischen Bezeichnungsweise von Behörden („Der Minister des Inneren"). In Wirklichkeit ist aber der ÖVB ein komplexes Handlungssystem, dessen Aktionen durch eine Vielzahl von Trägerinteressen bestimmt werden. Bei der Gestaltung dieses Handlungssystems sind in erster Linie gesellschaftliche und politische Grundnormen zu beachten, damit nicht etwa eine einzelne Trägergruppe wie die der Arbeitnehmer vom Volk über Parlament

und Regierung gesetzte Ziele des Staates willkürlich außer Kraft setzen kann.

Auf die Frage nach der Messung von Einflußstärken sowie auf die Fülle staats- und verwaltungswissenschaftlicher Probleme, die sich im Hinblick auf die Trägerschaft im Rahmen einer „Verwaltungsverfassung“ (analog zur Unternehmungsverfassung) stellen, kann hier nicht eingegangen werden. Eine wichtige Fragestellung wäre z. B. die nach dem Verhalten mehrfach repräsentierter ÖVB-Träger (Wähler, Verwaltungsmitarbeiter, Verwaltungs-„Kunde“, Parteimitglied).

3. Teilsysteme des Öffentlichen Verwaltungsbetriebes

1. Der ÖVB, der hier als sozioökonomisch-technisches System zur Produktion öffentlicher Leistungen aufgefaßt wird, besteht seinerseits wiederum aus einer Reihe von Teilsystemen, deren Struktur im folgenden kurz aufgezeigt wird. Dabei ist die Systembetrachtung primär ein „Vehikel“ zur Analyse der Wirkungsweise von Managementfunktionen auf betriebliche Teilsysteme. Der ausschließlich beschreibende Charakter der Systemanalyse, der eine direkte Erkenntnisgewinnung nur in geringem Maße zuläßt, ist stets einschränkend zu beachten (vgl. zur Systemforschung z. B. *Alewell/Bleicher/Hahn* [Anwendung 159], *Fuchs* [Systemtheorie 1619 f.], *Kosiol/Szyperski/Chmielewicz* [Systemforschung 338 f.], *Ulrich* [System 105 f.]).

Ein bedeutsamer Vorteil einer systemtheoretischen Betrachtungsweise liegt in der Betonung des Ganzheitsaspektes: Dadurch, daß ein zunächst relativ ungeordneter Sachverhalt durch Systembildung strukturiert wird, werden Teilbereiche und Begrenzungen dieses Sachverhaltes deutlich. Daß gerade in der Öffentlichen Verwaltung über lange Zeit hinweg nicht in genügend umfassenden Systemen gedacht worden ist, zeigt sich daran, daß gegenwärtig ein ÖVB organisatorisch als ein fast völlig geschlossenes System behandelt wird, während die Vielzahl seiner Beziehungen zur Umwelt ein weitgehend offenes System erfordern würde. Das zeigt sich auch am Ressortdenken der Verwaltung: Der Wirkungsverbund zwischen den einzelnen Ressorts, der gerade bei komplexen staatlichen Planungsprojekten sehr erheblich sein kann, wird größtenteils übersehen. So sind beispielsweise 242 Referate in völlig unterschiedlichen Ressorts der Bundesregierung mit Aufgaben der Entwicklungshilfe betraut, wie *Jochimsen* [Aufbau 952] anhand von Erhebungen des Bundesrechnungshofes festgestellt hat. Dadurch kommt es oft zum Übersehen wichtiger Nebenwirkungen von Systemoutputs, was — wie sich am Beispiel von Wirtschaftsförderung und Umweltschutz prägnant zeigt — eine ernste Gefahr komplexer staatlicher Planung sein kann.

2. Eine allumfassende, alle Aspekte und Probleme berücksichtigende Systemgliederung des ÖVB kann es nicht geben (vgl. zur systemorientierten Strukturierung von Betrieben z. B. die Vorschläge von *Bleicher* [Führungsmodell 168 ff.], *Chmielewicz* [Betriebswirtschaftslehre 587 ff.], *Hahn* [Führung 167], *Katz/Kahn* [Psychology 39 ff.], *Schmidt* [Wirtschaftslehre II, 7 ff.], *Ulrich* [Entwicklungstendenzen 104]). Ein kompliziertes soziotechnisches System wie der ÖVB mit seiner Vielzahl von Elementen und Beziehungen kann unter einer ganzen Reihe von Aspekten analysiert werden. Beim hier gewählten Untersuchungsziel „Wirkungsrelationen zwischen Managementsystem und übrigen Teilsystemen des ÖVB" erscheint eine Auswahl und Kombination von Systemelementen gemäß dem Auswahlkriterium der *Funktion* zielgerecht. Die verschiedenen Elemente des Systems ÖVB werden hierzu zunächst in einem vorgelagerten Systemgliederungsprozeß artmäßig klassifiziert. Die derart gewonnenen Elemente werden dann nach den verschiedenen Funktionen des betrieblichen Leistungsvollzugs miteinander zu *funktionalen* Teilsystemen verknüpft (vgl. hierzu auch *Kirsch* [Entscheidungsprozesse III, 40 ff.]).

3. Im ersten Schritt der Systemgliederung geschieht die Konzipierung der *Basissysteme* durch artmäßige Differenzierung der Systemelemente des ÖVB. Für die weitere Untersuchung erscheint die Unterscheidung von drei Basissystemen zweckmäßig: Ziel-, Personen- und Gütersystem.

a) Das *Zielsystem* als geordnete Gesamtheit aller im ÖVB verfolgten Ziele, das infolge der Interdependenz von Zielen und Zielerreichungsinstrumenten stets ein Ziel/Mittel-System ist, dient als Ausgangs- und Orientierungspunkt für alle weiteren Systemgestaltungsbemühungen (vgl. zur Struktur und zum Inhalt des Zielsystems eines ÖVB Kap. C.I.).

b) Das *Personensystem,* in dem alle Mitarbeiter eines ÖVB zusammengefaßt sind, entsteht im Wege der Stellenbesetzung durch Zuordnung anforderungskongruenter Verwaltungsmitarbeiter zu auf einzelne Zielerreichungsträger zugeschnittenen Stellenzielen (vgl. zur Anpassung der Personalqualifikation an Stellenanforderungen Kap. C.IV.).

c) Das *Gütersystem* ist die Summe aller im ÖVB eingesetzten Wirtschaftsgüter, die zur Erreichung verfolgter Ziele benötigt werden (vgl. zur Gütergliederung auch *Kosiol* [Einführung 136 ff.]).

4. In einem Zwischenschritt der Systembildung werden die genannten Basissysteme zum *Gesamtsystem* des ÖVB integriert. Dies geschieht durch Zuordnung der Mitglieder des Personensystems wie auch der Bestandteile des Gütersystems zu den entsprechenden Elementen des Zielsystems. Ergebnis ist eine hierarchisch gegliederte Ziel-Personen-Güter-Pyramide, die nunmehr gemäß angestrebtem Untersuchungsziel

in die beiden hier relevanten Funktionenkategorien Managementaktivitäten und Ausführungsaktivitäten aufgeteilt wird, indem die Managementfunktionen in einem Managementsystem zusammengefaßt und die verbleibenden Funktionen in einem Ausführungssystem vereinigt werden (vgl. zum Managementbegriff sowie zur Struktur des Managementsystems im einzelnen S. 34 ff.).

5. Ausführungssystem wie auch Managementsystem sind durch eine bestimmte Kombination strukturierter Ziel-, Personen- und Güterelemente gekennzeichnet. Es bedarf einer weiteren Gliederung, um die Lenkungsaktivitäten des Managementsystems dem zu lenkenden Ausführungssystem in differenzierter Form zuordnen zu können. Eine grobe — aber für die hier verfolgten Zwecke ausreichende — Systemgliederung nach dem Grad der Wiederholbarkeit betrieblicher Tätigkeiten ergibt eine Zweiteilung von Management- und Ausführungssystem in ein *Routinesystem* (hoher Grad der Wiederholbarkeit) und ein *Innovationssystem* (geringer Grad der Wiederholbarkeit; vgl. zu dieser Systemgliederung *Bleicher* [Führungsmodell 168 ff.], der ein Operations- und ein Innovationssystem unterscheidet). Diese Systemstruktur hat u. a. den Vorteil, daß repetitive und nichtrepetitive Tätigkeiten, die verschiedenartig ablaufen und unterschiedliche Managementaktivitäten erforderlich machen, klarer voneinander getrennt sind als bei traditionellen Betriebsstrukturen (vgl. *Bleicher* [Führungsmodell 168, 171]). Bei einer expliziten Trennung von repetitiven und innovativen Funktionen kann sich ferner das Kreativitätspotential positiv entwickeln, weil ausschließlich mit Innovationsfunktionen betraute Mitarbeiter sich nicht den — unter Zeitdruck meist vorgezogenen — Tagesproblemen widmen müssen, wie es für gemischte Funktionsbereiche das „Planungsgesetz“ von Gresham nachweist (vgl. *March/ Simon* [Organizations 184 f.]). Vielfach wird allerdings eine strikte Trennung von Routine- und Innovationstätigkeiten nicht praktikabel sein, weil einerseits manche Innovationsprozesse untrennbar mit Routineelementen durchsetzt sind, andererseits Routinearbeit in dosiertem Maß Erholung von Kreativität bedeuten kann.

6. Im letzten Schritt des beschriebenen Systembildungsprozesses wird das Managementsystem dem Ausführungssystem gegenübergestellt, da das Managementsystem — wie im einzelnen noch zu erörtern sein wird — den Zweck verfolgt, die Zielsetzungs- und Zielerreichungsprozesse im Ausführungssystem zu lenken. Zusammenfassend bleibt festzuhalten, daß ein ÖVB aus einem Managementsystem und einem Ausführungssystem besteht. Beide Systeme werden in die zwei Teilbereiche Innovations- und Routinesystem gegliedert. Sowohl Management- wie auch Ausführungssystem sind mehrdimensionale Gebilde,

die sich jeweils aus Zielen, Personen und Gütern, d. h. aus Teilen der genannten Basissysteme zusammensetzen. Die Möglichkeiten und Probleme der Einwirkung des Managementsystems eines ÖVB auf das Ausführungssystem sind Gegenstand der folgenden Untersuchungen.

II. Lenkung betrieblicher Entscheidungsprozesse durch das Managementsystem

1. Funktionalstruktur des Managements

1. Management wird hier funktional als Inbegriff der Lenkungstätigkeiten in sozioökonomisch-technischen Systemen begriffen (vgl. auch *Wild* [Management-Konzeption 63]). Welche Funktionen im einzelnen das Management kennzeichnen, darüber gehen die Meinungen bei den einzelnen Autoren stark auseinander. Dies liegt u. a. daran, daß die meisten Autoren Managementfunktionen aus der Praxis des „Managens" ableiten, ohne daß bislang eine theoretische Konvergenz zu verzeichnen ist. *Dale* [Management 225 ff.] nennt beispielsweise die Vielzahl der Funktionen Organization, Planning and Forecasting, Staffing, Direction, Control, Innovation, Representation als für das Management charakteristisch, während andere Experten abweichende Funktionen anführen. Relative Übereinstimmung herrscht aber hinsichtlich der vier Grundfunktionen Planung, Organisation, Kontrolle und Führung (vgl. etwa *Newman/Summer/Warren* [Managementprozesse 20 ff.], *Kazmier* [Management 27 ff.]).

2. Die vier aufgefundenen Managementfunktionen befriedigen allerdings im Hinblick auf das Gestaltungsziel Managementkonzeption noch nicht ganz. Bei einer Analyse der Funktionen unter entscheidungsprozessualem Aspekt zeigt sich nämlich, daß sie das betriebliche Lenkungsgeschehen ungenau und unvollkommen abbilden. Faßt man Management als einen betrieblichen Funktionenkomplex mit Lenkungscharakter auf, der auf Entscheidungsprozesse einwirkt, dann wird deutlich, daß man diese Einwirkung unter einem sachlichen und einem personellen Aspekt betrachten kann. In diesem Sinne sind die beiden *Kernfunktionen* des Managements zu unterscheiden: Mitwirkung an Entscheidungsprozessen und Führung von Mitarbeitern.

3. *Mitwirkung an Entscheidungsprozessen:* Die (sachliche) Mitwirkung von Managern an Entscheidungsprozessen besteht hauptsächlich in der Lenkung von Prozessen — wozu auch deren Initiierung und Beendigung gehört —, aber auch in direkter inhaltlicher Mitarbeit. Die Mitwirkung ist erstens auf die unterschiedlichen Gegenstände von ÖVB-

Entscheidungsprozessen gerichtet und geschieht zweitens in den verschiedenen Stufen der Prozesse. Als Prozeßgegenstände kommen einerseits die Elemente der Basissysteme (Ziele, Personen, Güter), andererseits die Beziehungen zwischen den genannten Elementen (Ziel/Mittel-, Personen-, Güter-Beziehungen sowie Intersystemverknüpfungen) in Betracht.

Als gedanklich trennbare, genetische Schritte von Problemlösungsprozessen haben sich folgende Stufen als zweckvoll erwiesen (vgl. auch *Schmidt* [Wirtschaftslehre II, 85 ff.]):

Entscheidungsfindung:

— Problemerkenntnis

— Informationsbeschaffung
(einschl. Zielfixierung)

— Alternativenvergleich

— Finalentschluß

Entscheidungsdurchführung:

— Durchsetzung

— Realisation

— Kontrolle

Managementaktivitäten können und müssen sich prinzipiell auf alle Objekte und Stufen betrieblicher Entscheidungsprozesse erstrecken.

Die Leistungsfähigkeit eines Managementsystems hängt allerdings — wie sich im einzelnen zeigen wird — entscheidend davon ab, wie die einzelnen Mitwirkungsaktivitäten innerhalb des Managementsystems verteilt sind (z. B. die Stufen des Alternativenvergleichs, der Realisation und Kontrolle). Herkömmliche Managementsysteme scheinen durch kopflastige Aktivitätsverteilung und geringe Delegationsquoten, moderne Systeme hingegen durch zielkongruente Verteilungsstrukturen sowie hohe Delegationsanteile gekennzeichnet zu sein.

Man sieht bei einer Gegenüberstellung der „klassischen" Managementfunktionen und der hier entwickelten sachlichen Kernfunktion, daß sich die Funktionen Planung, Organisation und Kontrolle als Spezialfälle in das oben geschilderte Objekt/Stufen-Schema einreihen, aber den Gesamtbereich sachlicher Lenkungsaktivitäten nicht abdecken. Planung ist auf beliebige Objekte im Rahmen der Prozeßstufen Problemanregung, Informationsbeschaffung und Alternativenvergleich gerichtet. Organisation betrifft die Mitwirkung in allen Prozeßstufen in bezug auf die Gestaltung von Systembeziehungen. Kontrolle schließlich bezieht sich auf beliebige Objekte im Rahmen der Kontrollstufe.

4. *Führung von Mitarbeitern:* Die zweite Kernfunktion, die mit der vierten „klassischen" Managementfunktion identisch ist, sorgt für die Ausrichtung der Mitarbeiter auf die Zielkonzeption des ÖVB. Diese Kernfunktion nähert sich dem Problem der Lenkung betrieblicher Entscheidungsprozesse von einer anderen Seite, nämlich der Personenseite, her. Hier wird gefragt, wie Mitarbeiter beeinflußt werden können und welche Führungsformen zum Einsatz kommen sollen, damit Entscheidungsprozesse einen zielgerechten Verlauf nehmen (vgl. dazu S. 133 ff.). Dabei wird unter Führung die Beeinflussung einer Mitarbeitergruppe durch ein Gruppenmitglied (bzw. mehrere) mit Hilfe bestimmter Führungsmethoden und -instrumente verstanden, um deren Ausrichtung auf die betriebliche Zielkonzeption zu bewirken (vgl. zum Führungsbegriff u. a. *Beyer* [Unternehmensführung 22 ff.], *Bleicher* [Führungsmodell 166], *Dahms* [Führung 37 ff.], *Fiedler* [Leadership 8], *Irle* [Führungsprobleme 583], *Klis* [Führungsstile 6]).

Definiert man Führung in diesem personalistischen Sinne, kommt eine Gleichsetzung der Begriffe Führung und Management, wie sie bisweilen geschieht (vgl. z. B. *Fischer* [Führung 7], *Hahn* [Führung 163 ff.], *Wild* [Management-Konzeption 63], *Witte* [Entscheidung 106]), nicht in Frage. Führung ist vielmehr eine Teilfunktion des Managements. Desgleichen ist zwischen Führung und Leitung zu unterscheiden. Leitung stellt einen Spezialfall von Führung dar, weil ein Leiter aufgrund einer bestimmten Machtbasis, nämlich seiner Leitungskompetenz bzw. „Amtsautorität", die von den Untergebenen als legitim akzeptiert wird, Leitungsfunktionen ausübt. Die Zuordnung von Leitungskompetenzen zu Personen ist ein organisatorischer Gestaltungsvorgang (vgl. *Kosiol* [Organisation 100 ff.]).

2. Determinanten des Managementsystems

Das Managementsystem als komplexes Subsystem des ÖVB ist durch eine Reihe von Determinanten gekennzeichnet, die zu den Managementfunktionen als Hauptsystemdeterminante hinzutreten (vgl. auch *Ulrich* [Entwicklungstendenzen 105]). Die Determinanten werden bei der Wirkungsanalyse von Managementaktivitäten deutlich: Manager als Träger des Managementsystems üben im Rahmen von Managementsystem-Strukturen Managementfunktionen mit Hilfe von Managementtechniken und -instrumenten aus. Daraus leiten sich die vier folgenden Determinanten her:

(a) *Träger* des Managementsystems: Die Träger dieses Systems, die man als Manager oder auch als Führungskräfte bezeichnen kann, bilden in ihrer Gesamtheit das Personensystem des Managementsystems.

Sie üben nach Maßgabe ihrer Qualifikation und Motivation die Managementfunktionen aus. Das Personensystem kann hierarchisch in die Ebenen des Spitzen-, mittleren und operativen Managers gegliedert werden. Wie groß der Kreis der Mitarbeiter ist, die zu diesem Personensystem gehören, hängt von der Art der — im Folgeabschnitt abzuleitenden — Managementkonzeption ab. Während bei zentralen Planungs- und Führungskonzeptionen eine relativ geringe Anzahl von Managern zu verzeichnen sein wird, können bei dezentralen Konzepten große Teile des gesamten Personensystems des ÖVB zum Managementsystem gerechnet werden.

(b) *Strukturen* des Managementsystems: Da die verschiedenen Elemente des Managementsystems untereinander durch Relationen verknüpft sind, vollziehen sich die Managementfunktionen im Rahmen bestimmter Strukturen. Drei Strukturarten sind vor allem von Bedeutung: Die Manager sind erstens infolge des arbeitsteiligen Vollzugs der Managementaktivitäten durch Ziel-Relationen und Mittel-Interdependenzen verbunden. Zweitens sind sie durch die Zuteilung unterschiedlich umfassender Lenkungskompetenzen Elemente des Leitungssystems und somit durch Leitungsrelationen verknüpft. Drittens sind sie Knotenpunkte eines Netzes von Informationsbeziehungen, die beispielsweise vertikal, auf dem Dienstweg, oder multilateral verlaufen können.

(c) *Funktionen* des Managementsystems: Die Manager üben die Lenkungsfunktionen der sachorientierten Mitwirkung an Entscheidungsprozessen sowie der personenorientierten Mitarbeiterführung aus, wie sie oben bereits dargestellt worden sind.

(d) *Techniken und Instrumente* des Managementsystems: Zur Durchsetzung der verfolgten Managementziele werden eine Reihe von Managementtechniken (z. B. Planungs-, Führungs- oder Kontrolltechniken) und -instrumenten (z. B. Delegations- oder Motivationsinstrumente) eingesetzt. Die Wahl zweckmäßiger Techniken und Instrumente beeinflußt maßgeblich die Leistungsfähigkeit des Managementsystems.

3. Managementkonzeption

Damit ein Managementsystem auf das Ausführungssystem eines ÖVB lenkend einwirken kann, bedarf es des Vorhandenseins einer Managementkonzeption. Das Managementsystem selbst ist, wie geschildert, ein komplexes Gebilde, das seinerseits durch — von ÖVB-Trägern vorgegebene — Ziele gelenkt wird, die durch Manager unter Beachtung relevanter Strukturen sowie unter Verwendung von Techniken und Instrumenten mittels Lenkungsaktivitäten in die Tat umgesetzt werden. Dieses Gebilde kann mithin nur in Aktion treten, wenn es über eine eigene „Bereichszielkonzeption" verfügt, die die allgemeinen Ziele des ÖVB in systeminterne Managementziele transformiert und die zur Erreichung dieser Ziele maßgeblichen Handlungsprogramme angibt. Diese „Bereichszielkonzeption" ist die Managementkonzeption: sie drückt aus, welche Elemente und Relationen eines Managementsystems zum Zwecke der Systemlenkung zu aktivieren sind.

Mit Blick auf die geschilderten Determinanten des Managementsystems kann man die Managementkonzeption als eine — die Zielvorgaben konkretisierende und integrierende — Auswahl passender, aufeinander abgestimmter Ausprägungen von Systemdeterminanten begreifen. Eine Managementkonzeption ist also eine zielgerichtete Kombination von Managementträgern, -aktivitäten, -strukturen, -techniken und -instrumenten (vgl. auch *Wild* [Management-Konzeption 66 f.], *Ulrich* [Entwicklungstendenzen 105]).

Die Trennung zwischen dem Managementsystem als dem Lenkungssystem des ÖVB und der Managementkonzeption als einer Auswahl von Determinantenausprägungen des Managementsystems macht zugleich deutlich, daß ein vorhandenes Managementsystem durchaus alternative Managementkonzeptionen verfolgen kann. Inwieweit ein Wechsel der Konzeption — selbst wenn er sich als ökonomisch zweckmäßig erweist — tatsächlich geschehen kann, hängt von einer Reihe von Einflußfaktoren ab:

(1) Freiheitsspielraum zur Ableitung von Managementzielen, den die extern vorgegebenen Ziele lassen,

(2) Qualifikation der Manager, eine bestimmte Managementkonzeption zu vollziehen,

(3) Verfügbarkeit konzeptionsgeeigneter Techniken und Instrumente,

(4) Durchsetzbarkeit der Managementkonzeption gegenüber dem Ausführungssystem.

Im Hinblick auf den ÖVB bedeuten diese Überlegungen, daß ein gegebener Management-„Apparat" eines ÖVB prinzipiell verschiedene Managementkonzeptionen verfolgen kann, sofern die Ausprägungen der genannten Einflußfaktoren dies zulassen. In dieser Hinsicht sind gegenwärtig ungünstige Konstellationen zu verzeichnen. Enge gesetzliche Restriktionen, ungenügende Qualifikation der Verwaltungsmanager, Fehlen zweckmäßiger Techniken und Instrumente und schließlich zu vermutende Durchsetzungsprobleme lassen Schwierigkeiten bei der Einführung einer neuen Managementkonzeption für öffentliche Verwaltungsbetriebe erwarten.

III. Istzustand, Gestaltungsziele und Struktur einer Managementkonzeption des Öffentlichen Verwaltungsbetriebes

1. Haupteigenschaften gegenwärtigen Verwaltungsmanagements

Die gegenwärtig praktizierte Managementkonzeption des ÖVB ist zunächst durch ihren *Bürokratiecharakter* gekennzeichnet. Um das derzeitige Verwaltungsmanagement zu begreifen, ist es daher erforderlich, die Grundfragen bürokratischer Organisation kurz zu beleuchten. Unter Bürokratie wird ein Instrument legaler Herrschaft verstanden, das sich zweckrational verhält und hierarchisch-monokratisch aufgebaut ist (vgl. zum Bürokratieproblem u. a. *Janowsky* [Bürokratie], *Luhmann* [Funktionen], *Mayntz* [Organisation], *Merton* [Bureaucracy], *Morstein-Marx* [Bürokratie], *Weber* [Gesellschaft]). Eine bürokratische Organisation wird als Idealtypus angesehen, der durch bestimmte Merkmale gekennzeichnet ist (vgl. z. B. *Hall* [Strukturen 71 ff.]): Autoritätshierarchie, funktionale Arbeitsteilung, detaillierte Regelungen, formalisierte Verfahren, unpersönliche Beziehungen und Aufstieg von Mitarbeitern gemäß fachlicher Qualifikation.

Ein ÖVB ist auch gegenwärtig, wie die empirische Bürokratieforschung gezeigt hat, typischerweise durch ausgesprochen starke Ausprägungen der genannten Merkmale charakterisiert. Er hat beispielsweise ein straff hierarchisches, durch dominante Autoritätsbeziehungen geprägtes Personensystem, auf das ein statisches, starres Zielsystem einwirkt. Zur Starrheit des Zielsystems trägt die Bindung von Verwaltungsentscheidungen an vorgegebene detaillierte Regelungen sowie das zur Rückwärtsorientierung der Mitarbeiter zwingende Prinzip der „Aktenkundigkeit“ bei (vgl. *Hartfiel/Sedatis/Claessens* [Beamte 115]).

Speziell die Regelorientierung des ÖVB führt zu einem „bürokratischen Circulus vitiosus“, der durch ständige Vervollkommnung der Regeln eine selbstverstärkende Systemstabilisierung bewirkt (vgl. *Crozier* [Circulus 277 ff.]) und Zielverschiebungen zur Folge hat, indem die Regelbefolgung vom Mittel zum Selbstzweck erhoben wird (vgl. *Merton* [Struktur 268 f.]). Daraus resultiert i. a. eine Beeinträchtigung der Zielerreichung, indem enge Vorschriften den Einsatz zielwirksamerer Handlungsalternativen verhindern.

Das Unpersönlichkeitsprinzip schließlich, das an sich den positiven Sinn der Gleichbehandlung aller betroffenen Bürger haben soll, trägt zu dem negativen Verhältnis zwischen Bürgern und Verwaltung bei. Der bürokratische Beamte ist bestrebt, Einzelfälle zu generalisieren und persönliche Kontakte zum Bürger möglichst einzuschränken, was sich infolge des Monopolcharakters der meisten Verwaltungsbereiche für den Bürger besonders erschwerend auswirkt (vgl. *Merton* [Struktur 271 f.]).

Allerdings dürfen auch einige Vorteile bürokratischer Verwaltungsstrukturen nicht übersehen werden, wie Max Weber sie etwas überbetont herausgestellt hat (vgl. *Weber* [Gesellschaft 161 ff.]). Eine Hierarchie als relativ geschlossenes System stabilisiert sich über eine feste Innen/Außen-Differenz gegenüber unerwarteten Umweltschwankungen, indem sie nur bestimmte Informationen der Umwelt auf festgelegten Kanälen wie dem Dienstweg hereinläßt (vgl. *Luhmann* [Flexibilität 324 f.]).

Auch Regeltreue hat Vorteile: Durch detaillierte Regelungen (Entscheidung „ohne Ansehung der Person") können Ermessensspielräume gering gehalten und damit Willkürhandlungen eingeschränkt werden. Auch die Gewährung von Existenzsicherheit an die Mitarbeiter und die Personalauswahl aufgrund fachlicher Fähigkeit sind Merkmale der Bürokratie, die durchaus positive Seiten haben.

Bürokratie kann, wie empirische Forschungen gezeigt haben, bei bestimmten Zielstrukturen in der Tat vorteilhaft sein. In Routinesystemen beispielsweise treten ihre Nachteile nicht so stark in Erscheinung, und sie kann darüber hinaus reibungslose Abläufe gewährleisten (vgl. *Litwak* [Bürokratiemodelle 118 f.], *Luhmann* [Flexibilität 326 ff.]). Entsprechend der Dominanz von Hoheitsakten, die überwiegend Routinecharakter haben, kann man bürokratischen Strukturen in der Vergangenheit ihre Zweckmäßigkeit nicht absprechen. In der Gegenwart haben sich allerdings die Schwerpunkte deutlich verschoben, wie man bei der Zielanalyse sehen konnte, so daß Bürokratie heute selten effektiv ist.

Im Lichte des konstatierten Bürokratiecharakters von Öffentlichen Verwaltungsbetrieben können die Haupteigenschaften gegenwärtigen Verwaltungsmanagements kurz durch drei Thesen gekennzeichnet werden, wobei zu beachten ist, daß hier nur generelle Charakteristika aufgezeigt werden, während detailliertere Hinweise auf den Istzustand in den einzelnen Kapiteln des Teils C gegeben werden.

(1) Die *zielorientierte Betriebsplanung* beschränkt sich — von einigen Ansätzen im Regierungsbereich abgesehen — weitgehend auf passiven Vollzug gegebener Gesetzesnormen. Als unzulänglich erweisen sich insbesondere ein zu geringer Grad aktiver Zielbildung, ein ungenügender Mechanismus der Zielkoordination und die mangelhafte Zuordnung von (Finanz-)Mitteln zu Zielen (vgl. im einzelnen S. 71 f.).

(2) Die *Lenkung von Entscheidungsprozessen* durch Manager dokumentiert sich — wenn man vom Ministerialbereich absieht — in aus-

geprägter Zentralisierung von Entschluß- und Kontrolloperationen, wodurch einerseits das Leistungspotential von Mitarbeitern nicht ausgeschöpft wird, andererseits Überlastungseffekte auf der Vorgesetztenebene auftreten (vgl. im einzelnen S. 94 ff.). Das Vorgesetzten-Untergebenen-Verhältnis ist dementsprechend durch autoritäre Beziehungen seitens des Vorgesetzten sowie durch ein von Spannungen und Mißtrauen häufig belastetes Betriebsklima gekennzeichnet. Verwaltungsmitarbeiter klammern sich an ihre geringen Kompetenzrechte erfahrungsgemäß starr, was in ungewohnten Situationen (z. B. Krisen) zu einem bemerkenswerten Mangel an Eigeninitiative führt. Formale Verantwortung schlägt dann oft in inhaltliche Verantwortungslosigkeit um (vgl. *Lauxmann* [Hierarchie 48 ff.]; im einzelnen s. S. 117 ff.).

(3) *Mitarbeitermotivation und -entwicklung* weisen z. T. erhebliche Unzulänglichkeiten auf (vgl. vor allem *Hartfiel/Sedatis/Claessens* [Beamte 235 ff.], *Thieme* [Stiefkind]). Infolge einseitiger und strenger Eingangsvoraussetzungen, eines ungünstigen Images wie auch traditionsverhafteten Selbstverständnisses der Öffentlichen Verwaltung sowie aufgrund einseitig juristischer Aus- und Fortbildung gelangen Mitarbeiter in den ÖVB, deren Leistungsprofile heute in vielen Fällen nicht mehr mit den Anforderungsstrukturen übereinstimmen. Verwaltungsmitarbeiter können ferner häufig bei den gegenwärtig eingesetzten Motivationsinstrumenten ihre Leistung nicht einmal voll entfalten. Weil wirksame Leistungsanreize fehlen, ist der Arbeitsvollzug, zu dem vor allem die Mitarbeiter auf der Ebene des einfachen und mittleren Dienstes aufgrund ihrer Gehorsamspflicht unter widerstrebender — wenn auch mitunter notwendiger (Beispiel: Feuerwehr, Polizei) — Zielakzeptanz veranlaßt werden, durch geringes Engagement gekennzeichnet. Man versucht entweder, soweit es der enge Spielraum detaillierter Vollzugsregeln zuläßt, bei der Zielbildung nicht berücksichtigte Eigeninteressen in den Zielerreichungsprozeß einfließen zu lassen oder man widmet sich nur im Mindestmaße dem betrieblichen Leistungszielvollzug und verlagert Teilaktivitäten in informale Tätigkeitsfelder (vgl. im einzelnen S. 117 ff.).

2. Generelle Gestaltungsziele einer Managementkonzeption des Öffentlichen Verwaltungsbetriebes

1. Die Anforderungen an eine Managementkonzeption des ÖVB, die hier unter Verweis auf die Einzelvorschläge im Teil C sowie die Modifikationsempfehlungen in Teil D nur global skizziert werden, sind durch die Entwicklung der Teilsysteme des ÖVB bestimmt. Die Entwicklungslinien des *Zielsystems* sind bereits in der Grundlegung aufgezeigt worden. Eine weitere Einflußgröße ist in der Entfaltung des

Personensystems zu sehen. Während bislang im höheren nichttechnischen Dienst ganz eindeutig der juristisch ausgebildete, universal einsetzbare Beamte vorherrschte, woran sich auch der gehobene Dienst orientierte, treten jetzt — im Gefolge des Zielwandels — technische, wirtschaftliche, soziale oder pädagogische Berufsbilder in den Vordergrund. Diese Differenzierung stellt u. a. Anforderungen an das Mitarbeiterentwicklungssystem, an die Motivationsmechanismen und an das Vorgesetzten-Untergebenen-Verhältnis. Haben Vorgesetzte und Untergebene nicht mehr in jedem Falle die gleiche Ausbildung oder Untergebene stark spezialisierte Tätigkeiten, dann kann der Vorgesetzte mitunter nicht mehr das gesamte Arbeitsgebiet seiner Untergebenen überblicken, was Folgen für die Führungsform hat. Ferner ist eine Tendenz steigenden Anspruchsniveaus der Mitarbeiter zu beobachten, die in Richtung zunehmender Persönlichkeitsentfaltung und Selbstverwirklichung geht (vgl. *Bleicher* [Perspektiven 27 f.]).

Die Entwicklung des *Ausführungssystems* des ÖVB kann ebenfalls durch zwei zu beobachtende Tendenzen skizziert werden. Als Folge der zunehmenden Bedeutung von Planungsleistungen des ÖVB, die innovative Entscheidungsprozesse voraussetzen, weitet sich das Innovationssystem aus. Es entwickeln sich Tätigkeitsfelder analog zur Marktforschung und Produktentwicklung in der Unternehmung, die die Früherkennung gesellschaftlicher Nachfrageveränderungen und die Entwicklung neuer Leistungen zum Inhalt haben. Verwaltungsmitarbeiter müssen ihre Bedeutung als „schöpferische Unternehmer" erkennen, wollen sie den Anforderungen der Umwelt gerecht werden. Hinzu kommt, daß systeminterne Innovationen, z. B. in Gestalt von Verwaltungsreformen, immer dringlicher werden. Auf der Seite des Routinesystems ist eine fortschreitende Verlagerung von menschlichen Erfüllungshandlungen auf automatisierte Datenverarbeitungssysteme zu beobachten, was zunächst Freisetzung menschlicher Leistungspotentiale zur Folge hat, die bislang aber durch die Leistungszielexpansion des ÖVB stets wieder gebunden worden sind.

2. Aus sachlicher Sicht gilt als Hauptanforderung an die Managementkonzeption, daß sie eine effektive *Lenkung von Zielsetzungs- und Zielerreichungsentscheidungen* im ÖVB ermöglichen soll. Das Lenkungsschwergewicht liegt dabei im Bereich der Entscheidungsvorbereitung, d. h. in der Ermöglichung aktiver und rechtzeitiger Problemsuche sowie informatorisch und methodisch fundierter Alternativenwahl. Eine wichtige Funktion bestimmter Verwaltungszweige (z. B. Wirtschaftssteuerung, Bildungsverwaltung, Verkehrswesen) ist z. B. das schnelle Erkennen und Auswerten von Umweltveränderungen. Dies kann erfolgreich nur dann geschehen, wenn im Verbund damit eine systematische, koordinative Zielplanung betrieben wird, wenn also

beispielsweise die bei der Ansiedlung von Industriebetrieben in einer Gemeinde zu verfolgenden Ziele (Steuermehreinnahmen, Bevölkerungswachstum, Umweltschutz usw.) ermittelt, geordnet, mit anderen Bereichen abgestimmt, in Mittel umgesetzt und schließlich auf ihre Erreichung geprüft werden.

Betrachtet man unter diesem Aspekt den Wirkungsverbund der sich simultan wie auch im Zeitablauf vollziehenden Entscheidungsprozesse, so treten zwei generelle Anforderungen an eine Managementkonzeption in Erscheinung: *Koordination* und *Lernverhalten* als Lenkungsziele. Erstens müssen in der Managementkonzeption infolge der Arbeitsteiligkeit betrieblichen Leistungsvollzuges Koordinationsmechanismen festgelegt werden, die die vielfältigen Entscheidungsprozesse durch Ausrichtung der Mittel auf die jeweils vorgelagerten Ziele so aufeinander abstimmen, daß sich ein möglichst hoher Zielerreichungsgrad ergibt. Zweitens bestimmt die Managementkonzeption direkt und indirekt das Lernverhalten des ÖVB, je nachdem, ob (und wie) die einzelnen Entscheidungsprozesse durch Lernfunktionen miteinander zu einem dynamischen, lernfähigen System verknüpft werden. Daher ist von einer Managementkonzeption zu fordern, daß sie starre Entscheidungsprogrammierung nach festgelegten Schemata vermeidet, sondern die Entscheidungsregeln an vorausgegangenen Lernerfolgen orientiert. Mit dieser Forderung geht diejenige nach Ermöglichung ausreichender Flexibilität des Ausführungssystems bei Zielvariationen einher, was beispielsweise für eine Schulbehörde bedeuten würde, daß deren Managementkonzeption für flexible Funktionsverteilung in den Schulen bei variierender Schüler-Lehrer-Relation zu sorgen hätte.

3. Aus personeller Sicht ist es das Ziel der Managementkonzeption, aufeinander abgestimmte, aktivitätsfördernde *Führungs-, Motivations- und Entwicklungsstrategien* festzulegen. Die generellen Anforderungen im personellen Bereich gelten — da jeweils das Phänomen der Personalführung angesprochen ist — i. a. gleichermaßen für Unternehmungen wie Öffentliche Verwaltungsbetriebe. Verwaltungsspezifische Fragen der Personalführung werden daher erst später bei den Managementbausteinen angesprochen. Hauptziel der Managementkonzeption in dieser Sicht ist die Steigerung des — bislang vielfach nicht ausgeschöpften — Leistungspotentials von Verwaltungsmitarbeitern bei gleichzeitiger Erhöhung ihrer Arbeitszufriedenheit. Dies bedingt die Forderung nach einem möglichst hohen Partizipationsgrad der Mitarbeiter an Entschlüssen über Zielsetzungs- und Zielerreichungsprobleme auf allen organisatorischen Ebenen. Wie sich noch näher zeigen wird, hängt bei Zielsetzungsentscheidungen die Akzeptanz von ÖVB-Zielen als wichtige Voraussetzung zur Leistungsmotivation in hohem Maße von der Möglichkeit eigener Zieleinflußnahme ab. Die

Managementkonzeption hat aber nicht nur auszudrücken, welche Zielbildungsbeteiligung den Mitarbeitern zugebilligt wird. Sie sollte darüber hinaus weitere Mittel und Wege bestimmen, mit denen die Zielakzeptanz der Mitglieder so gesteigert werden kann, daß auf der einen Seite ein für Innovationen bedeutungsvoller Spielraum kritischer Dissonanz vorhanden ist und nicht auf unproduktive, völlige Angepaßtheit der Individualziele hingesteuert wird (vgl. zum produktiven Zielkonflikt *Krüger* [Konflikthandhabung]) und auf der anderen Seite die notwendige Willenseinheit nach außen erkennbar bleibt.

Daneben sind in der Managementkonzeption *Führungsformen* festzulegen, die aufgrund ihrer Autoritätsbasis und -stärke sowie der angewendeten Führungstechniken und -instrumente Leistungsfähigkeit wie auch Zufriedenheit der Mitarbeiter anheben. Diese Anforderungen werden überdeckt durch das Erfordernis einer zielgerechten *Personalentwicklung*. Es ist zu bestimmen, wie Mitarbeiter ausgewählt, ausgebildet, eingesetzt, fortgebildet und befördert werden sollen. Dies schließt vor allem auch die Förderung innovativen Entscheidungsverhaltens bei den Mitarbeitern — z. B. Stärkung des Problembewußtseins und der Problemlösungsbereitschaft — mittels geeigneter Dezentralisations- und Motivationsmechanismen ein, weil Kreativität bei der Planung von Verwaltungsleistungen häufig ausschlaggebend für deren Erfolg ist (Beispiel: Schaffung wirksamer Industrieansiedlungsanreize durch ein Amt für Wirtschaftsförderung).

3. Struktur einer Managementkonzeption des Öffentlichen Verwaltungsbetriebes

Stellt man die Anforderungen an eine leistungsfähige Managementkonzeption der gegenwärtig feststellbaren, tatsächlich verfolgten Managementkonzeption des ÖVB gegenüber, so kommt man zu dem Ergebnis, daß die praktizierte Konzeption den aufgestellten Gestaltungszielen kaum entspricht. Weder sachliche noch personelle Erfordernisse sind in wichtigen Punkten erfüllt. Der Entwurf einer anforderungsgerechten Managementkonzeption für Öffentliche Verwaltungsbetriebe ist daher geboten. Dies um so mehr, als die Öffentlichkeit von einem ineffektiven Verwaltungsmanagement direkt getroffen wird, weil ihr dessen Kosten zur Last gelegt werden und sie auf die Leistungen der Verwaltung angewiesen ist.

Es ist mithin zu prüfen, aus welchen Bausteinen sich eine anforderungsadäquate Managementkonzeption zusammensetzen soll. Dabei sind die obengenannten Ziele, die das Streben nach einem zukunftsorientierten und leistungszielgerechten Systemverhalten des ÖVB zum Ausdruck bringen, zu beachten. Zur Erreichung dieser Ziele werden bestimmte sozioökonomische Grundsätze, Managementprinzipien und -techniken als Mittel eingesetzt, deren Kombinationen im folgenden als „Elemente" der Managementkonzeption bezeichnet werden. Diese Elemente bilden in sich keine homogene Ganzheit, sondern ein interdependentes, abgestuftes Ziel/Mittel-System. Trotz des offensichtlichen Wirkungsverbundes der verschiedenen Konzeptionselemente werden diese weitgehend isoliert dargestellt, weil Strukturanalyse Elementanalyse voraussetzt, letztere aber in diesem Stadium betriebswirtschaftlicher Analyse des ÖVB Priorität hat.

Die Elemente der angestrebten Managementkonzeption basieren auf bestimmten Verhaltenshypothesen, die im weiteren Verlauf aufgestellt, erläutert und geprüft werden sollen. Die Bestimmung der Anzahl der Elemente ist weitgehend eine Zweckmäßigkeitsfrage, wobei es das Ziel der Praktikabilität (geringe Anzahl klar strukturierter Elemente) sowie der Vollständigkeit und Präzision (größere Anzahl logisch eindeutig abgrenzbarer und alle Managementaspekte voll abdeckender Elemente) aufeinander abzustimmen gilt.

Im weiteren Verlauf dieser Untersuchung wird von vier Grundelementen einer leistungsfähigen Managementkonzeption ausgegangen, weil sie in relativ kompakter und übersichtlicher Form das Gesamtspektrum der Konzeption abdecken. Die ausgewählten Elemente stellen jedoch nicht die einzig möglichen Bausteine einer Managementkonzeption dar, man könnte diese vielmehr auch aus anders abgegrenzten Elementen zusammenfügen. Folgende Grundelemente kommen aufgrund der angestellten Überlegungen in Betracht:

(1) das Zielbildungs-Element

(2) das Entschlußdezentralisations-Element

(3) das Leistungsmotivations-Element

(4) das Personalentwicklungs-Element.

Abgesehen von ihren wechselseitigen Wirkungsbeziehungen stellen die Elemente auch in sich keine Einheiten dar, sondern sind ihrerseits Systeme, die aus verschiedenen Bauelementen zusammengesetzt sind. Jedes Grundelement ist auf einen wichtigen Problemkreis des Managements von Öffentlichen Verwaltungsbetrieben gerichtet und umfaßt mehrere Ausprägungen der geschilderten Determinanten des Managementsystems.

Neben diesen vier Hauptbausteinen sind ohne Zweifel eine Fülle weiterer Einflußgrößen auf die Managementkonzeption zu beachten. Planungs- und Kontrollsystem werden nur insoweit berücksichtigt, als sie das Zielbildungssystem betreffen. Ferner stellen beispielsweise die Organisation und insbesondere das Informationssystem als eines ihrer Subsysteme wichtige Faktoren dar, die den Managementprozeß im ÖVB entscheidend beeinflussen können. Jedoch gehen beide durch ihren Allgemeinheitscharakter über den hier gezogenen Problemkreis der Managementkonzeption hinaus und bleiben daher als Elemente unberücksichtigt.

C. Grundelemente einer Managementkonzeption des Öffentlichen Verwaltungsbetriebes

I. Zielbildung

1. Notwendigkeit und Aussage des Elementes

1. Ohne explizite Kenntnis der zu verfolgenden Ziele ist eine „zielorientierte" Lenkung eines soziotechnischen Systems nicht möglich. Ziele sind aber in der benötigten Form nicht einfach vorhanden, sondern müssen erst in einem mehr oder weniger mühevollen Such-, Abstimmungs- und Entscheidungsprozeß gewonnen werden. Wie wichtig das rechtzeitige, richtige und vollständige Erkennen relevanter Ziele bzw. Zieländerungen als Reaktion auf stattgefundene Umweltveränderungen für den ÖVB ist, ist bereits verschiedentlich betont worden.

Damit Ziele im Sinne von Handlungsvorschriften eine Hilfe bei der Beurteilung von Handlungsalternativen und -resultaten sein können, müssen sie präzise, aufeinander abgestimmt und für alle betrieblichen Handlungselemente geltend aufgestellt werden. Daher bedürfen Ziele einer präzisierenden Dimensionierung nach Inhalt, Umfang und Zeitbezug (vgl. *Heinen* [Zielsystem 59 ff.], *Schmidt* [Wirtschaftslehre I, 124 ff.]). Die unbestimmte Formulierung eines „Gemeinwohl"-Zieles des ÖVB ist infolge mangelnder Präzision, Abgrenzung und fehlendem Zeitbezug genauso unverbindlich und nichtssagend wie ein ausschließliches Gewinnmaximierungsziel der Privatunternehmung.

2. Faßt man Ziele als gedankliche Modelle erstrebter zukünftiger Ergebnisausprägungen auf, wobei Ergebnisse durch den Einsatz eigener Entscheidungsvariablen und die Einwirkung von Umweltereignissen zustandekommen, und geht man davon aus, daß das Entscheidungsverhalten im Betrieb wie jegliches menschliches Verhalten zielgesteuert verläuft, dann bedarf jede betriebliche Aktivität einer — individuell und/oder von außen bewirkten — Zielvorgabe. Dementsprechend darf es nicht nur eine Zielkonzeption geben, die die Entscheidungsträger auf der obersten Betriebsebene verpflichtet, sondern es muß ein Zielsystem vorhanden sein, das zeitlich gestuft die Zielvorstellungen aller betrieblichen Ebenen und Bereiche bis zu den Stellenzielen resp. Aufgaben einzelner Verwaltungsmitarbeiter enthält. Dazu sei am Rande bemerkt, daß *Aufgabe* (im Sinne der Organisationslehre) und *Ziel* (im Sinne der

Entscheidungslehre) begrifflich übereinstimmen, weil beide Termini Handlungsaufforderungen darstellen, die zu Erfüllungsaktionen anhalten (vgl. auch *Kosiol* [Organisation 43], *Hauschildt* [Verantwortung 1693]; gegenteiliger Ansicht ist *Berthel* [Unternehmungssteuerung 103 f.]). Faßt man dagegen Aufgabe als Tätigkeitsfeld auf, so ist eine Aufgabe eine Zielerreichungshandlung, was sich aber mit dem üblichen Begriffsinhalt nicht mehr deckt. Auch eine — auf den ersten Blick plausible — Gleichsetzung von Aufgabe und Produktziel ist nicht zwingend, da nicht nur die Sach-, sondern auch die Erfolgs- und Liquiditätszieldimension Art, Umfang und Struktur einer Aufgabe bestimmen. Die terminologische Parallelentwicklung von „Aufgabe" und „Ziel" kann daher nur als verwirrend bezeichnet werden.

Die Gewinnung von Zielvorstellungen erfolgt i. a. nicht in einem eindeutigen, logisch-deduktiven Ableitungsvorgang, in dem festgelegte Oberziele in — sich untereinander vollständig ergänzende — Unterziele aufgegliedert werden (vgl. *Köhler* [Marketingziele 26]). Ein mechanistischer Ableitungszusammenhang ließe sowohl sachliche wie auch soziopsychologische Überlegungen unberücksichtigt. Entscheidungen über Oberziele sind vielfach gar nicht möglich, bevor nicht die Wirkungen von Unterzielen und mithin auch diese bekannt sind. Die Zielgenerierung erfolgt vielmehr in einem mehrstufigen, rückgekoppelten Ziel-Entscheidungsprozeß, den die Mitarbeiter — unter Beachtung der Instrumentalfunktion des ÖVB — je nach Art der Ziele und faktischer Machtverteilung durch Infiltration ihrer Individualinteressen in unterschiedlichem Ausmaß beeinflussen.

Aus diesen Überlegungen wird die Notwendigkeit der Zielbildung als Bestandteil der Managementkonzeption deutlich. Die Lenkung eines ÖVB ist nur möglich, wenn klar definierte und erreichbare Ziele für alle Mitarbeiter vorhanden sind, wenn diese sie kennen und verfolgen und wenn auf die Zielerreichung eine Zielwirksamkeitskontrolle folgt, die eine entsprechende Abweichungsanalyse zum Inhalt hat.

3. Das Konzeptionselement Zielbildung hat einen sachlichen und einen personellen Aspekt: einerseits ist eine systematische strategische, taktische und operative Planung der Leistungs-, Erfolgs- und Liquiditätsziele des ÖVB erforderlich, um den Anforderungen von Staat und Gesellschaft nachkommen sowie mittels exaktem Ziel/Ergebnis-Vergleich Leistungen kontrollieren und adäquat vergüten zu können. Andererseits ist eine Beteiligung möglichst aller ÖVB-Mitglieder an den Zielbildungsprozessen notwendig, um auf das Erfahrungspotential der Mitglieder zurückgreifen, um die Mitglieder über eine verstärkte Zielakzeptanz zu Leistung anspornen und um einen möglichst hohen Selbstkontrollgrad ermöglichen zu können.

Beide Aspekte sind in der Realität nicht voneinander zu trennen, sondern eng miteinander verwoben. Ein erfolgreiches Zielbildungssystem basiert geradezu auf der wechselseitigen Verflechtung individueller Zielanregungen und ihrer Verarbeitung im sachlich-zeitlich strukturierten Planungssystem des ÖVB. Die nachfolgende Trennung der beiden Aspekte erfolgt daher ausschließlich zum Zwecke einer größeren Klarheit der Darstellung.

4. Den beiden Betrachtungsweisen können schwerpunktmäßig zwei bedeutsame methodische Konzepte zugeordnet werden, die in der neueren Verwaltungs- resp. Managementliteratur intensiv diskutiert werden: die integrierte Programm- und Budgetplanung, in den USA als Planning-Programming-Budgeting-System (PPBS) bekannt, und die Führung durch Zielvereinbarung, auch Management by Objectives (MbO) genannt. Die Programm- und Budgetplanung ist primär auf den sachlichen Aspekt einer systematischen und transparenten Ziel- und Maßnahmenplanung fixiert, während die Führung durch Zielvereinbarung vor allem den personellen Aspekt einer Leistungsmotivation durch partizipative Zielbildung anspricht. Beide Konzepte werden im folgenden diskutiert und zu einem gemeinsamen System integriert werden.

5. Die Zielbildung darf als Element einer Managementkonzeption nicht isoliert für sich gesehen werden, sondern ist mit den übrigen Konzeptionselementen interdependent. Es besteht beispielsweise eine enge Beziehung zwischen Zielpartizipation und Entschlußdezentralisation, weil die Mitwirkung an der Zielbildung einerseits das Vorhandensein entsprechender Handlungsverantwortung voraussetzt, andererseits die Umsetzung von Zielen in Handlungen zur Folge hat. Über die motivationalen Effekte der Zielpartizipation entsteht ferner eine Verbindung zum Motivationselement. Und weil schließlich die Ziel/Ergebniskontrolle im Rahmen des lernenden Systems ÖVB wichtiger Bestandteil der Mitarbeiterbeurteilung und -förderung ist, zeigt sich hier auch eine Verknüpfung mit dem Personalentwicklungs-Element.

2. Möglichkeiten und Probleme einer integrierten Zielplanung im Öffentlichen Verwaltungsbetrieb

a) Struktur des Zielsystems eines Öffentlichen Verwaltungsbetriebes

Zum besseren Verständnis des Zielplanungsprozesses sei vorher kurz die Grobstruktur des Zielsystems eines ÖVB — speziell aus ökonomischer Sicht — geschildert.

Von seiner inhaltlichen Struktur her ist das ÖVB-Zielsystem ein mehrdimensionales Gebilde. Es ist im Vergleich zum Zielsystem einer

Privatunternehmung insofern komplexer, als ein — oftmals dominanter — Anteil (wirtschafts-, sozial-, kultur- usw.) politischer Zielvorstellungen existiert. So wird das Handeln eines Gesundheitsministeriums beispielsweise durch eine Vielzahl medizinischer, gesundheitspolitischer, sozialer, ethischer und humanitärer Ziele bestimmt. Unbeschadet möglicher politischer Zieldominanzen verfolgt ein ÖVB allerdings *auch* ökonomische Ziele. Verwaltungsentscheidungen haben stets eine ökonomische Dimension, denn Verwaltungsleistungen sind unter Beachtung von Kosten-Nutzen-Überlegungen zu erbringen, wie es neuerdings sogar das Haushaltsgrundsätzegesetz vorschreibt.

Das Zielsystem eines ÖVB kann formal dadurch geordnet werden, daß die vorhandenen Zielelemente in die drei Kategorien der *Leistungsziele, Erfolgsziele* und *Liquiditätsziele* eingruppiert werden (vgl. *Schmidt* [Wirtschaftslehre I, 114 ff.], *Witte/Hauschildt* [Unternehmung 86 ff.]). Jedes betriebliche Zielsystem ist notwendigerweise pluralistisch im Sinne mehrerer vorhandener Zielkategorien, weil die Erbringung einer bestimmten Leistung stets mit einer zugehörigen Erfolgserzielung sowie mit einer entsprechenden Finanzmittelbewegung verbunden ist.

Daß diese dreiteilige Struktur des Zielsystems auch für den ÖVB gilt, läßt sich mit Hilfe eines Beispiels relativ leicht nachweisen (vgl. als abweichende Zielkategorisierung den Vorschlag von *Oettle* [Zielsetzungen 252 ff.]). Eine Kommunalverwaltung — etwa die Verwaltung einer Großstadt — verfolgt ein konkretes, weitgehend durch Zielauflagen determiniertes Leistungsprogramm, bestehend aus Sozial-, Gesundheits-, Schul-, Sicherheits-, Bau- und Wirtschaftsförderungsleistungen. Dieses Leistungsprogramm wird in der *Zielkonzeption* des ÖVB als dem obersten betrieblichen Zielgefüge, aus dem sich alle weiteren Ziele und Mittel herleiten, durch Aufgliederung in die drei Zielkategorien konkretisiert, wie das Beispiel in Abb. 4 zeigt. Dabei wird von einem mittelfristigen Zeitbezug der Zielbeispiele ausgegangen. Das hier nur auszugsweise wiedergegebene Leistungszielbündel stellt sozusagen das Absatzsortiment des ÖVB dar. Die Erfolgsziele legen die Höhe des Aufwandes für die einzelnen Leistungsziele bei gegebenen Erträgen fest, wobei zu beachten ist, daß eine differenzierte Erfolgslenkung einzelner Leistungsträger mit dem derzeit im ÖVB praktizierten Rechnungssystem nicht möglich ist (vgl. dazu *Chmielewicz* [Betriebswirtschaftslehre 193 ff.]). Das Liquiditätsziel schließlich bestimmt den Umfang der Kassenhaltung sowie den Grad der Darlehensfinanzierung.

Führt man sich diese empirisch signifikante Zielpluralität vor Augen, so muß man feststellen, daß die Autoren, die dem ÖVB mit Berufung auf das Leitmotiv der „Gemeinwirtschaftlichkeit" eine Erfolgszielorientierung absprechen (vgl. z. B. *Eichhorn* [Haushalte 611 f.], *Bischofs-*

		Leistungsprogramm					
		Soziales	Gesund- heit	Schu- len	Sicher- heit	Bauen	Wirt- schafts- förde- rung
Zielkonzeption	Leistungs- ziele (Beispiele)	Erweiterung der Altenheim- Kapazität um 1o %	Entwicklung eines Süchtigen - Vorbeuge- und Rehabilitations- programms	Verringerung der Schüler-Lehrer- Relation auf 2o : 1	Verringerung der Verkehrsunfälle auf o,5‰ der Verkehrs- teilnehmer	Bau einer Umgehungs- straße zwecks Ent- lastung des inner- städtischen Straßen- verkehrs	Schaffung von 1o.ooo zusätzlichen Arbeits- plätzen durch Ansied- lung neuer Industrie- betriebe
	Erfolgs- ziele	Aufwanddeckung (Zuweisung Cost/Benefit-orientierter Subventionserträge zu den ausgewählten Alternativen zur Deckung des entstehenden Aufwandes)					kurzfristige Ver lusthinnahme in Erwartung künfti ger Gewerbesteu ermehrerträge
	Liquiditäts- ziele	Haltung einer Liquiditätsreserve von 1 ‰ des Budgets; Beschränkung der Finanzeinnahmen auf 1o % der Erfolgseinnahmen; Zuweisung bewilligter Ausgabenbeträge zu den Leistungszielen laut Haushaltsplan.					

Abbildung 4

berger [Durchsetzung 27 ff.], *Schneider* [Zielvorstellungen 261 ff.], *Schnettler* [Betriebe 40 f.]), offenbar einseitig argumentieren. Befriedigung des Gemeinwohls und Erfolgserzielung schließen sich nicht aus, sondern ergänzen sich. Ein ÖVB kann ebensowenig wie eine Privatunternehmung Leistungen ohne Berücksichtigung ihrer Aufwand/Ertragsrelationen erbringen (vgl. *Witte/Hauschild* [Unternehmung 99]).

b) Allgemeine Merkmale des Zielplanungsprozesses

Der Prozeß einer integrierten Zielplanung im ÖVB ist durch eine Reihe von Merkmalen gekennzeichnet. Einige generelle Eigenschaften werden im folgenden aufgezeigt, während Details des später zu entwickelnden kooperativen und integrierten Zielbildungssystems im Abschnitt C.I.4.d abgehandelt werden.

Eine systematische, operationale Zielplanung ist notwendig, um erkannten Umweltvariationen mit detaillierten Ziel- und Maßnahmenprogrammen begegnen zu können. Man nimmt in einem kommunalen ÖVB — um ein Beispiel zu nennen — das Problem wahr, daß in ein bis zwei Jahrzehnten bei gleichbleibender Bevölkerungs- und Verkehrszunahme weite Teile des Stadtgebietes individuellen Verkehrsmitteln nicht mehr zugänglich sein werden, weil auch bei großzügigster Raumzuteilung der Verkehrs- und Parkraum im Stadtgebiet den Individualverkehr nicht mehr aufnehmen kann und außerdem die Umweltverschmutzung durch Abgase unerträglich sein wird. Diese Erkenntnis löst einen Planungsprozeß aus, der sich auf die strategischen, taktischen und operativen Ziele und Zielerreichungsaktivitäten erstreckt, die zur Lösung dieses Verkehrsproblems führen. Es sind also beispielsweise langfristige Konzepte des kollektiven Personennahverkehrs und mit diesen kompatible, prioritätsgeordnete mittel- und kurzfristige Detailpläne zu entwickeln. Hierbei sind u. a. die Unsicherheiten zukünftiger technischer und gesellschaftlicher Entwicklungen sowie die gegenwärtigen Bedürfnisstrukturen zu beachten, woraus Planungsdilemmata wie das der Notwendigkeit des kurzfristigen Straßenausbaus trotz offensichtlicher langfristiger Nichtverwendbarkeit infolge andersgearteter Verkehrssysteme erwachsen können.

Folgende Strukturmerkmale des Zielplanungsprozesses sind bei der Gestaltung der Managementkonzeption zu beachten:

(1) Infolge der fortgesetzten *Interdependenz von Zielen und Mitteln*, d. h. der Tatsache, daß beispielsweise ein operatives Ziel ein Mittel im Hinblick auf ein übergeordnetes taktisches Ziel ist, können Ziele — abgesehen von der obersten Schicht des Zielsystems — stets in Mittel überführt und umgekehrt Mittel — abgesehen von ihrer untersten Schicht — stets als Ziele ausgedrückt werden. Auf diese Austauschbarkeit soll jedoch hier nicht weiter eingegangen und stattdessen stets von Zielen gesprochen werden.

(2) Zielplanungsprozesse vollziehen sich *multipersonal*. Wie aber die Gewinnung der Zielvorstellungen in personeller Hinsicht vor sich geht, ob durch autokratische Vorgabe „von oben“ oder durch kollektives Aushandeln, soll nicht hier, sondern im folgenden Abschnitt geklärt werden.

(3) Der Zielplanungsprozeß ist ein *Entscheidungsfindungs*prozeß: angeregt durch sich stellende Probleme resp. im Wege aktiver Problemsuche werden Zielideen gesucht, mit übergeordneten Zielen abgestimmt, durch informatorische Fundierung konkretisiert, miteinander verglichen und durch Finalentschluß ausgewählt. Im Vergleich zum Zielerreichungsprozeß ist ein Zielsetzungsprozeß generell auf die Entscheidungs-

findung beschränkt, da die Entscheidungsdurchführung hier mit der Zielerreichung identisch ist.

(4) Eine wichtige Stufe dieses Zielsetzungs-Entscheidungsprozesses ist die formale Überführung des primären — z. T. metaökonomischen — Verwaltungszielbündels in die pluralistische *ökonomische Zielkonzeption,* indem zusätzlich zu den dominanten Leistungszielen zu beachtende Erfolgs- und Liquiditätsziele bestimmt werden (vgl. auch S. 50 f.).

(5) Infolge des bei staatlichen Zielentscheidungen oftmals hohen *Anteils politischer Normen* können derartige Entscheidungsprozesse nicht ausschließlich anhand ökonomischer Entscheidungskriterien durchgeführt werden (Bsp.: Vergleich von Verteidigungs- und Bildungsmaßnahmen mit Hilfe von Kosten-Ertrags-Relationen). Ein ökonomisch orientierter Alternativenvergleich ist vor allem ein Hilfsmittel zur Fundierung und Transparentmachung politischer Zielentscheidungen. Daraus resultiert die Möglichkeit einer divergenten Prioritätenstruktur ökonomischer und politischer Entscheidungsfelder.

(6) Ein weiteres Merkmal ist der *Programmcharakter* öffentlicher Zielplanung. Infolge des komplexen Verbundes staatlicher Aktivitäten ist die isolierte Planung einzelner Leistungsziele meist wenig zweckvoll. Ergiebiger ist die Kombination einzelner interdependenter Zielvorstellungen zu vermaschten Zielprogrammen. So ist beispielsweise eine regionale Wirtschaftsförderung einzig durch Steuersenkungen resp. Subventionen nicht sehr erfolgreich. Zweckmäßiger ist der Einsatz eines mehrgliedrigen Leistungsinstrumentariums, das z. B. Bereitstellung erschlossener Grundstücke, qualifizierter Arbeitskräfte, kostengünstiger Verkehrswege und anderer Infrastrukturleistungen sowie Steuervorteile umfaßt. Der Verflechtungsgrad staatlicher Aktivitäten ist deshalb so hoch, weil die zu beachtenden Interdependenzen eine dreidimensionale Struktur haben: erstens können sachlich verschiedene Verwaltungsleistungen in einem zeitlich simultanen Wirkungsverbund stehen, zweitens können Leistungen im Zeitablauf Folgeleistungen nach sich ziehen und drittens können Leistungen in einer Teilregion sich interdependent zu Leistungen in anderen Räumen verhalten.

(7) Infolge der Dualität der Entscheidung als Ziel-Mittel-Relation sowie als Ergebnis einer Informationstransformation ist der Zielplanungsprozeß gleichzeitig auch immer ein *Informationsprozeß.* Damit eine Zielplanung adäquat durchgeführt werden kann, müssen Anregungsinformationen über relevante Umweltänderungen die Entscheidungsträger erreichen sowie Ziel-, Alternativen- und Ereignisinformationen beschafft und verarbeitet werden. Aufgrund der Phasenkopplung von Planung, Realisation und Kontrolle lösen Kontroll-

informationen über Abweichungsanalysen die Durchführung neuer Zielplanungsprozesse aus.

(8) Der Zielplanungsprozeß ist in verschiedener Hinsicht ein *mehrstufiger Prozeß*. Er ist erstens mehrstufig, weil sich die Zielplanung mit auf feedback-Informationen basierenden Zieländerungsentscheidungen der sich dynamisch entwickelnden Umwelt anpassen muß. Er ist zweitens mehrstufig infolge der stets nur unvollkommen vorhandenen Informationen über die Realisierbarkeit von Zielen, so daß sich die Zielbildung in Form einer ständigen Anspruchsanpassung vollzieht (vgl. auch *Sauermann/Selten* [Anspruchsanpassungstheorie]). Der Prozeß der Zielplanung ist drittens mehrstufig aufgrund der Interdependenz der Ziele, die eine meist mehrfache wechselseitige Abstimmung erforderlich macht. Zielplanung ist schließlich viertens insofern mehrstufig, als langfristige Zielvorstellungen in konkretisierende Teilpläne aufgespalten werden, deren Detailplanung sich an die Grobplanung der Gesamtziele anschließt.

(9) Der Zielplanungsprozeß vollzieht sich als *rollende* und *flexible Planung* (vgl. hierzu z. B. *Meffert* [Flexibilität], *Schneider* [Flexible Planung]). Ein rollender Prozeß ist es insofern, als lang- und kurzfristige Ziele periodisch sich überlappend fortgeschrieben werden, woraus laufende Zieländerungsprozesse resultieren. Zielplanung erfordert ferner Flexibilität der Zielentscheidungen, weil infolge der Unvollkommenheit der Informationen über zukünftige Entwicklungen bereits formulierte Ziele bei Erhalt weiterer Umweltinformationen entsprechend geändert werden müssen, was nur bei Offenhaltung eines zielgerechten Entscheidungsspielraumes und damit auf Kosten der Präzision geschehen kann.

(10) Ein letztes Merkmal öffentlicher Zielplanung ist der *Realisationsbezug*. Nach getroffener Zielwahl werden die ausgewählten Zielalternativen zu — nach Prioritäten geordneten — Zielprogrammen zusammengestellt. Auswahl- und Prioritätsentscheidungen sind dabei unter Beachtung der Elementausprägungen des Gesamtsystems zu treffen, also unter Berücksichtigung von personellen, finanziellen, informationellen und Sachgüter-Kapazitäten. Auf die Kapazitätsabstimmung folgt als letzte Planungsstufe die Umsetzung der Zielprogramme in die Zielerreichungsprogramme der einzelnen ÖVB-Subsysteme, d. h. in Input/Output-Relationen des Personen-, Finanzmittel-, Informations- und Sachgütersystems (formal: für Zielelement a Einsatz von w Mitarbeitern, x Finanzmitteln, y Informationen und z Sachgütern). Die Umsetzung der Zielvorstellungen in das Finanzmittelsystem, die man üblicherweise als Budgetierung bezeichnet, ist von besonderer Bedeutung, wenngleich die traditionelle Formulierung staatlicher Zielpro-

gramme allein in Form von Ausgabenkategorien im Haushaltsplan einseitig und uninformativ ist, weil sie nur den Finanzmittel-Input, nicht aber andere Gütereinsätze und vor allem nicht den Leistungsoutput zum Ausdruck bringt. Auf diese Umsetzungsplanung folgt die Realisation der gesetzten Ziele, an die sich letztendlich die Zielerreichungskontrolle anschließt, woraus im Wege der Rückkopplung ggf. erneute Zielsetzungsprozesse resultieren können.

c) Staatswissenschaftliche und organisatorische Probleme einer öffentlichen Zielplanung

So notwendig die Implementierung eines umfassenden Zielplanungsprozesses für ein effektives Verwaltungsmanagement auch ist, es erheben sich doch einige Bedenken und Probleme, auf die hinzuweisen ist.

(1) Staatswissenschaftliche Probleme

1. Im System der Gewaltenteilung obliegt die Setzung der Globalziele für das jeweilige Staatswesen, wie eingangs bereits dargelegt, dem Parlament. Trotz aller de facto zu beobachtenden Entwicklungslinien, die in ihrer Mehrheit zu einer Verlagerung von Zielsetzungskompetenzen auf die verschiedenen Ebenen der Exekutive tendieren, ist die verfassungskongruente Einbettung parlamentarischer Willensbildungsgremien in den staatlichen Zielplanungsprozeß ein bislang offenes Problem. In der Realität ist sowohl das eine Extrem der Ohnmacht der Exekutive gegenüber willkürlichen Zielentscheidungen der Legislative, als auch das andere Extrem des Parlaments als „Akklamationsmaschinerie“ gegenüber perfektionierten, undurchschaubaren Verwaltungsvorlagen zu beobachten. Die Entwicklung — soll der Stellenwert einer rahmenzielsetzenden Volksvertretung unangetastet bleiben — kann eigentlich nur dahin gehen, Zielplanungsprozesse in Parlament und Verwaltung in ihren verschiedenen Stufen zu integrieren und vor allem durch Schaffung offener Kommunikationssysteme (beispielsweise parlamentarischer Hilfsdienste) den Informationsfluß zwischen den beiden Bereichen zu verstärken.

2. Ob nun die Legislative der Exekutive mehr oder weniger Ziele vorgibt, — für den einzelnen ÖVB besteht das Problem, einem relativ hohen Anteil von *Zielauflagen* im Zielsystem unterworfen zu sein (vgl. auch S. 26). Diese Zielauflagen resultieren nicht nur aus unmittelbaren, kurzfristigen Vorgaben des Parlaments an die Verwaltung, sondern auch aus langfristig gültigen Verfassungsnormen und sonstigen Gesetzesvorgaben sowie — in Abhängigkeit von der Stellung des betrachteten ÖVB in der Verwaltungshierarchie — aus auferlegten

Zielen übergeordneter ÖVB. Demzufolge ist im ÖVB der Umfang der Zielauflagen zu bestimmen und — was notwendige Folge, aber noch wichtiger ist — der Freiraum eigener Zielgestaltung („gesetzesfreier Raum") abzugrenzen. Man kann sich des Eindrucks nicht ganz erwehren, daß sich die Leistungsziele von Behörden wesentlich erweitern ließen, wenn man nicht resignierend und pedantisch genau ausschließlich vorgegebenen Zielen nachstreben, sondern — im Rahmen übergeordneter Zielvorgaben — eigene Zielvorstellungen verfolgen bzw. einen realitätsnahen Interpretationsspielraum schaffen würde.

3. Ein ernstes, quasi demokratietheoretisches Problem der Zielplanung ist die Divergenz zwischen *Legislaturperiode* und Lebensdauer öffentlicher Projekte. Bekanntlich haben beispielsweise Verkehrs-, Bildungs- oder Verteidigungssysteme eine Lebensdauer, die weit über die meist vierjährige Dauer bestimmter parlamentarischer Mehrheitskonstellationen und entsprechender Regierungszusammensetzungen hinausgeht. Daraus resultiert zweifelsohne eine erhebliche Determination von Verwaltungsentscheidungen: Entscheidungen, die von einem politischen Willensbildungsgremium heute getroffen werden, schränken den Entscheidungsspielraum späterer Entscheidungsträger infolge der Projektfolgewirkungen (Notwendigkeit der Projektfortsetzung und Projektunterhaltung) erheblich ein. Entsprechend ist das Alternativenfeld heutiger Entscheidungen durch früher erfolgte Vorentscheidungen stark eingeschränkt. Es ist beispielsweise eine bekannte Tatsache, daß oftmals 70—80 % der jährlichen Etatmittel durch bereits erfolgte Vorentscheidungen gebunden sind.

Dieser hohe Determinationsgrad öffentlicher Entscheidungen rückt parteipolitische Zielprogramme in ein realistischeres Licht. Bei Regierungswechseln haben die neuen Entscheidungsträger infolge der Gebundenheit an Vorentscheidungen meist einen sehr viel geringeren Entscheidungsspielraum, als ihre Regierungsprogramme glauben machen möchten. Andererseits können sie nachfolgende Regierungen durch Eigenaktivitäten wiederum sehr erheblich in deren Gestaltungsräumen einengen.

Hinsichtlich der Zielplanung durch das Verwaltungsmanagement ist es in dieser Hinsicht von Bedeutung, daß der Anteil bereits festgelegter und fortzuführender Ziele in ihren Auswirkungen auf das gesamte Zielprogramm sowie auf den erforderlichen Gütereinsatz über die Folgeperioden bis hin zum ökonomischen Horizont transparent gemacht wird. Dieser Zweck ist mittels einer integrierten lang-, mittel- und kurzfristigen Zielplanung zu erreichen (man denke an die ersten Ansätze zu einer mehrjährigen Investitions- und Finanzplanung in der Verwaltungspraxis).

4. Mit Blick auf die Konsistenzanforderungen an die Zielsystemstruktur ist die *Überführbarkeit politischer Globalziele* in ökonomische, soziale, kulturelle, technologische (usw.) Unterziele problematisch. Zwischen komplexen politischen Zielvorstellungen wie beispielsweise der Wiedervereinigung Deutschlands oder der Integration West-Berlins in die Bundesrepublik und den ggf. zu ihrer Erreichung führenden Unterzielen gibt es keine starren, allgemein bekannten Ableitungszusammenhänge. Mechanistische Zielplanungsmethoden scheiden demzufolge aus. Erfolgversprechender ist die Einbettung politischer Entscheidungsträger in die Zielplanung, um deren Willensäußerungen zieladäquat in Subziele umsetzen zu können.

5. Ein gewisser Unterschied zwischen der Zielplanung im ÖVB und in der Privatunternehmung scheint — abgesehen von der weitgehenden Zielautonomie der Unternehmung — auch darin zu liegen, daß Unternehmungsaktivitäten — im Sinne der Instrumentalfunktion der Unternehmung in der Hand ihrer Träger — primär auf Erfolgserzielung gerichtet sind, während der ÖVB über die Erfolgserzielung hinaus vorrangig mit *Erfolgsverwendungsaktivitäten* betraut ist (vgl. *Vente* [Zielplanung 12 f.]; zur Terminologie s. *Schmidt* [Wirtschaftslehre I, 118 ff.]). Hier liegt im mindesten eine erhebliche Akzentverschiebung vor. Eine Kommunalbehörde beispielsweise kann sich nicht darauf beschränken, Entscheidungsvariablen zur Erzielung bestimmter Steuererträge einzusetzen, sondern hat selbst ebenso auch über die Verwendung dieser Erträge (z. B. zu Infrastrukturinvestitionen) zu entscheiden. Dementsprechend erfährt die Zielplanung im ÖVB dadurch eine weitere Komplizierung, daß neben den Erfolgsentstehungszielen auch detaillierte Erfolgsverwendungsziele, die ihrerseits wiederum in zukünftige Leistungsziele umzusetzen sind, zu planen sind.

(2) Organisatorische Probleme

Die organisatorischen Probleme öffentlicher Zielplanung liegen vor allem in der „Planung der Planung", d. h. in der Strukturierung des Planungsprozesses, in der personellen Besetzung der Planungsstufen sowie in der Implementation der Zielplanung in das gesamte staatliche Wirksystem. Soweit dabei Lenkungsfragen angesprochen sind, ist das Managementsystem des ÖVB zur Lösung dieser Probleme aufgerufen.

Das schwerwiegendste Lenkungsproblem ist in diesem Zusammenhang die Koordination einzelner Zielplanungsprozesse, und zwar sowohl innerbetrieblich (beispielsweise zwischen verschiedenen Abteilungen) als auch zwischen- bzw. überbetrieblich einerseits horizontal zwischen verschiedenen ÖVB einer Ebene, andererseits vertikal bei der Zielabstimmung innerhalb der Verwaltungshierarchie. Zielkoordination ist angesichts der dreidimensionalen Komplexitätsstruktur (sachliche, zeitliche, räumliche Interdependenzen) primär ein Informationsproblem, das durch Kommunikation über Zielsetzungs- und Zielerreichungsinhalte bei arbeitsteilig vollzogenen Entscheidungsprozessen gelöst werden kann (vgl. z. B. die Darstellung koordinativer Kommunikationsprozesse (Datenblattverfahren) im Bereich der Bundesregierung bei *Ehmke* [Computer 42]).

Zwei Aspekte stehen im Vordergrund: Erstens reicht eine nur negative Koordination, die auf streng und klar abgegrenzten Kompetenzen basiert und nur bei erkannter Grenzüberschreitung eines Projektes — sozusagen in Streitfällen — in Kraft tritt, nicht aus. Sie führt vielmehr zur Einzementierung des ohnehin dominanten Ressortegoismus (vgl. hierzu und zum folgenden auch *Jochimsen* [Aufbau 950 ff.]). Zweitens ist Zielkoordinierung bereits in der Stufe der Problemerkennung und Zielsuche notwendig und nicht erst bei der Abstimmung fertiger Lösungskonzepte („Frühkoordinierung"), weil dadurch Aktivitäten rechtzeitig gelenkt, Doppelarbeiten vermieden und Identifikationen von Ressortplanern mit ihren isolierten Lösungsideen verhindert werden können.

Notwendig ist also eine frühzeitige positive Zielkoordination, die auf einem umfassenden und offenen Informationssystem aufbaut, das die beteiligten Planungsträger über Inhalt, Umfang und Stand aller konkreten Zielvorstellungen unterrichtet, und die sich zweckmäßiger „ressortübergreifender" Planungsinstitutionen bedient (ein Beispiel gibt die in der Bundesregierung und u. a. in der Berliner Senatsverwaltung installierte Planungsorganisation mit zentraler Planungsleitstelle, Planungsbeauftragten bei den Ressorts und Projektgruppen für Einzelprobleme).

3. Möglichkeiten und Probleme einer kooperativen Zielbildung im Öffentlichen Verwaltungsbetrieb

a) Mögliche Bedenken gegen eine Zielbildungsbeteiligung von Verwaltungsmitarbeitern

1. Im folgenden wird die Hypothese aufgestellt und geprüft, daß durch die Beteiligung von Verwaltungsmitarbeitern an der Zielbildung des ÖVB der Informationsgehalt der Ziele und die Leistungsmotivation der Mitarbeiter erheblich verbessert werden können. Gegen diese — noch zu erläuternde — Behauptung könnte man allerdings a priori starke staatstheoretische Bedenken erheben, die zunächst auf ihre Stichhaltigkeit zu prüfen sind. Bedenken können vor allem dahin

gehen, daß der Staatsauftrag an den Beamten mit dessen persönlichen Interessenlagen unvereinbar ist und daß alle Bestrebungen genereller (bürokratischer) Regelungen ja gerade darauf hinauslaufen, den persönlichen Einflußspielraum aus Angst vor Willkür möglichst einzuschränken. Motivations- und Willkürargument stehen also gegeneinander und sind in ihrem Gewicht gegeneinander abzuwägen.

Zwei Aspekte können zur Aufhellung des Problems herangezogen werden: erstens die Herauslösung *vereinbarungsfähiger Ziele* aus dem Gesamtzielsystem, zweitens der empirisch signifikante Tatbestand, daß *Einflußaktivitäten* im ÖVB nie völlig ausgeschaltet, sondern nur in die richtigen Bahnen gelenkt werden können.

2. Es braucht wohl kaum besonders betont zu werden, daß keinesfalls sämtliche Ziele des ÖVB-Zielsystems Gegenstand von Zielvereinbarungsverhandlungen sein können. Vor allem die von außen dem ÖVB vorgegebenen globalen Leistungsartenziele scheiden als „nicht vereinbarungsfähig" aus. Es kann z. B. nicht in das Belieben eines Verwaltungsmitarbeiters gestellt sein, ob er innere Sicherheit, Krankenversorgung oder Bildung leisten will oder nicht, solange er Verwaltungsmitglied ist. Die vom Volke auf dem Wege über Volksvertretung und ÖVB-Zieltransformation für notwendig erachteten Ziele des Gemeinwesens können nicht von den Verwaltungsmitarbeitern als einer einzelnen Trägergruppe des ÖVB mißachtet werden. Überdies besteht die Gefahr, daß parteipolitisch gebundene Verwaltungsmitarbeiter Parteiinteressen in staatliche Leistungsziele infiltrieren.

Dagegen erscheint es sehr wohl möglich und auch zweckmäßig, wenn man die Meinungen und Interessen der Mitarbeiter im Hinblick auf die folgenden Zielkategorien berücksichtigt:

(1) im Rahmen der Zielkonzeption des ÖVB:

(a) Leistungsmengenziele

(b) Erfolgsziele

(c) Liquiditätsziele,

(2) im Zusammenhang mit der Ableitung von Unterzielen die die Mitarbeiteraktivitäten lenkenden Stellenziele,

(3) Innovationsziele, die aus neuartigen Leistungsarten- oder Verfahrensideen resultieren.

Zu (1): Bei der Fixierung von Zielen, die die quantitative Ausprägung einer bestimmten Leistungsart ausdrücken, erscheint die Mitwirkung der mit dem Vollzug dieser Ziele betrauten Mitarbeiter angebracht, weil dadurch die Gefahr der Festlegung unrealistischer Leistungsmengenziele verringert werden kann. Man denke etwa an einen Mitarbeiter in der Kraftfahrzeugzulassungsstelle, der sein Leistungsmengenziel weitgehend selbst durch das Tempo seiner Antragsbearbeitung fixiert, ohne daß er durch Sollvorgaben wesentlich darin beeinflußt werden kann. Allerdings muß auch durch geeignete Anreizmittel der Tendenz einer Zielniveausenkung entgegengewirkt werden, wie sie bei Selbstbestimmung auftreten kann (vgl. *Dunbar* [Budgeting 92 ff.]). Mitunter ist freilich auch der gegenteilige Effekt zu beobachten, daß sich Mitarbeiter in falscher Einschätzung ihres Leistungsvermögens zu hohe Ziele setzen (vgl. *McGregor* [Mensch 83]).

Ähnliches gilt auch für die Erfolgs- und Liquiditätszielfixierung: Diejenigen Mitarbeiter, die die Erfolgs- resp. Liquiditätswirksamkeit von Verwaltungsleistungen zu beeinflussen vermögen, sollten auch zur Beratung über die Fixierung der zugehörigen Zielgrößen (bzw. diese repräsentierender Kennzahlen wie Wachstumsraten, Kapitalrentabilitäten, Verschuldungsquoten usw.) herangezogen werden, weil durch die Verbreiterung der Informationsbasis die Zielbildung realistischer wird und zudem, wie sich zeigen wird, erhebliche Motivationseffekte auftreten. Beispielshalber wäre es zweckmäßig, Prüfer aus der Revisionsabteilung einer Stadtverwaltung, die mit der Durchführung von Wirtschaftlichkeitsuntersuchungen betraut sind, auch an der Festlegung von Aufwands/Ertrags-Relationen als Zielvorgaben für bestimmte Verwaltungsbereiche zu beteiligen.

Zu (2): Die sich in Stellenbeschreibungen u. ä. niederschlagenden, aus der Zielkonzeption abgeleiteten und unmittelbar handlungsbezogenen Stellenziele können im Grunde vielfach gar nicht ohne Mitwirkung der Zieladressaten festgelegt werden, nur wird das oft nicht eingestanden. Bei der qualitativen und quantitativen Stellenzielfixierung ist — wie auch jede arbeitswissenschaftliche Analyse beweist — eine umfassende Kommunikation mit dem Stelleninhaber unerläßlich, um überhaupt ein Stellenbild entwerfen zu können. So wird man beispielsweise bei der Aufstellung einer Stellenbeschreibung für eine Fürsorgerin deren Erfahrung hinsichtlich Einteilung und Durchführung von Hausbesuchen berücksichtigen. Aus diesem Grunde ist es im Vergleich zur bisherigen Vorgehensweise ehrlicher und klarer, den Stelleninhabern Mitwirkungsrechte bei der Stellenzielbildung einzuräumen. ihnen aber auch unmißverständlich die Grenzen ihres Einflußbereiches aufzuzeigen. Die hiermit angesprochene Problematik betrifft vor allem den Problemkreis der dezentralen Entschlußfassung, der im folgenden Kapitel behandelt wird.

Zu (3): Innovationsziele, die das Zielsystem an die sich verändernde Systemumwelt anpassen, sollten möglichst offen und umfassend von den Mitarbeitern vorgeschlagen werden dürfen. Konstruktive Kritik an unrealistischen Zielen bzw. die Entwicklung von Zieländerungsideen sind zu stimulieren und nicht durch enge Kompetenzregelungen zu behindern. Beispielsweise könnte man die Mitarbeiter dazu anreizen, über neue Maßnahmen im Bereich des Umweltschutzes zu reflektieren und diesbezügliche Verbesserungsvorschläge zu unterbreiten.

Hier kommt zu der bereits erwähnten motivationalen Argumentation noch hinzu, daß durch breit ausgelegte Innovationsziel-Vorschlagsrechte das Kreativitätspotential der Mitarbeiter geweckt und ausgeschöpft werden kann. Außerdem sind gerade die an den Nahtstellen zwischen ÖVB und Umwelt tätigen Mitarbeiter, die Umweltinformationen als erste empfangen und verarbeiten, dazu geeignet, auch die aus der Informationsverarbeitung resultierenden Zieländerungsimpulse in das Zielsystem einzugeben.

Das Ergebnis der Überlegungen zum ersten Aspekt der Zielpartizipation ist also, daß nicht alle Ziele, sondern nur bestimmte Zielkategorien als vereinbarungsfähig angesehen werden können. Das Schwergewicht liegt dabei ganz eindeutig auf der Ebene der Stellenziele, die allerdings im Rahmen des im Gegenstromprinzip arbeitenden Zielplanungsprozesses auch Bestandteile der Zielkonzeption werden können. Hinzu kommt, daß zweifelsohne nicht jeder Mitarbeiter über alle Ziele befinden kann, sondern im Grundsatz nur über diejenigen Ziele, mit deren Erfüllung er betraut ist (vgl. dazu die grundlegende Studie von *French/Israel/As* [Participation 3]).

3. Der zweite Aspekt kann hier nur angedeutet werden. Verwaltungsmitarbeiter haben im Rahmen der Entscheidungsprozesse, an denen sie in unterschiedlichen Stufen mitwirken, stets die Möglichkeit, in die zu treffenden Teilentscheidungen ihre individuellen Interessen zu infiltrieren. Entscheidungsprozesse können auch in bürokratischen Systemen nicht derart determiniert werden, daß nicht noch geringe Einflußspielräume verbleiben (vgl. auch S. 102 ff. sowie im einzelnen *Schmidt* [Wirtschaftslehre II, 136 ff.]).

Akzeptiert man grundsätzlich das Phänomen, daß Mitarbeiter Verwaltungsentscheidungen und/oder deren Durchführung beeinflussen können, dann stellt sich folgerichtig die Frage, wie das Management diese Einflußaktivitäten zielgerecht lenken kann. Eine Verweigerung der Mitwirkung an der Zielfixierung scheint jedenfalls kein gangbarer Weg zu sein, weil dies infolge der dann oft nur widerstrebend akzeptierten Zielvorgaben zu wesentlich schwerer erkennbaren Versuchen führt, die Individualinteressen bei der Zielerreichung durchzusetzen. Daraus folgt, daß Zielpartizipation der Verwaltungsmitarbeiter ein

Weg sein kann, die Mitarbeiter zu höherem Leistungseinsatz anzuspornen.

4. Zu den vorgetragenen Bedenken ist zusammenfassend zu bemerken, daß es zur Verringerung von Beamten-Willkür verschiedene Wege gibt. Eine Möglichkeit ist die bislang praktizierte bürokratische Reglementierung aller Verwaltungsprozesse mit — zumindest offizieller — Verweigerung der Zielbildungsbeteiligung. Aufgrund nicht völlig ausschaltbarer Einflußaktivitäten hat dieser Weg aber häufig negative Auswirkungen, weil unbeeinflußbare Zielvorgaben zu mangelnder, ggf. widerstrebender Zielakzeptanz, zu verstärkten Einflußnahmen auf die Zielerreichung und generell zu verminderter Leistungskraft infolge der Abwehrhaltung gegenüber Reglementierungen führen.

Eine andere Möglichkeit zum Abbau von Willkürhandlungen besteht darin, eine produktive Akzeptanz bei den Mitarbeitern hinsichtlich derjenigen Ziele des ÖVB zu erzeugen, an deren Verwirklichung sie mitwirken sollen. Hat ein Mitarbeiter den „Sinn“ dieser Ziele erst einmal erkannt und sie mit seinem internen Wertsystem verknüpft, dann ist die Chance groß, daß er sich von einem uninteressierten „Erfüllungsgehilfen“ zum engagierten Verfechter und Durchsetzer dieser Ziele wandelt. Als Folge dieses Engagements können sich Willkürakte verringern.

Die Bereitschaft zur Übernahme von Zielen in das eigene Wertsystem hängt entscheidend davon ab, ob eine offene Teilnahme des betreffenden Mitarbeiters an der Bildung der Ziele möglich ist. Hierbei muß es um echte Zielverhandlung gehen. Es genügt nicht — wie es die autokratische Variante des Management by Objectives vorsieht —, den Mitarbeiter von der erfolgten Festlegung ihn betreffender Ziele in Kenntnis zu setzen. Auf die dabei auftretende Manipulationsgefahr (Suggerierung „attraktiver“ Ziele mittels unlauterer Beeinflussungsmethoden) ist hinzuweisen.

5. Die einfache Überlassung von Mitwirkungsrechten an ÖVB-Zielentschlüssen kann allerdings noch keinen ausreichenden Schutz vor Willkürhandlungen bieten. Es gibt empirisch beobachtbare Phänomene wie die „Scheinakzeptanz“ von Zielen, die sich erst in divergenten Erfüllungshandlungen bemerkbar machen (vgl. z. B. *Vogler* [Steuerungssystem 186 ff.]). Es bedarf vielmehr zusätzlicher Anreizmittel, um die Mitarbeiter zum zielgerechten Leistungsvollzug anzuspornen (s. S. 132 ff.), es bedarf eines qualifizierten Ausbildungsstandes der Mitarbeiter und vor allem eines ausgebauten Informationssystems, das einerseits die Zielinformationen den Empfängern übermittelt und andererseits als Kontrollsystem die Behördenleitung über zieldivergentes Verhalten der Mitarbeiter unterrichtet.

b) Motivationale Effekte kooperativer Zielbildung im Rahmen vereinbarungsfähiger Ziele

1. Nachdem das Grundanliegen einer Zielbeteiligung von Mitarbeitern bereits angeklungen ist, wird nun im Vorgriff auf allgemeine Überlegungen zur Motivationsstruktur von Verwaltungsmitarbeitern (vgl. hierzu im einzelnen S. 122 ff.) möglichen Motivationswirkungen der Zielpartizipation nachgegangen (vgl. hierzu vor allem: *Hughes* [Goal Setting 63 ff.], *Odiorne* [Management], *Humble* [Ziele]).

Die Hauptwirkung scheint zweifellos darin zu bestehen, daß durch das Einbringen eigener Zielvorstellungen in das betriebliche Zielsystem beim Mitarbeiter ein Gefühl der inneren Übereinstimmung mit dem Gesamtsystem entsteht, das dadurch zu erklären ist, daß man ja einen „eigenen" Anteil am Zielsystem besitzt (oberflächlich vergleichbar mit der Identifikation eines Aktionärs mit „seiner" Gesellschaft, an der er einen Anteil hat). Dieser „Besitzerstolzeffekt" kann dazu beitragen, daß man dem gesamten relevanten Zielsystem aufgeschlossen gegenübersteht und die die eigene Person betreffenden Ziele als maßgeblich für die daraus folgenden Erfüllungshandlungen akzeptiert. Dieses Engagement ist ein allgemein beobachtbares psychologisches Phänomen: die eigengesteuerte Artikulation von Zielen führt zu einer Selbstverpflichtung, die im Gegensatz zu fremdgesteuerten Zielvorgaben ein hohes Verantwortungsbewußtsein induziert (vgl. auch *Köhler* [Marketing-Ziele 20]).

Ein hohes Akzeptanzniveau (vgl. zum Akzeptanzproblem auch *Schmidt* [Wirtschaftslehre II, 123 ff.]) ist eine notwendige, wenn auch nicht hinreichende Voraussetzung für zielgerechten Leistungsvollzug. Um eine ergiebige Leistungserstellung von ihren motivationalen Voraussetzungen her zu sichern, müssen auch unabhängig von der Motivbefriedigung über Zielpartizipation die Bedürfnisse der Mitarbeiter nach Sicherheit, gesellschaftlicher Stellung, Selbständigkeit usw. im Arbeitsprozeß gedeckt werden.

2. Hochgradige Zielakzeptanz bewirkt Engagement auch im Aktivitätsfeld der Zielerreichung. Ein Sozialarbeiter setzt seine Aktivität beispielsweise stärker, zielorientierter und aus eigenem Antrieb ein, wenn seine Zielvorstellungen etwa über Rehabilitationsmaßnahmen bei Strafgefangenen im Rahmen der Stellenzielfixierung berücksichtigt worden sind, weil er dann ja zur Verwirklichung „seiner" Zielkonzeption beiträgt. Ein motivationaler Nebeneffekt ist ferner darin zu sehen, daß kooperative Zielbildung im Rahmen einer systematischen, quantitativen Zielplanung, d. h. bei Vorhandensein meßbarer Ziele, die Grundlage für eine zielgerechte Leistungsbeurteilung der Mitarbeiter abgibt. Durch den Vergleich selbst fixierter Zielgrößen mit selbst

erreichten Ergebnisgrößen ist bei Vorhandensein geeigneter Maßstäbe eine Selbstkontrolle möglich, die auf dem Wege über Erfolgserlebnisse zu Motivationseffekten führt.

3. Daß diese indirekte, weil mehrstufige Motivationssteuerung nicht ohne Probleme ist, liegt auf der Hand. Ein Hauptproblem ist in den bereits erwähnten *Scheinakzeptanzen* zu sehen. Wird bei Zielverhandlungen von seiten der Betriebsleitung etwa die traditionelle Machtstruktur erkennbar beibehalten bzw. bei den Mitarbeitern dieser Eindruck erweckt, so werden Mitarbeiter aus dem Gefühl der Undurchsetzbarkeit ihrer eigenen Zielvorstellungen auferlegte Ziele häufig nur widerstrebend und zum Schein akzeptieren. In diesem Fall kann der Motivationseffekt ins Negative umschlagen: der „frustrierte“ Mitarbeiter versucht verstärkt, seine unberücksichtigt gebliebenen Interessen im Rahmen der von ihm zu bewerkstelligenden Zielerreichung durchzusetzen, wobei aufgrund der vorhandenen negativen Grundeinstellung die Gefahr groß ist, daß die Interessen den Zielen des ÖVB entgegenwirken (Beispiele: schleppende Abfertigung durch Zollgrenzdienstbeamte oder verringerte Sorgfalt bei der Bearbeitung von Steuererklärungen durch Finanzbeamte).

Wie man sieht, ist die Hauptschwierigkeit bei kooperativer Zielbildung die Erzeugung positiver Zielakzeptanzen. Generell gilt, daß Mitarbeiter dann fremde Ziele akzeptieren, wenn sie der Meinung sind, daß die Erreichung dieser Ziele gleichzeitig zur Erfüllung ihrer persönlichen Ziele beiträgt. Art und Umfang persönlicher Ziele werden durch die Motivationsstruktur des Mitarbeiters geprägt (vgl. im einzelnen S. 123 ff.). Die Akzeptanz von Zielen hängt mithin vom aktuellen Motivniveau des jeweiligen Mitarbeiters ab. Ein nach physischer Existenzsicherung strebender Mitarbeiter wird bereits Ziele akzeptieren, deren Erreichung ihm mehr Gehalt oder größere Arbeitsplatzsicherheit verspricht, während ein auf die Realisierung psychischer „ego-needs“ fixierter Mitarbeiter derartige Ziele zunächst unbeachtet läßt und sich für Ziele engagiert, die ihm z. B. innere Befriedigung oder Anerkennung verschaffen. Darüber hinaus können ausgeprägt leistungsmotivierte Mitarbeiter bestimmte Ziele um ihrer selbst willen zu erreichen trachten, wobei das Erzielen eines Erfolgserlebnisses als kompetitives Element im Vordergrund steht.

4. Die bisherigen Ausführungen weisen bereits darauf hin, daß bei der kooperativen Zielbildung zwei Aspekte miteinander zu verknüpfen sind: die Einbringung eigener Zielvorstellungen in das ÖVB-Zielsystem kann über das damit in der Regel verbundene Engagement zu Leistungsmotivation führen. Motiviertheit ist andererseits eine wichtige Voraussetzung für Zielakzeptanz. Der Kern einer produktiven, kooperativen Zielbildung besteht demzufolge darin, eine möglichst

stringente Motivationskette herzustellen, d. h. den aus der Zieleinbringung resultierenden Motivationseffekt zur motivationalen Erhöhung des Akzeptanzniveaus bezüglich des Gesamtzielsystems zu nutzen. Die Motivationskette wird um so fester, je vollständiger die eingebrachten Ziele die aktuelle Motivationsstruktur des Mitarbeiters abbilden und je größer die Wahrscheinlichkeit für den Mitarbeiter ist, daß eine Zielrealisierung zur Motivbefriedigung führt.

In der betriebs- und individualzielgerechten Verknüpfung beider Aspekte liegen also die eigentlichen Schwierigkeiten kooperativer Zielbildung. Bei den in der Unternehmungspraxis bislang installierten Management by Objectives-Konzepten wird beispielsweise meist den Unternehmungszielen einseitig hohe Dominanz beigemessen. Speziell die auf Selbstverwirklichung gerichteten, sich in schöpferischen, eigenständigen Zielideen artikulierenden Mitarbeiterziele werden oftmals unterdrückt, wodurch der erhoffte Motivationseffekt ausbleibt. Werden solche, durch Scheindemokratie nur verschleierten Zielvorgaben mit an ihnen orientierten Leistungsbeurteilungsverfahren gepaart, können durch Druck von außen Scheinakzeptanzen entstehen. Statt aus freiwilliger Motivation entsteht Leistung aufgrund eines Belohnungs-/Sanktions-Mechanismus (beispielsweise Beförderung bei Zielerfüllung, „Strafversetzung“ bei Zielverfehlung), der dem hinter der Zielpartizipation stehenden motivationstheoretischen Konzept zuwiderläuft (vgl. hierzu auch *Levinson* [Management 128]).

5. Zielvereinbarung ermöglicht schließlich Rationalisierung und Aufdeckung der zwischen den Mitarbeitern vorhandenen *Konfliktladungen,* worin ebenfalls ein positiver motivatorischer Effekt liegen kann. Eine offene und freimütige Diskussion auch abweichender Zielvorstellungen der Vereinbarungspartner ist i. a. einem ständigen schwebenden „Kleinkampf“ vorzuziehen, weil in der offenen Diskussion Konfliktart und -ursache eher bestimmt und Konfliktprozesse besser gesteuert werden können (vgl. den Hinweis bei *Köhler* [Marketing-Ziele 21] sowie im einzelnen *Krüger* [Konflikthandhabung]). Innerbetriebliche Zielkonflikte zwischen Organisationsmitgliedern können durch Zielvereinbarungsprozesse zwar nicht aufgelöst, aber aufgedeckt werden. Die Auflösung von Konflikten ist gerade im Hinblick auf Zieldivergenzen nicht unbedingt positiv zu beurteilen. Vielmehr können aus Zielkonflikten, sofern sie produktiv sind, kompetitive und heuristische Effekte resultieren, indem die Mitarbeiter sich gegenseitig anspornen und neuartige Zielideen produzieren.

6. Neben den geschilderten Motivationseffekten sind *kognitive Wirkungen* zu beachten. Erstens werden durch operationale Zielbildung Handlungsziele deutlich, die als Leistungsstandards den Mitarbeitern den Weg zur Zielerreichung aufzeigen (vgl. *Wild* [Management-Konzep-

tion 83]). Zweitens wird Desintegrationstendenzen in arbeitsteiligen Entscheidungsprozessen entgegengewirkt, weil Mitarbeiter bei exakter Zielkenntnis die Probleme koordinativer lösen (vgl. *Bleicher* [Perspektiven 34]). Drittens kann mit der Heranziehung von Mitarbeitern zur Zielbildung, die dichter „an der Front" sind und entsprechend schnell, direkt und ungefiltert über ihr jeweiliges Sachgebiet informiert sind, die Qualität der für die Zielbildung relevanten Informationen erheblich gesteigert werden. Darüber hinaus werden durch Kompromißentscheidungen entstandene Zielvorstellungen häufig ausgeglichener sein als Individualentscheidungen. Auf diesen Effekt stützt sich beispielsweise die Delphi-Prognose als eine Form simultaner Expertenbefragung (vgl. hierzu *Albach* [Gruppenbefragung]).

c) Der Zielvereinbarungsprozeß als Bestandteil einer kooperativen Mitarbeiterführung

1. Der Zielvereinbarungsprozeß ist in seiner Idealform ein mehrstufiger Prozeß der Zielaushandlung zwischen Organisationsmitgliedern auf allen Systemebenen des ÖVB (*Heinen* [Zielsystem 216 f.] spricht von partizipierender Unterzielfixierung). Die ÖVB-Leitung vereinbart mit den Abteilungsleitern die Abteilungsziele, diese legen mit den Amtsleitern die Amtsziele fest, die Amtsleiter beschließen ihrerseits mit den Gruppenleitern die Ziele von Arbeitsgruppen und die Gruppenleiter schließlich kommen mit den Sachbearbeitern über die Stellenziele überein.

Diesen Vereinbarungsprozeß kann man sich am Beispiel von Zielentscheidungen im Rahmen der Stadtplanung verdeutlichen. Der Stadtrat einer Großstadt entscheidet sich für ein Wachstum der Kommune über einen Ausbau ihrer Wirtschaftskraft. In der Stadtverwaltung sind daraufhin eine Reihe von Teilzielen zu bestimmen, die z. B. Art und Umfang der Anwerbung neuer Unternehmungen, Schaffung von Investitionsanreizen für bereits bestehende Unternehmungen, aber auch Bereitstellung des Arbeitskräftepotentials, Ausbau der Infrastruktur sowie die damit verknüpften Erfolgs- und Liquiditätsziele betreffen. Im Falle des Teilziels „Arbeitskräftebereitstellung" wird deutlich, daß wiederum eine Reihe von Unterzielen — etwa Art und Anzahl der extern anzuwerbenden resp. auszubildenden Arbeitskräfte, Umfang des ggf. zu fördernden Wohnungsbaus, zusätzlicher Bedarf an Kindergärten, Schulen, Krankenhäusern oder Kultureinrichtungen — zu bestimmen sind. Das Ergebnis dieses sich noch fortsetzenden Dekompositionsvorganges sind unterschiedlich tief gegliederte Ziel-Mittel-Ketten, die die Funktionsbereiche verschiedener Ressorts betreffen. Im Falle von Zielvereinbarungen werden diese Ziele nicht einfach durch Beschluß des Behördenleiters von oben nach unten „heruntergebrochen", sondern in einem mehrstufigen, rückgekoppelten Zielanreicherungsprozeß ausgehandelt (vgl. Abb. 5). Beispielsweise werden die genannten Teilziele zwischen Stadtdirektor und Abteilungsleitern vereinbart. Der Leiter der Sozialabteilung legt gemeinsam mit seinen Amtsleitern die Ziele für den Kindergarten-, Freizeitheim- und Altenheimbereich fest. Bei der Fixierung des Zieles „Kindergartenerweiterung" werden Umfang, Standort und Ausstattung der Erweiterungsbauten zwischen dem dafür zuständigen Leiter des Familienpflegeamtes und den betroffenen Kindergartenleiterinnen abgesprochen, während letztere wiederum interne Zieländerungen mit den Kindergärtnerinnen vereinbaren.

2. Hauptvoraussetzungen für ein Funktionieren dieses Prozesses sind von sachlicher Seite her die enge Verknüpfung der Zielvereinbarung mit der Zielplanung und die organisatorische Implementation des Vereinbarungsprozesses in die Betriebsorganisation. Die Gestaltung des Zielvereinbarungsvorganges zwischen Vorgesetztem und Untergebenem sollte dabei organisationskybernetischen Modellvorstellungen folgen, indem dem Untergebenen in seinem Subsystem ein möglichst weitreichender, selbständiger, aber auch mit dem Umsystem koordinierter Zielsetzungs-Freiraum (Regelbereich) zugebilligt wird (vgl. *Wild* [Management-Konzeption 81 f.]).

Von soziopsychologischer Seite her sind Kooperationsbereitschaft bei der Zielbildung und bedürfniskongruente Kopplung von Motivatoren und Betriebszielen wichtige Voraussetzungen. Zielpartizipation erzeugt wie erwähnt nur Motivationseffekte, wenn bestimmte motivationale Voraussetzungen erfüllt sind, deren wichtigste ein kooperatives, möglichst wenig auf Amtsautorität abstellendes Vorgesetztenverhalten und damit verbunden möglichst wenig repressive Zielvorgaben sind. Zielideen von Vorgesetzten sollten den Charakter von Zielvorschlägen haben, die im Prozeß der Zielaushandlung den Zielvorschlägen der Mitarbeiter gegenübergestellt und gemeinsam auf ihre Durchführbarkeit hin geprüft werden. Eine produktive Zielvereinbarung kann darüber hinaus auf Dauer nur gewährleistet sein, wenn die von den Mitarbeitern bei der Zielbildung artikulierten Motiverwartungen durch Bedürfnisbefriedigungserlebnisse erfüllt und die gemachten Erfahrungen im Sinne einer Rückkopplung bei künftigen Zielvereinbarungen berücksichtigt werden.

3. Der Zielvereinbarungsprozeß vollzieht sich in einem mehrfach gestuften *Gegenstromverfahren* (vgl. zum Begriff *Wild* [Management-Konzeption 81], zum Vorgehen auch *Berthel* [Sektoralzielprogramme], *Hitch* [Choice 3 ff.], *Brümmerhoff* [PPBS 66 f.]). Die Behördenleitung schlägt über die erwähnten hierarchischen Stufen und nach Maßgabe

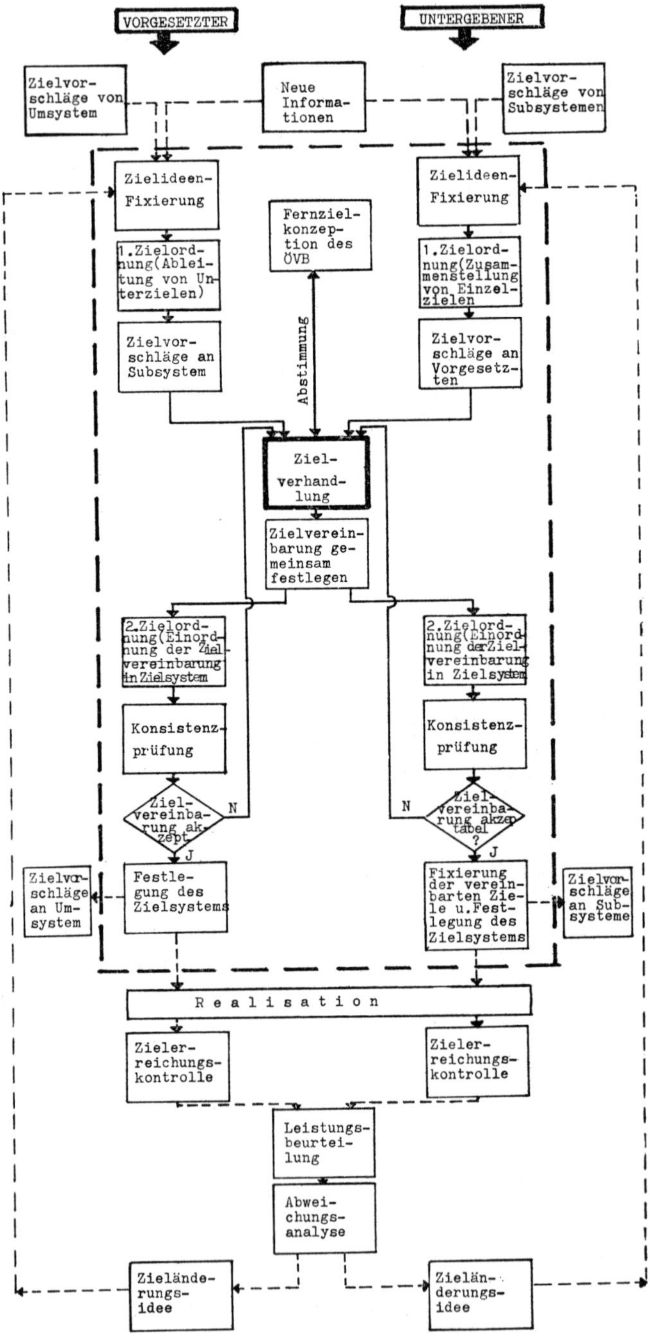
VORGESETZTER
UNTERGEBENER
Zielvorschläge von Umsystem
Neue Informationen
Zielvorschläge von Subsystemen
Zielideen-Fixierung
Fernzielkonzeption des ÖVB
Zielideen-Fixierung
1.Zielordnung(Ableitung von Unterzielen)
1.Zielordnung(Zusammenstellung von Einzelzielen
Zielvorschläge an Subsystem
Abstimmung
Zielvorschläge an Vorgesetzten
Zielverhandlung
Zielvereinbarung gemeinsam festlegen
2.Zielordnung(Einordnung der Zielvereinbarung in Zielsystem
2.Zielordnung(Einordnung derZielvereinbarung in Zielsystem
Konsistenzprüfung
Konsistenzprüfung
Zielvereinbarung akzept
N
N
Zielvereinbarung akzeptabel ?
J
J
Zielvorschläge an Umsystem
Festlegung des Zielsystems
Fixierung der vereinbarten Ziele u.Festlegung des Zielsystems
Zielvorschläge an Subsysteme
R e a l i s a t i o n
Zielerreichungskontrolle
Zielerreichungskontrolle
Leistungsbeurteilung
Abweichungsanalyse
Zieländerungsidee
Zieländerungsidee

Abbildung 5

der von ihr durchgeführten Zielplanung Ziele zur Vereinbarung vor (= progressive Zielempfehlung). Die Leiter der Subsysteme geben ihrerseits im Gegenzug aufgrund ihrer Zielplanung Zielideen über ihre jeweiligen Vorgesetzten an die Behördenleitung weiter (= retrograde Zielempfehlung). Die Zielempfehlungen der Mitarbeiter beschränken sich dabei i. a. — zumindest was die Standardziele angeht — auf ihren Aktivitätsbereich, weil die Beteiligten vor allem dort aufgrund ihres Sachverstandes zur Zielbildung beitragen können. Infolge der mehrfach gestuften Einzelprozesse der Zielbildung sinkt der Einflußgrad der Mitarbeiter auf die ÖVB-Zielkonzeption mit abnehmender hierarchischer Stellung (vgl. *Hughes* [Goal Setting 22]).

Die *Grobstruktur* des Zielvereinbarungsprozesses zwischen zwei Systemebenen kommt in Abb. 5 zum Ausdruck (vgl. auch die Darstellungen von *Odiorne* [Management 76], *Kilgus* [Anwendbarkeit 229] und *Wild* [Management-Konzeption 85]). Dieser Prozeß ist in der Realität auf seinen einzelnen Stufen u. U. mehrfach rückgekoppelt und wiederholt sich zudem periodisch aus Anlaß von Zielsetzungs- oder Zieländerungsnotwendigkeiten. Die Zielverhandlung vollzieht sich als kooperatives Zielvereinbarungsgespräch zwischen Vorgesetzten und Untergebenen, an dessen Ende üblicherweise ein Kompromiß stehen wird, weil die Zielvereinbarung Entgegenkommen von beiden Seiten verlangt. Der Verhandlungsprozeß ist somit integrativer Natur und wird von Vertrauen und gemeinsamem Problemlösungswillen getragen (vgl. *Kirsch* [Unternehmungsziele 671]). „Sieger" und „Verlierer" gibt es bei diesem Prozeß nicht. Ergebnis der Zielaushandlung ist das von beiden Seiten anerkannte Zielbündel für das jeweilige Subsystem. Nach Beendigung der Zielvereinbarungsprozesse mit allen in Frage kommenden Subsystemen kann dann auch das Zielsystem des jeweils übergeordneten Bereichs endgültig konzipiert werden.

4. Das System der kooperativen integrierten Zielbildung im Öffentlichen Verwaltungsbetrieb

a) Grundprinzip

Das Managementkonzeptions-Element Zielbildung kommt nur dann zur vollen Wirkung, wenn eine möglichst enge und reibungsarme Verzahnung von objektiv-systematischer Zielplanung und subjektiv-motivatorischer Zielvereinbarung gelingt. Ein Managementkonzept, das die beiden Aspekte in sich vereint, wird im folgenden als kooperatives integriertes Zielbildungs-System (KIZ-System) bezeichnet: kooperativ, weil alle Mitarbeiter bei der Zielbildung zusammenarbeiten; integriert, weil das zugrundeliegende Planungssystem erstens die betrieblichen Einzelpläne koordinativ zusammenfaßt und zweitens die bislang in der Öffentlichen Verwaltung (soweit überhaupt) isoliert erfolgende Ziel- und (Finanz-)Mittelplanung vereinigt.

Dabei wird bewußt vermieden, eine Darstellung des Planning-Programming-Budgeting-Systems (PPBS) zu liefern, weil die neuerliche Referierung eines in seiner Ist-Struktur mit einer Reihe von Fehlern behafteten und darüber hinaus terminologisch unzweckmäßigen Planungssystems angesichts der Fülle vorhandener Literatur überflüssig erscheint (vgl. als Auswahl z. B.: *Böhret* [Entscheidungshilfen], *Hovey* [PPB-Approach], *Novick* [Program], *Recktenwald* [Programmbudget], *Reinermann* [Kontrollsysteme], *Rösinger* [Grundlagen], *Rühli/Riedweg* [Budgetierungssystem], *Rürup* [Programmfunktion], *Thiel* [PPBS]). Ferner wird mit der betriebswirtschaftlich orientierten Analyse des KIZ-Systems nur der behördeninterne Aspekt des PPBS angesprochen, wodurch wichtige, jedoch über das Thema hinausgehende Fragestellungen der gesamtstaatlichen Planung (z. B. Programmkoordination zwischen den ÖVB, Stellung und Aktivitäten der zentralen Planungsleitstellen, parlamentarische Behandlung der Programmbudgets, Wirtschafts- und finanzpolitische Globalsteuerung) zwangsläufig unbeantwortet bleiben müssen. Diese Aspekte ließen die Untersuchung ausufern, zudem gibt es dazu Beiträge aus der Finanzwissenschaft und Wirtschaftspolitik (vgl. z. B. als kritischen Beitrag zur letzten Frage *Schmidt/Wille* [Finanzplanung]). Andererseits geht der KIZ-System-Ansatz durch Einbezug der soziopsychologischen Komponente über das PPBS hinaus. Schließlich ist auch ein pragmatischer Aspekt für die Abgrenzung maßgebend: es kann für die deutsche Verwaltung nicht darum gehen, einfach ein in den USA unter andersgearteten Bedingungen teils bewährtes, teils mißglücktes Planungsinstrument zu übernehmen. Vielmehr kommt es darauf an, die Grundgedanken einer kooperativen integrierten Zielbildung, wenn nötig unter Zuhilfenahme amerikanischer Erfahrungen, zu erkennen und zu entwickeln.

Ein kooperatives integriertes Zielbildungssystem sollte im Rahmen der Managementkonzeption folgende *Funktionen* gewährleisten:

(1) *Transformation* staatlicher Ziele in die ÖVB-Zielkonzeption und aktive systematische Suche nach neuen Zielideen auf allen organisatorischen Ebenen,

(2) *Ordnung* der gefundenen Ziele zu konsistenten, leistungsorientierten, wesentliche Sachinterdependenzen umfassenden Zielprogrammen, an deren Erstellung die Mitarbeiter beteiligt sind,

(3) *Entschluß* über realisierungswürdige Programmalternativen anhand konkreter, oberzielkongruenter Entscheidungskriterien mittels operationaler Entscheidungstechniken (z. B. Cost-benefit-Analyse) und unter Mitwirkung der dazu kompetenten Mitarbeiter,

(4) *Umsetzung* der ausgewählten Zielprogramme in strategische, taktische und operative, für alle betrieblichen Teilsysteme gültige Handlungsziele und Feststellung des zur Erreichung dieser Ziele erforderlichen Mitteleinsatzes (in erster Linie Finanzmittel, daneben aber auch Personal, Sachgüter, Informationen),

(5) *Kontrolle* der Erreichung aller Betriebsziele, als weitgehende Selbstkontrolle ausgeformt, mit Abweichungsanalysen und Beurteilungsgesprächen verknüpft und mit den vorgelagerten Zielbildungsstufen rückgekoppelt verbunden.

b) Mängel gegenwärtiger Zielbildung

Vergleicht man den Istzustand der Zielbildung im ÖVB mit den geschilderten Soll-Funktionen, so fallen folgende Unterschiede auf:

Zu (1): Einzelne staatliche Zielauflagen, vor allem Gesetzesvorschriften, werden zwar erkannt, von einer systematischen Zielanalyse kann aber keine Rede sein, schon gar nicht von einer Beteiligung der Verwaltungsmitarbeiter daran.

Zu (2): Leistungsorientierte Zielprogramme sind selten zu finden, i. a. werden einzelne Verwaltungsleistungen isoliert, unkoordiniert und autokratisch von oben nach unten geplant und realisiert („Ressortpartikularismus").

Zu (3): Entscheidungen über Alternativprogramme werden oft mangels entwickelter Alternativen überhaupt nicht getroffen, wenn doch, dann beruhen sie entweder auf normativer Wertung, intuitiver Abwägung oder sind einseitig ausgabenwirtschaftlich fundiert. Zielentschlüsse werden meist fernab von der „Front" zentral in der Verwaltungsspitze getroffen.

Zu (4): Handlungsziele in Form detaillierter Ausführungsvorschriften sind zwar in Fülle vorhanden, doch mangelt es auch hier an der sachlich-zeitlichen Integration der Einzelziele. Einer der auffälligsten Mängel in der Öffentlichen Verwaltung ist zudem die fehlende Umsetzung von Zielen (= Outputgrößen) in Zielerreichungsmittel (= Inputgrößen). Auf der Inputseite finden — isoliert von der Zielplanung — ausschließlich Finanzmittelpläne Verwendung, die die alleinige Entscheidungsgrundlage für Parlament und Verwaltung bilden.

Zu (5): Die Kontrolle beschränkt sich derzeit auf eine formelle, fremdgesteuerte, rein pagatorische Zielerreichungsprüfung durch die Rechnungshöfe, die meist einen beträchtlichen time-lag zur Realisationsstufe aufweist. Verglichen werden vornehmlich genehmigte und tatsächliche Einnahmen bzw. Ausgaben (vgl. *Rürup* [Programmfunktion 51 ff.]). Leistungs- und Erfolgszielbeurteilungen finden i. a. nicht statt.

Selbstkontrollen seitens der Mitarbeiter sind nicht üblich. Die zusätzliche politische Kontrolle durch das Parlament ist ebenso ineffizient und wird der Überwachungsfunktion der Legislative in keiner Weise gerecht (vgl. hierzu z. B. *Hoffmann* [Kontrolle]).

c) Zur Verknüpfung von Zielplanung und Zielvereinbarung

Die beiden tragenden Elemente des KIZ-Systems sind die für sich bereits beschriebenen Bausteine Zielplanung und Zielvereinbarung. Eine umfassende systematische, zeitlich gestufte, Interdependenzen erfassende Ziel*planung* bringt gegenüber dem gegenwärtigen Zustand bereits eine Reihe von Vorteilen mit sich. Bei der Implementation eines derartigen, angesichts der Komplexität staatlicher Zielerreichungsprozesse zwangsläufig komplizierten Planungssystems ist aber stets auch die Mentalität der mit diesem Planungssystem Arbeitenden in Rechnung zu stellen. Verwaltungsmitarbeiter sind eben nicht nur Planer, sondern auch Menschen mit ganz bestimmten Eigenarten und Motiven, auf die es Rücksicht zu nehmen gilt.

Personelle Probleme können im Rahmen der Zielplanung einmal bei der Systemeinführung auftreten (beispielsweise: mangelndes Verständnis für die Systemzwecke, fehlende Anpassungsfähigkeit, ungenügendes Wissen um Methoden). Diese Probleme können aber durch eingehende Vorbereitung, Schulung und schrittweise Realisation der Reform größtenteils behoben werden. Daneben sind auch dauerhafte personelle Schwierigkeiten möglich, die den Erfolg des Zielplanungssystems langfristig in Frage stellen können. Derartige personelle Schwierigkeiten sind z. B. in den USA bei Einführung des PPBS aufgetaucht, weil es in zu kurzer Zeit zwangsweise von oben „verordnet“ wurde, so daß die Mitarbeiter sich nicht allmählich innerlich umstellen und engagieren konnten, sondern infolge anfänglicher Überforderung in eine dauerhafte Abwehrhaltung manövriert wurden (vgl. auch *Rürup* [Programmfunktion 117 ff.]). Diese Fehler versuchte man bei der PPBS-Einführung in Schweden zu vermeiden, indem man das System von unten her, sukzessiv und unter Mitwirkung einer großen Zahl von Mitarbeitern während der Aufbauphase implementierte (vgl. *Ivarson* [Program Budgeting]). Man erkennt daraus, wie wesentlich die Durchsetzungs- und Motivationsorientierung des Planungssystems für den Erfolg ist (vgl. hierzu *Jochimsen* [Aufbau 956]).

Ein integriertes Zielbildungssystem kann in einem *sozio*technischen System wie dem ÖVB auf Dauer nur funktionsfähig sein, wenn man die soziopsychologischen Belange der daran mitarbeitenden Organisationsmitglieder berücksichtigt, indem man eine sorgfältige Einführung vornimmt, den Mitarbeitern Verantwortung für die Zielplanung überträgt und ihnen ständig Gelegenheit gibt, ihre persönlichen Interessenlagen durch die Tätigkeit im ÖVB mitzuerfüllen.

d) Der Prozeß der kooperativen integrierten Zielbildung

(1) Generelle Strukturmerkmale

1. Durch die strukturelle Gliederung des Zielbildungsprozesses in einzelne Funktionsstufen kann die beträchtliche Komplexität öffentlicher Zielbildung reduziert werden. Durch die Aufteilung in Problembereiche wird das Vorgehen bei der Zielbildung verständlicher. Aus diesem Grunde wird der Prozeßanalyse der Zielbildung, als maßgeblicher Managementfunktion des ÖVB, ein breiterer Raum zugebilligt. Die oben entwickelte Stufung des Entscheidungsprozesses (s. S. 35) gilt prinzipiell auch hier (in ähnlicher Reihenfolge geht die „National Goals Analysis“ bei der Ableitung, Ordnung und Umsetzung nationaler Ziele vor; vgl. *Rürup* [Programmfunktion 67 ff.]). Allerdings werden Anregung und Informationsbeschaffung hier zur Stufe der Zielsuche zusammengefaßt, weil beide Komplexe bei der Zielbildung so eng miteinander verwandt sind, daß eine Trennung kaum möglich ist. Der Empfang von Zielanregungen als passive Zielsuche und das systematische Auswerten bzw. kreative Erfinden als aktive Zielsuche belegen die starke Übereinstimmung beider Stufen.

2. Die Grobstrukturen des KIZ-Prozesses kommen in den Abb. 6—9 zum Ausdruck. Die Darstellung erfolgt in mehreren Stufen, weil der formale Planungs- und der personale Vereinbarungsaspekt in einem Schema nicht übersichtlich ausgedrückt werden können. Bei der Darstellung des KIZ-Prozesses steht die kurzfristige, an den jährlichen Haushaltsrhythmus angelehnte Zielbildung im Mittelpunkt. Sie wird jedoch nicht isoliert betrachtet, sondern steht mit der mittel- und langfristigen Zielbildung im sachlich-zeitlichen Wirkungsverbund. Abb. 6 zeigt den formalen Grobzusammenhang der langfristigen Zielkonzeption, der mittelfristigen Zielprogramme und der kurzfristigen Aktionsprogramme eines ÖVB, wie sie über die Zielrealisation und die aus der Zielerreichungskontrolle resultierenden Zieländerungsimpulse miteinander verknüpft sind. Eine Änderung kurzfristiger Aktionsziele führt stets auch zur Anpassung der mittelfristigen Zielprogramme sowie der Fernzielkonzeption des ÖVB. Aktionsprogramme sind also in Zielprogramme und Zielkonzeption eingebettet, worin bereits ein integrativer Effekt des KIZ-Systems sichtbar wird.

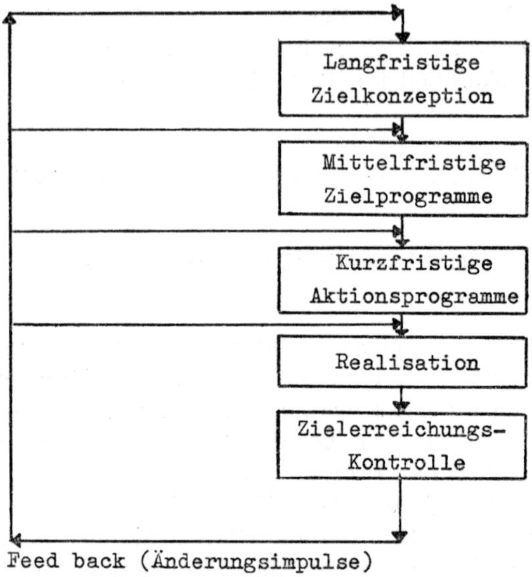

Abbildung 6

3. Der *KIZ-Prozeß* im ÖVB vollzieht sich, wie Abb. 7 nachweist und wie im Folgeabschnitt ausführlich erläutert wird, in den Stufen Zielsuche, Zielordnung, Zielentschluß, Zielumsetzung und Zielerreichungskontrolle.

Die *Kooperation* der Mitarbeiter des ÖVB bei der Zielbildung kann sich in diesem Prozeß, wie Abb. 8 zeigt, prinzipiell auf alle seine Stufen erstrecken. Die Zielvereinbarung im engeren Sinne, d. h. der Verhandlungsprozeß zwischen jeweiligen Vorgesetzten und Untergebenen (s. Abb. 5), erfolgt dabei in der Stufe der Zielordnung. Die Ergebnisse der Zielverhandlungen gehen über Zielsystem und Zielprogramme in die Entschlußstufe ein, wo sie bei der Entscheidung über die zu realisierenden Zielprogramme zu beachten sind.

Abb. 9 bringt den bei der Zielvereinbarung und -durchsetzung stattfindenden *Zielinformationsfluß* zum Ausdruck. Die Zielvereinbarungen finden, wie man sieht, jeweils zwischen zwei benachbarten organisatorischen Ebenen statt. Nach vollzogener Zielvereinbarung und Abstimmung mit überbetrieblichen Gremien werden die endgültigen Aktionsziele den Organisationsmitgliedern vorgegeben.

4. Bei der praktischen Durchführung der integrierten Zielbildung erweist es sich als zweckmäßig, in jedem ÖVB zur Entlastung der Betriebsleitung einen *Planungsstab* einzurichten, der die Zielkommunikation zur Umwelt aufrecht erhält und sich in ständiger Abstimmung mit der Leitung an der Zielsuche beteiligt, der ferner die Zielsammlung

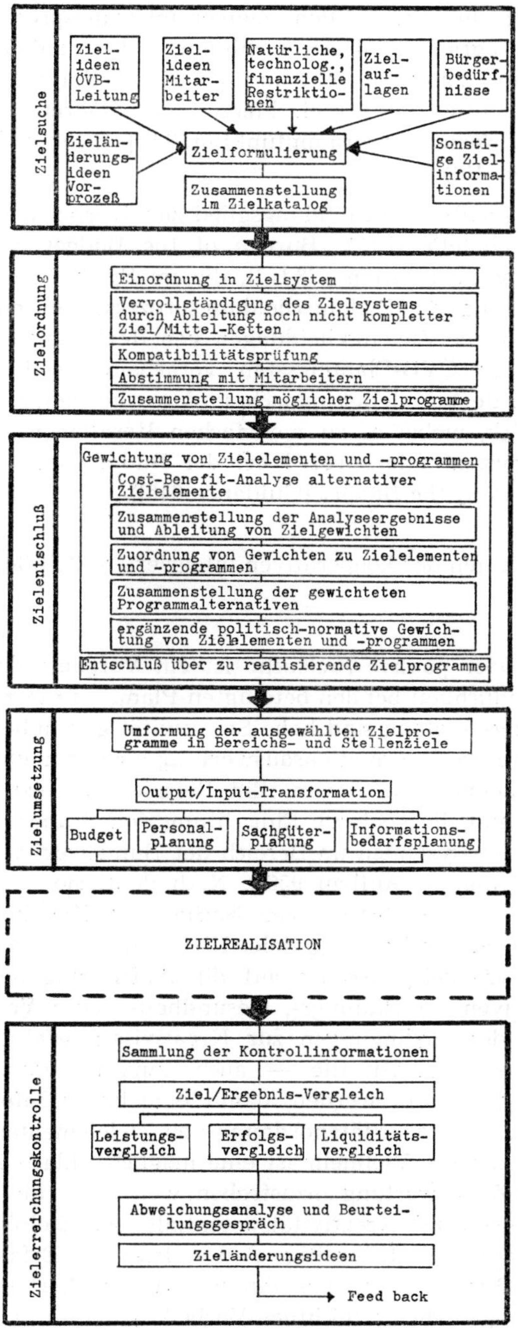
Zielsuche
Ziel-ideen ÖVB-Leitung
Ziel-ideen Mitar-beiter
Natürliche, technolog., finanzielle Restriktio-nen
Ziel-auf-lagen
Bürger-bedürf-nisse
Zieländerungs-ideen Vor-prozeß
Zielformulierung
Sonsti-ge Ziel-informa-tionen
Zusammenstellung im Zielkatalog
Zielordnung
Einordnung in Zielsystem
Vervollständigung des Zielsystems durch Ableitung noch nicht kompletter Ziel/Mittel-Ketten
Kompatibilitätsprüfung
Abstimmung mit Mitarbeitern
Zusammenstellung möglicher Zielprogramme
Zielentschluß
Gewichtung von Zielelementen und -programmen
Cost-Benefit-Analyse alternativer Zielelemente
Zusammenstellung der Analyseergebnisse und Ableitung von Zielgewichten
Zuordnung von Gewichten zu Zielelementen und -programmen
Zusammenstellung der gewichteten Programmalternativen
ergänzende politisch-normative Gewichtung von Zielelementen und -programmen
Entschluß über zu realisierende Zielprogramme
Zielumsetzung
Umformung der ausgewählten Zielprogramme in Bereichs- und Stellenziele
Output/Input-Transformation
Budget
Personal-planung
Sachgüter-planung
Informations-bedarfsplanung
ZIELREALISATION
Zielerreichungskontrolle
Sammlung der Kontrollinformationen
Ziel/Ergebnis-Vergleich
Leistungs-vergleich
Erfolgs-vergleich
Liquiditäts-vergleich
Abweichungsanalyse und Beurteilungsgespräch
Zieländerungsideen
Feed back

Abbildung 7

und -ordnung durchführt, den Zielvereinbarungsprozeß organisiert und steuert, Programmanalysen vornimmt bzw. veranlaßt und schließlich die Zielumsetzung vollzieht und den Kontrollprozeß einschließlich Abweichungsanalyse lenkt (vgl. hierzu auch *Böhret* [Entscheidungshilfen 230 ff.], *Rürup* [Programmfunktion 112], *Eichhorn/Ludwig* [Planungstechniken 13]).

Der Planungsstab ist Verbindungsglied zur überbetrieblichen zentralen Planungsleitstelle (USA: Bureau of the Budget; vgl. dazu z. B. *Böhret* [Entscheidungshilfen 228 ff.]), die im System der gesamtstaatlichen Zielbildung die Zielentscheidungsprozesse der einzelnen ÖVB koordiniert und die Zielentscheidungen von Regierung und Parlament vorbereitet. Der ÖVB-Planungsstab verarbeitet Zielvorschläge der Planungsleitstelle und leitet danach (ggf. revidierte) Zielakzeptanzen an diese zurück, wobei es zu mehrfachen Iterationen kommen kann (vgl. den Kommunikationsprozeß bei der Budgetvorbereitung, dargestellt in: *Bureau of the Budget* [Guidance 646]).

(2) Stufen der kooperativen integrierten Zielbildung

(a) Zielsuche

Die aktive oder passive Zielsuche ist ein Vorgang, der Kreativität wie auch Gründlichkeit bei den beteiligten Planungsträgern voraussetzt. Beim Anregungsempfang sind hohe Sensitivität gegenüber der Umwelt sowie systematische Informationsauswertung vonnöten, um Änderungen rechtzeitig erkennen zu können. Ein Beispiel für institutionalisierte Zielanregung gibt die geplante Einrichtung von Früherkennungs- und Frühkoordinationssystemen im Bereich der Bundesregierung (Hinweise hierzu bei *Jochimsen* [Aufbau 956]). Noch deutlicher wird das Kreativitätserfordernis bei der aktiven Suche nach Zielalternativen, vor allem im Bereich der Leistungsziele. Hier kommt es entscheidend auf Innovationen an, beispielsweise auf die Auffindung neuartiger Leistungsalternativen im Bildungs-, Gesundheits- oder Verkehrsbereich. Entsprechend den Bedingungen zur Kreativitätsentfaltung sollten in der Suchphase möglichst alle — auch zunächst unrealistischen — Zielvorstellungen erfaßt werden, damit eine breite Informationsbasis vorhanden ist. Eine Prioritätenordnung von Zielelementen ist in dieser Stufe eher hinderlich. Vielmehr ist eine möglichst klare Trennung von Zielsuche und Zielbewertung anzustreben, weil nur so die Ausschöpfung des Motivations- und Kreativitätspotentials der Zielplaner erfolgen kann. Insbesondere die frühzeitige und vollständige Erfassung sinnvoll aggregierter Bürgerbedürfnisse durch „Verbraucherbefragung" und „Marktforschung" scheint wichtige Vorbedingung für eine volksnahe Strukturpolitik im betrachteten Gemeinwesen zu sein. Die mehr oder

Wichtige Einflußaktivitäten im Zielbildungsprozeß

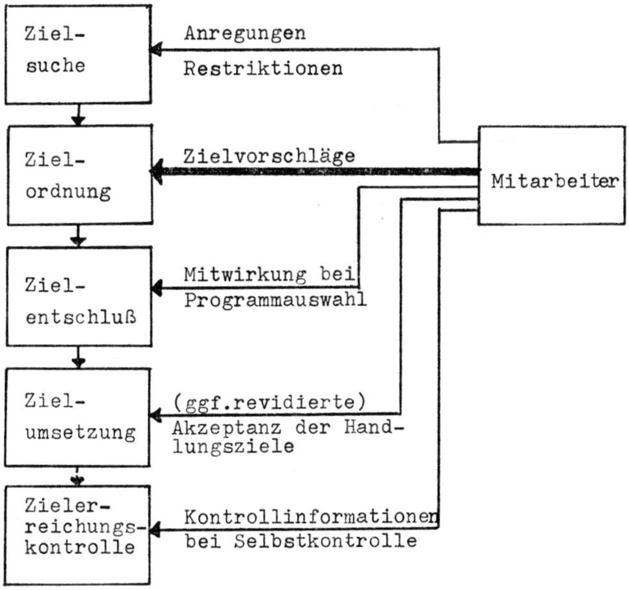

Abbildung 8

weniger normative, z. T. zufallsbedingte Sammlung von Bürgerzielen über Parteien oder Verbände als Bedürfnisartikulationsinstitutionen sollte nicht ausschließliches Instrument öffentlicher Zielsuche sein.

Auf zwei wichtige Anforderungen bei der *Zielformulierung* kann nur hingewiesen werden: Erstens sollte ein Ziel alle relevanten *Wertdimensionen* der beteiligten Entscheidungsträger abbilden, also ein hinreichend homomorphes Modell von Wertsystemen sein (vgl. auch *Gäfgen* [Entscheidung 111]), — eine Anforderung, die im Kontext komplexer öffentlich-politischer Zielvorstellungen wohl stets nur partiell erfüllbar sein wird. Zweitens ist *Operationalität* der zu verfolgenden Ziele anzustreben, weil nur so die Konsequenzen von Alternativen resp. die Realisierungsgrade von Zielen beurteilt werden können (vgl. zum Operationalitätsproblem genauer *Schmidt* [Wirtschaftslehre I, 124 ff.], *Heinen* [Zielsystem 115 ff.], *Schmidt-Sudhoff* [Unternehmerziele 125 ff.], *Strasser* [Zielbildung 12 f.], *Köhler* [Marketing-Ziele 22 f.]). Zieloperationalität ist durch die Dimensionen Verfolgbarkeit, Meßbarkeit und Zeitbezug von Zielen charakterisiert (vgl. *Schmidt* [Wirtschaftslehre I, 124 ff.]). So ist beispielsweise das Ziel einer Sozialproduktsteigerung nur dann operational, wenn die anzustrebende Steigerungsrate und der Erfüllungszeitraum angegeben werden. Ande-

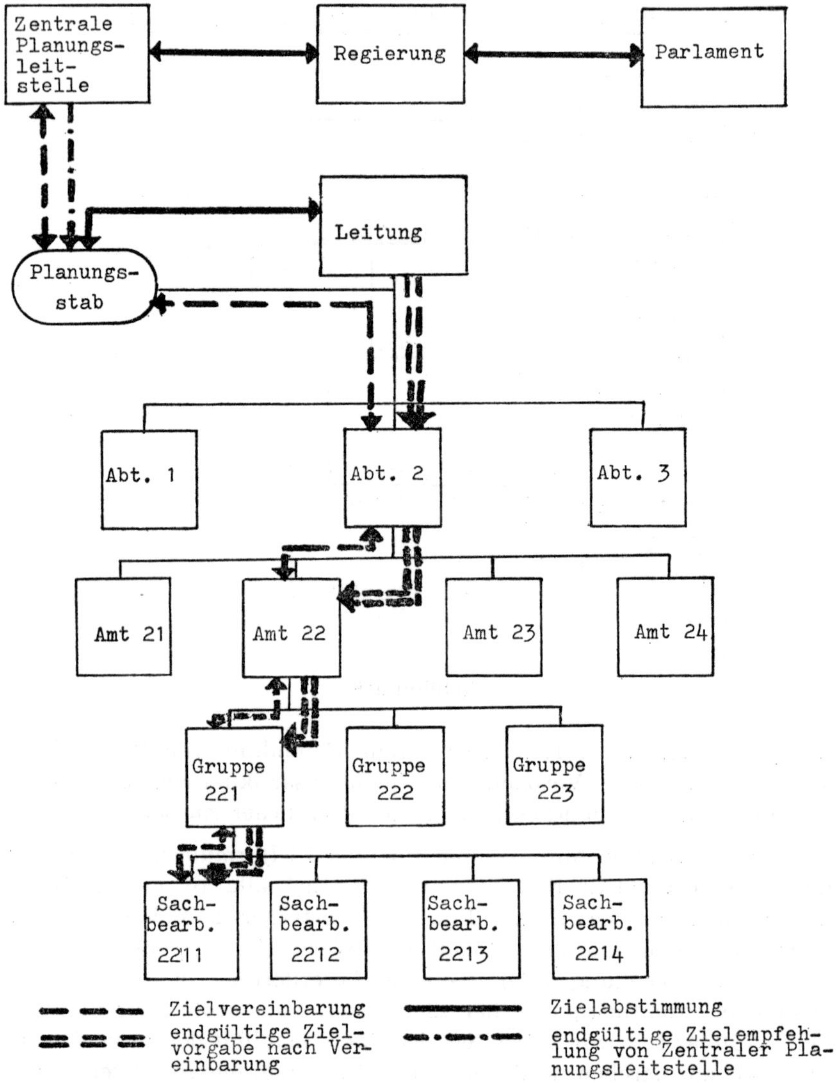

Abbildung 9

renfalls hat das Ziel Leerformelcharakter. Auch diese Anforderung scheint im Rahmen öffentlicher Zielplanung nur begrenzt erfüllbar zu sein, wenngleich dies mehr für die Meßbarkeitsbedingung als für den Zeitbezug gilt. Ein positives Beispiel geben die gesamtwirtschaftlichen Zielprojektionen der Bundesregierung, die etwa für das Wirtschaftswachstum jährlich 4—4,5 % Bruttosozialproduktzuwachs im Zeitraum von 1969—74 ausdrücken (vgl. *Schmidt/Wille* [Finanzplanung 51 ff.]).

(b) Zielordnung

Ist eine ausreichende Anzahl von Zielelementen zusammengetragen, so sind im nächsten Schritt diese Zielelemente in eine Ordnung zu bringen. Dieser Zielgliederungsvorgang kann nur gedanklich von der Zielsuche gelöst werden. Realiter sind beide Stufen insofern verknüpft, als die Ableitung von Unter- aus Oberzielen Zielsuche wie auch Zielordnung ist. Das Ergebnis der Zielordnung ist ein Zielsystem, das den Entscheidungsträgern eine klare, eindeutige Beurteilung vorhandener Zielalternativen ermöglicht. Ein wichtiger Teilprozeß ist ferner, wie erwähnt, die Zielvereinbarung auf allen organisatorischen Ebenen, deren Ergebnisse in das Zielsystem eingehen.

Bei der Strukturierung von Zielelementen sind Detailliertheit und Vollständigkeit als Gestaltungsalternativen abzuwägen. Einerseits kann eine detaillierte Vertiefung des Zielsystems, also die Bildung mehrfach gestufter Ziel/Mittel-Ketten, zu einer zunehmenden Operationalität der Zielelemente führen, indem Oberziele als meist vage, verbal formulierte Leitsätze durch Dekomposition konkretisiert werden. Andererseits ist aber ein weniger detailliertes, jedoch vollständiges Zielsystem einem tiefgegliederten, aber unvollständigen Zielsystem vorzuziehen, weil es im letzteren Fall zu Fehlentscheidungen infolge des Übersehens relevanter, nicht erfaßter Einflußfaktoren kommen kann (vgl. hierzu *Zangemeister* [Nutzwertanalyse 91, 93 f.]). Vollständigkeit des Zielsystems ist darüber hinaus Voraussetzung für eine Gewichtung aller Zielelemente auf einer Zielebene (vgl. *Zangemeister* [Nutzwertanalyse 103]).

Die Ordnung der Zielelemente erfolgt formal in einem zweistufigen Beurteilungsvorgang. Zunächst ist als vorgezogener Zielentschluß die generelle Relevanz eines Zielelementes für das Zielsystem zu bestimmen, d. h. zu fragen, ob das betrachtete Ziel überhaupt in das Zielsystem aufgenommen werden soll oder nicht. Falls ja, ist das Ziel im Wege einer Zuordnungsoperation in das Zielsystem einzuweisen.

Die Einordnung von Zielelementen in ein Zielsystem erfolgt durch die Bestimmung seiner durch horizontale und vertikale Koordinaten gekennzeichneten zielhierarchischen Position. Die vertikale Position wird durch den Standort des Zieles in einer Ziel/Mittel-Kette angegeben. Da vor allem das strategische Zielsystem Grundlage für die organisatorische Gestaltung des ÖVB ist, kann die vertikale Zielposition eines taktischen oder operativen Zieles auch durch seine Zuordnung zu einer bestimmten organisatorischen Ebene charakterisiert werden (Abteilungs-, Amts-, Gruppen- oder Stellenziele).

Die horizontale Einordnung von Zielelementen geschieht primär durch die Sortierung nach ihren Zielinhalten (bei Leistungszielen z. B.

nach der Art der Leistung) sowie durch ihre Zuordnung zu direkten gemeinsamen Oberzielen (vgl. auch *Zangemeister* [Nutzwertanalyse 109 f.]).

Bei der Beurteilung von Zielstrukturen stellt sich ein mehrdimensionales Konsistenzproblem. Erstens müssen die Ziele in ihrer vertikalen Ziel/Mittel-Struktur ineinander überführbar sein, zweitens müssen sie in ihrer horizontalen Gruppierung eine homogene Zielgruppe bilden, drittens muß eine hinreichende Isomorphie zwischen Rahmen- und Detailzielsystemen vorhanden sein und viertens muß auch eine angemessene zeitliche Konsistenz gewährleistet sein. Die Konstruktion von operationalen, konsistenten Ziel/Mittel-Ketten im Zielsystem ist für den ÖVB infolge der Komplexität der von ihm zu verfolgenden Ziele von besonderer Bedeutung. Erst die Umsetzung von Oberzielen in Handlungsziele, in Maßnahmenprogramme und konkrete Handlungsalternativen sichert den Realisationsbezug der Oberziele. Anderenfalls ergibt sich eine Situation, wie sie heute vielfach beklagt wird, daß zwar Einigkeit über ein „hehres" Oberzielbündel besteht, daß diese Oberziele aber mangels Umsetzbarkeit keine Hilfe bei der Beurteilung konkreter Realisationsprobleme leisten (vgl. hierzu z. B. *Jochimsen* [Aufbau 951]).

Die Zusammenstellung von Zielelementen zu *Programmen* als letzter Schritt der Zielordnung ist ein wichtiges Merkmal des KIZ-Systems. Aufgrund der sachlichen Interdependenz von Entscheidungsvariablen können betriebliche Oberziele regelmäßig nicht mit einem Mittel bzw. Unterziel, sondern nur durch kombinierten Mitteleinsatz erfüllt werden. Beim Ziel einer Verbesserung der Schulausbildung ist beispielsweise die Bereitstellung von Schulen, von Lehrern, speziellen Laboreinrichtungen, Unterrichtsmaterial usw. erforderlich. Alle zu einem Oberziel gehörenden Unterziele, wobei die Zusammengehörigkeit nach dem gesellschaftlichen Leistungszusammenhang der Ziele bemessen wird, werden zu einem Programm zusammengefaßt, um so schon äußerlich den Zusammenhang von Teilzielen auszudrücken und Komplementaritäts- und Substitutionsbeziehungen zwischen Zielen transparent zu machen.

In der Praxis des PPBS hat sich im Normalfall eine dreigliedrige Zielhierarchie zur „Programmierung" von Zielen bewährt: man teilt ein Programm auf in Programmkategorien, Subkategorien und Programmelemente. So könnte beispielsweise das Programm „Gesundheitssicherung" die in Abb. 10 gezeigte qualitative Struktur aufweisen, wobei von der Darstellung mengenmäßiger Zielgrößen sowie von Erfolgs- und Liquiditätszielvorstellungen abgesehen wird (vgl. zum angegebenen Beispiel auch: [PPBS], *Böhret* [Entscheidungshilfen 184], *Brümmerhoff* [PPBS 67 f.], *Rösinger* [Managementsysteme 69]).

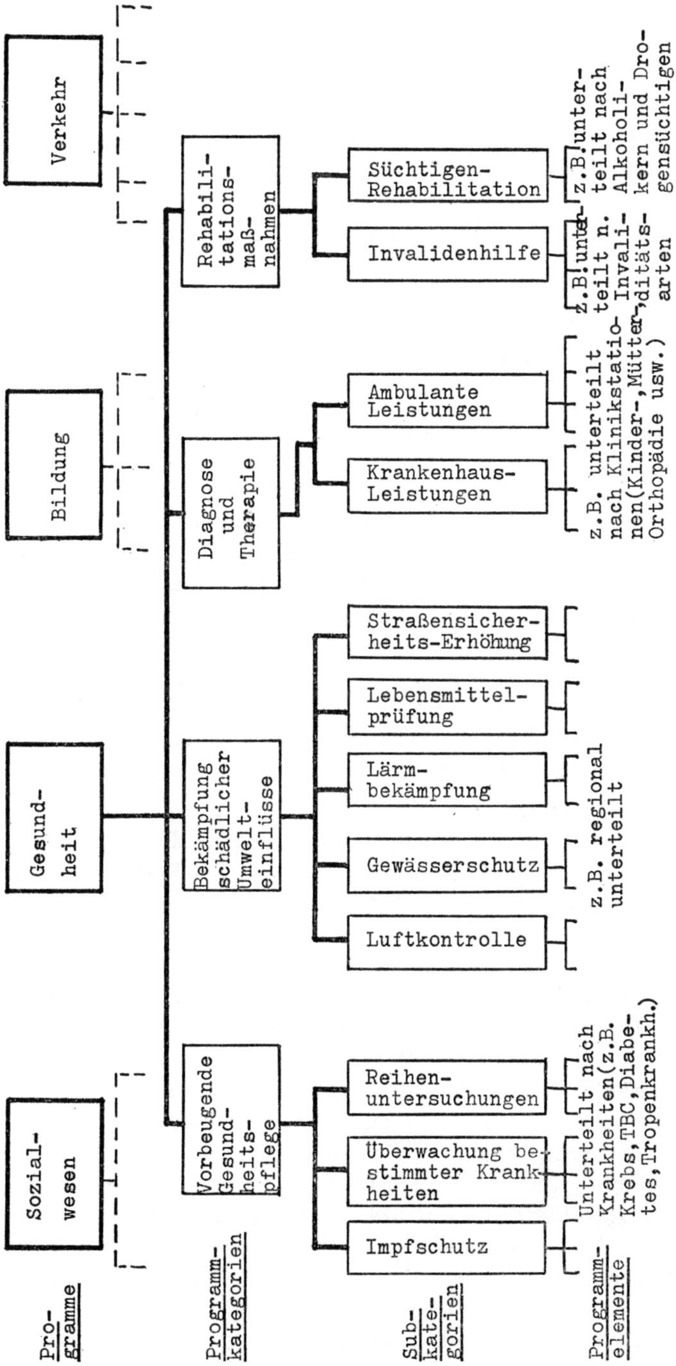

Abbildung 10

(c) Zielentschluß

In der Zielentschlußstufe werden die Zielelemente und -programme durch die dazu zuständigen Entschlußgremien unter Beachtung getroffener Zielvereinbarungen einer bewertenden Gewichtung unterzogen. Auch die Bewertung ist ein Ordnungsvorgang, allerdings nicht im Sinne der sachlichen Gliederung von Zielelementen, sondern der subjektiv-wertenden Prioritätensetzung. Der theoretischen Analyse von Zielbewertungsvorgängen sind — im Lichte des Postulats der Werturteilsfreiheit — insofern Grenzen gesetzt, als zwar der Prozeß der Zielbewertung und die Wirkungen von Zielen im Hinblick auf Oberziele beurteilt werden können, nicht aber die Richtigkeit gewählter Ziele (vgl. auch *Vente* [Zielplanung 16 ff.]).

Durch die Gewichtung der Ziele wird ein von den Entschlußträgern angestrebtes Aktivitätspotential entsprechend deren Metazielen auf die vorhandenen Zielalternativen verteilt, vergleichbar etwa der Verteilung eines knappen Finanzmittelbestandes auf Leistungsalternativen. Die Gewichtung der Ziele kann in mehreren Formen erfolgen. Erstens kann dasjenige Ziel, das primär verfolgt werden soll, durch die Formulierung des Zielumfanges — beispielsweise als Extremalziel oder nur weitläufig begrenztes Ziel — gegenüber anderen (darum entsprechend enger begrenzten) Zielen herausgestellt werden. Zweitens kann — was vor allem bei konkurrierenden Zielen erforderlich ist — die Dominanz von Zielen durch Angabe einer Rangordnung geklärt werden, wie dies beispielsweise in Regierungserklärungen geschieht, in denen den Regierungsvorhaben unterschiedliche Prioritäten eingeräumt werden.

Bei der Zielgewichtung können verschiedene quantitative Entscheidungstechniken wie die Cost-Benefit-Analyse, die Sensitivitäts- und Risikoanalyse Anwendung finden, die im PPB-System zusammenfassend als „Special Analysis Studies" bezeichnet werden (vgl. z. B. *Böhret* [Entscheidungshilfen 189 ff.]). Es sei ferner auf zwei neuere Ansätze verwiesen. Zur Aufstellung einer quantitativ strukturierten Zielhierarchie insbesondere bei einer Vielzahl zu beachtender Zielelemente eignet sich die Technik der *Nutzwertanalyse,* die eine Variante der Cost-Benefit-Analyse darstellt (vgl. *Zangemeister* [Nutzwertanalyse]). Zur nachträglichen Bedeutungsbeurteilung artikulierter und dokumentierter Zielvorstellungen kann man die *Inhaltsanalyse* (Content Analysis) einsetzen (vgl. allgemein *Berelson* [Content Analysis], *Silbermann* [Inhaltsanalyse], auf die betriebswirtschaftliche Zielforschung angewendet *Hauschildt* [Artikulation 549 ff.], auf politische Zielsysteme übertragen *Nagel* [Zielsystem]). Nagel hat den interessanten, aber noch etwas unfertig wirkenden Versuch unternommen, die in mehreren Regierungserklärungen der Bundesrepublik artikulierten nationalen Zielvorstellungen durch Inhaltsanalyse zu gewichten. Es ist allerdings zu bezweifeln, ob die Hauptprämisse des Modells, daß die Bedeutung (= Rangstufe) eines Regierungsziels an der Anzahl der im Bundestagsprotokoll ausgewiesenen Texteinheiten (Druckzeilen), der verbalen Hervorhebung des Zieles durch den Bundeskanzler und der Intensität des Fraktionsbeifalls gemessen werden kann, ohne weitere Verfeinerungen (beispielsweise der gezielten Befragung von Regierungsmitgliedern) als realitätsnah bezeichnet werden kann. Immerhin ist der Versuch einer Konkretisierung meist nur vage formulierter politischer Ziele anerkennenswert, weil zum einen dadurch die Prioritätsstruktur des Regierungszielsystems erkennbar wird, das ja für alle nachfolgenden Ebenen der Öffentlichen Verwaltung den Charakter einer Rahmenzielkonzeption hat, und weil zum anderen die Zielerreichungskontrolle von Regierungsaktivitäten erleichtert wird, indem den inhaltsanalytisch ermittelten beabsichtigten Zielen die mittels Bevölkerungsbefragung bestimmte Zielverwirklichung gegenübergestellt wird (vgl. im einzelnen *Nagel* [Zielsystem 21]).

Diese Entscheidungshilfen tragen dazu bei, öffentliche Entscheidungen zu objektivieren und transparenter zu machen sowie sozialökonomische Erfolgsgrößen einzubeziehen. Eine abschließende Entscheidung über Zielalternativen kann allerdings i. a. nicht allein anhand quantitativer Analyseergebnisse getroffen werden, sondern bedarf zusätzlicher Abwägung. Dies gilt in vermehrtem Maße für die Wahl zwischen verschiedenen Programmen, weil hinreichend objektive Vergleichsmaßstäbe insbesondere auf der Benefitseite fehlen. Mit Entscheidungsanalysen lassen sich allenfalls Engpaßprogramme bestimmen, in denen beispielsweise ein besonders hoher Nachholbedarf besteht (vgl. *Eichhorn/Ludwig* [Planungstechniken 10]).

Angesichts der zahlreichen Interdependenzen zwischen Zielprogrammen stellt diese Einschränkung quantitativer Entscheidungsfundierung einen ernstzunehmenden Mangel dar, weil dadurch die Programmentscheidung als zentrale Fragestellung subjektiven, irrationalen, interpersonal nicht nachprüfbaren Wertungen unterzogen wird, die die Transparentierungserfolge auf der Ebene der Zielelemente zumindest partiell wieder in Frage stellen.

Würde man das in Abb. 10 geschilderte Programmbeispiel „Gesundheitssicherung“ einer Cost-Benefit-Analyse unterziehen, so wäre im Hinblick auf einzelne Subkategorien bzw. Programmelemente wie „Reihenuntersuchungen“ oder „Impfschutz“ etwa zu untersuchen, wie hoch die Nutzen/Kosten-Differenzen alternativer Krebsbekämpfungsmaßnahmen sind, wobei der Nutzen beispielsweise vereinfacht an der altersabhängigen Einkommenserwartung geretteter Menschen gemessen werden kann (vgl. zu dieser Fragestellung die Studie des US-Gesundheitsministeriums, zitiert bei *Böhret* [Entscheidungshilfen 192], vgl. ferner die Anwendungsfälle bei *Wolfslast* [Analyse]).

Am Beispiel der Gesundheitssicherung sieht man deutlich, daß es bei Zielentschlüssen im öffentlichen Bereich selten reine Entweder/Oder-Fragestellungen gibt (z. B. Krebsbekämpfung *oder* TBC-Abwehr), sondern daß es auf die oberzielkongruente Prioritätensetzung ankommt, wobei die Nutzen/Kosten-Relationen einzelner Zielalternativen bei der Beantwortung der Kernfrage, wie knappe Mittel auf die vorhandenen Bedürfnisse verteilt werden sollen, eine Hilfe sein können.

Am Ende der dritten Stufe steht der Entschluß über die zu realisierenden Zielprogramme, der sich auf die Analyseergebnisse und die diese differenzierende politische Wertung stützt. Durch den Entschluß wird festgelegt, wieviel von jedem einzelnen Zielelement realisiert werden soll und welche Erfolgs- und Liquiditätsziele dabei zu beachten sind.

(d) Zielumsetzung

In der Zielumsetzungsstufe werden die getroffenen Zielentschlüsse in operationale, sachlich und zeitlich gestufte Aktionsziele des ÖVB resp. seiner Bereiche transformiert und den Realisationsträgern bekanntgegeben, wobei auf die im Zuge der Zielvereinbarung vorgenommenen Aktionszielableitungen zurückgegriffen werden kann.

Die Bekanntgabe kann in einem *„Ressourcen-Report“* erfolgen, der in Form einer mehrjährigen Ziel- und Mittelplanung die zu verwirklichenden Aktionsziele (Leistungsarten- und -mengenziele mit zugehörigen Erfolgs- und Liquiditätszielen) und den dazu erforderlichen Finanz-, Personal-, Sach- und Informationsmitteleinsatz ausweist und der die Mitarbeiter des ÖVB wie auch die zentrale Planungsleitstelle über die geplanten Ziele und Mittel informiert.

Sinn einer vollständigen Ressourcenübersicht ist es vor allem, mögliche Engpässe auszuweisen, die ja nicht nur im Finanzmittelbereich, sondern auch in anderen Sektoren, wie etwa im Personalbereich, liegen können. Bei der Gestaltung des Ressourcen-Reports kann von dem im PPB-System bereits bewährten Instrument des Programm- und Finanzplanes ausgegangen werden, der als outputorientiertes „Arbeitsprogramm der Regierung“ (*Rürup* [Programmfunktion 19]) gegenüber den gegenwärtig üblichen rein finanzmittelorientierten Haushaltsplänen einen bedeutsamen Fortschritt darstellt und der über 5—7 Jahre, nach Programmkategorien und nicht nach Haushaltstiteln gegliedert, die angestrebten Zielgrößen und den erforderlichen Finanzmittelbedarf ausweist (vgl. z. B. *Böhret* [Entscheidungshilfen 197 ff.]). Durch die Mehrjährigkeit der Ziel/Mittel-Planung sollen vor allem zukünftige Wirkungen getroffener Entscheidungen transparent und allen Beteiligten zugänglich gemacht werden, damit z. B. die Folgelasten öffentlicher Projekte leichter erkannt werden können.

Programmstruktur \ Haushaltsjahre	1971 abgelaufenes Haushaltsj.		1972 laufendes Haushaltsj.		1973 1. Planjahr (Budgetjahr)		1974 2. Planjahr		1975 3. Planjahr		1976 4. Planjahr		1977 5. Planjahr	
	ZG 1)	A 2)	ZG	A	ZG	A	ZG	A	ZG	A	ZG	A	ZG	A
I. Vorbeugende Gesundheitspflege (ins.)		20		23		27		37		44		50		55
A. Impfschutz	500	10	500	10	580	12	730	15	770	16	850	18	900	19
B. Krankheitsüberwachung	20	5	23	6	27	7	38	10	45	12	51	14	53	15
C. Reihenuntersuchung	1000	5	1350	7	1500	8	2250	12	3000	16	3300	18	3700	21
II. Umweltschutz	3)	5		9		15		23		30		35		40
A. Luftkontrolle		2		3		5		7		8		9		10
B. Gewässerschutz		1		2		3		4		6		6		7
C. Lärmbekämpfung		1		2		3		5		7		9		10
D. Lebensmittelprüfung		0,5		1		2		3		4		4		4
E. Straßensicherheitserhöhung		0,5		1		2		4		5		7		9
III. Diagnose u. Therapie		120		125		130		135		140		150		155
A. Krankenhausleistungen	50	100	52	105	53	108	54	110	55	113	57	118	58	121
B. Ambulante Leistg.	40	20	40	20	42	22	47	25	50	27	59	32	62	34
IV. Rehabilitationsmaßnahmen		10		13		18		25		36		45		50
A. Invalidenhilfe	4	7	3	7	4	8	4	10	5	12	6	14	7	15
B. Süchtigen-Rehab.	9	3	16	6	27	10	41	15	67	24	86	31	98	35
Gesamtprogr.-Ausg.		155		170		190		220		250		280		300

1) = Zielgrößen in 1000
2) = Ausgaben in Mio DM
3) Zielgrößen nicht summarisch ausdrückbar, z.T. technologische Vorgabegrößen, wie etwa Senkung des CO-Gehalts in der City-Luft um 0,1 %

Abbildung 11

Abb. 11 zeigt die Grundstruktur eines Programmbudgets — als vereinfachte Version eines Ressourcen-Reports — für das oben bereits dargestellte Zielprogramm Gesundheitssicherung. Die Zahlen sind willkürlich gewählt. Zielgrößen sind die durch die Verwaltungsmaßnahmen erfaßten Personenanzahlen. Erfolgs- und Liquiditätszielvorstellungen bleiben aus Vereinfachungsgründen unberücksichtigt. Der Plan faßt Zielgrößen und Ausgaben für die Programmpunkte — im Beispiel reduziert auf Programmkategorien und Subkategorien — über fünf Planjahre zusammen und informiert zusätzlich über die Daten des vergangenen und laufenden Haushaltsjahres. Da die Zusammenfassung aller Einsatzmittel-Informationen, die z. T. sehr verschiedener Art und Dimension sein können (z. B. Personalbedarf für Impfaktionen, aufgegliedert nach Ärzten, Schwestern, Bürokräften; Raum-, Sachmittel- und Impfstoffbedarf nach unterschiedlichen Mengeneinheiten usw.), die Übersichtlichkeit des Programmbudgets stark mindern würde, erscheint es zweckmäßiger, diese Informationen in einem Budgetanhang zusammenzustellen.

Der Aufstellung eines Programmbudgets sind erhebliche Prognoseaktivitäten vorgelagert. Infolge der Unsicherheit der Ausgangsinformationen ist es daher auch stets sinnvoller, Intervallprognosen statt Punktprognosen zugrundezulegen und dementsprechend alternative Programmbudgets aufzustellen, die etwa auf optimistischer, normaler und pessimistischer Bedarfs- und Ausgabenschätzung basieren. Bei praktischer Einrichtung regelmäßiger Ressourcen-Reports wird ferner eine Einbettung in ein umfassendes und aussagefähiges Rechnungssystem des ÖVB unumgänglich sein, das u. a. über die Erfolgswirksamkeit von Verwaltungsleistungen detailliert Auskunft gibt.

(e) Zielerreichungskontrolle

In der Zielerreichungskontrollstufe, die von der Zielumsetzung durch den Komplex der Zielrealisation getrennt ist, werden die im ÖVB erreichten Ergebnisse auf ihre Zielwirksamkeit hin kontrolliert. Die Zielerreichungskontrolle als Endstufe von Zielerreichungsprozessen gehört insofern indirekt zur Zielbildung, als durch sie der Kreis des Zielinformationsflusses geschlossen wird und von ihr Änderungsimpulse ausgehen, die neue Zielbildungsprozesse auslösen können.

Der Kontrollprozeß vollzieht sich in vier Teilstufen. Zunächst sind die erforderlichen Kontrollinformationen zusammenzutragen, wobei es in erster Linie auf Vollständigkeit, Schnelligkeit und Exaktheit ankommt.

Durch Auswertung der vorliegenden Kontrollinformationen erfolgt daraufhin der Ziel/Ergebnis-Vergleich, der nicht nur — wie gegenwärtig üblich — hinsichtlich der Liquiditätszielwirksamkeit von Ergebnissen durchgeführt wird, sondern auch die Leistungs- und Erfolgszielerreichung erfaßt. Die Qualität der Kontrollergebnisse hängt dabei von der Operationalität von Zielen und Ergebnissen ab, die in weiten Bereichen des Verwaltungshandelns noch gering ist (vgl. auch *Rürup* [Programmfunktion 65 f.]). Die Kontrollqualität wird ferner entscheidend durch die Art und Ausgestaltung des Rechnungssystems bestimmt, das die Kontrolldaten generiert. Bekanntlich liefert das kameralistische System nur pagatorische ex-post-Rechnungsinformationen, während kalkulatorische, zukunftsbezogene Daten fehlen.

An den Soll/Ist-Vergleich schließt sich unmittelbar die Abweichungsanalyse an, die zweckmäßigerweise gemeinsam mit den Realisationsträgern durchgeführt wird und an die sich ein Beurteilungsgespräch mit diesen anschließt, um mögliche Abweichungsursachen im personellen Vollzug erkennen und durch Anregungsaustausch einerseits den Realisationsprozeß verbessern, andererseits den Realisationsträgern Lernimpulse vermitteln zu können.

Den Abschluß bildet der Rückfluß der aus der Abweichungsanalyse resultierenden Zieländerungsideen im Wege eines institutionalisierten Rückkopplungsprozesses in die Zielsuchstufe eines neuen Zielbildungsprozesses.

e) Organisatorische Implementation eines kooperativen integrierten Zielbildungssystems

Die Organisation des KIZ-Systems ist aufgrund ihrer Interdependenzen zu den verschiedenen Teilbereichen des ÖVB ein derart komplexer Problemkreis, daß hier nur die Fragestellung skizziert werden kann, soweit sie Managementprobleme betrifft.

Organisatorische Minimalanforderung ist die Einrichtung eines Planungsstabes, der der ÖVB-Leitung zugeordnet ist und Lenkung und Koordination der Zielbildungsprozesse übernimmt (s. S. 74 ff.; vgl. ferner auch die Vorschläge von *Laux* [Verwaltungsführung 61 ff.]). Aus seiner koordinativen Tätigkeit erhellt auch unmittelbar die zweite Mindestforderung nach Umstrukturierung des Informationssystems. Das herkömmliche Dienstweg-System reicht für die zahlreichen Zielfindungs- und -abstimmungsprozesse bei weitem nicht aus. Erforderlich sind vielmehr multilaterale, direkte und leistungsfähige Informationswege, die allen Beteiligten offen stehen und eine schnelle, ungefilterte Kommunikation gestatten.

Eine Reihe von Gründen sprechen jedoch dafür, daß erst eine großangelegte Reorganisation des ÖVB die Voraussetzungen für eine befriedigende Arbeitsweise des KIZ-Systems schaffen kann. Erstens überdecken Zielprogramme vielfach die Zuständigkeitsbereiche mehrerer Ressorts (Beispiel: Umweltschutz). Zweitens bestehen Programme nicht langfristig, sondern werden nach der Beendigung eines Projektes abgeschlossen resp. umstrukturiert. Daher scheidet die Möglichkeit einer einfachen Änderung der Ressortgrenzen zum Zwecke der Kongruenz mit dem Programmbereich gewöhnlich aus. Drittens erfordert der Anspruch einer zielorientierten Lenkung des ÖVB, daß Ziele nicht nur gebildet, sondern auch realisiert werden, d. h. daß die in Zielprogrammen integrativ geplanten öffentlichen Projekte auch durchgeführt werden. Werden Projekte aber in der traditionellen funktionalen Organisationsform durchgeführt, dann fehlen eindeutig geregelte Zuständigkeiten. Ein Projekt Lärmbekämpfung im Rahmen eines Umweltschutzprogrammes würde dann beispielsweise von 5—10 Verantwortlichen gelenkt, die sich bei Schwierigkeiten mit Vorliebe wechselseitig Schuldursachen zuschieben werden. Hieraus leitet sich unmittelbar die Forderung nach einem *Programm-Management* ab (vgl. *Dullien* [Organisation 78 f. und 131 f.], *Reinermann* [Kontrollsysteme 126]), das seine Quelle im industriellen Projekt-Management hat.

Das Programm-Management, dessen Hauptidee im gemeinsamen Vollzug eines zeitlich befristeten Programms durch Mitarbeiter aus verschiedenen Ressorts unter der Fachverantwortung eines Projektleiters zu sehen ist, leitet über zur organisatorischen Gestaltungsalternative der programmorientierten *Matrixorganisation* (vgl. hierzu z. B. *Dullien* [Organisation 17], *Bleicher* [Perspektiven 94 ff.]). Den senkrecht stehenden Ressorts werden in der Waagerechten die verschiedenen Programme zugeordnet, die von jeweils einem — über die knappen Etatmittel verfügenden — Programm-Manager betreut werden (vgl. Abb. 12, sowie *Dullien* [Organisation 76 und 132]). Die Mitarbeiter der Ressorts sind ganz oder partiell zur Bearbeitung eines Programms eingesetzt. Sie unterstehen der Fachkompetenz des Programm-Managers und der Personalkompetenz ihres Linienvorgesetzten (woraus allerdings schwierige Autoritätskonflikte erwachsen können).

Matrixorganisation kann dazu beitragen, daß

— das Problem der Programm-Gesamtverantwortlichkeit gelöst wird,

— Informations- und Entscheidungsprozesse über komplexe Probleme durch hierarchischen „Kurzschluß" in ihrer Qualität verbessert werden (vgl. *Bleicher* [Perspektiven 95 f.]),

— innerorganisatorische Konflikte institutionalisiert, aufgedeckt und versachlicht werden, anstatt durch Rang- und Statusaspekte in die personale Sphäre gedrängt zu werden (vgl. *Bleicher* [Perspektiven 99 f.], *Krüger* [Konflikthandhabung 144 ff.]).

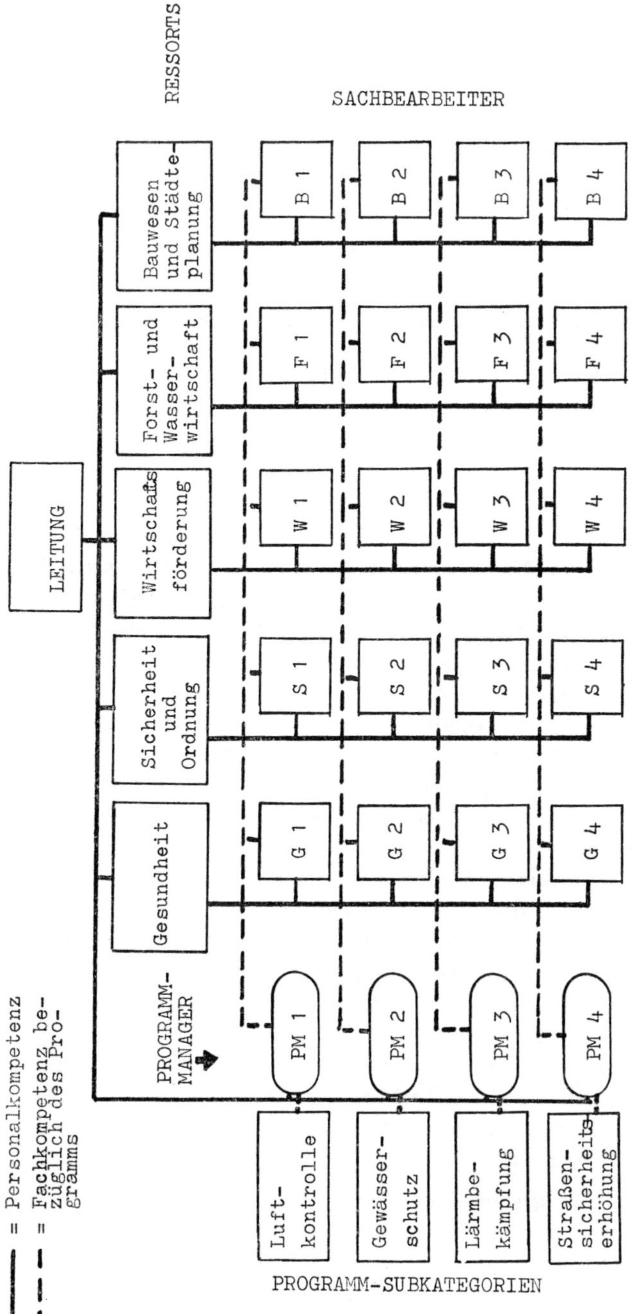

Programmkategorie Umweltschutz in einer Kommunalverwaltung

Anm.: Sowohl Subkategorien wie auch Ressorts stellen nur Ausschnitte eines ÖVB dar.

Abbildung 12

Abgesehen davon, daß mit der Matrix-Organisation eine Fülle auch in der Privatwirtschaft noch nicht gelöster Probleme zusammenhängen, kann damit allerdings ein Hauptproblem des Verwaltungshandelns, die überbetriebliche Koordination von Verwaltungsentscheidungen, nicht gelöst werden. Zu diesem Zwecke behilft man sich derzeit mit dem Einsatz von Planungsbeauftragten, die in überbetrieblichen Planungsteams die Aktivitäten der Einzelverwaltungen koordinieren.

II. Entschlußdezentralisation

1. Notwendigkeit und Aussage des Elementes

Werden Ziele — wie es im ÖVB der Fall ist — durch Erfüllungshandlungen erreicht, die in Arbeitsteilung vollzogen werden, dann sind zur Lenkung der Zielerreichungsprozesse in besonderem Maße Stellenziele erforderlich, die den Betroffenen angeben, welche Aktivitäten sie in welcher Quantität, Qualität und Reihenfolge nach Maßgabe welcher zusätzlichen Kriterien durchzuführen haben. Während das erste Element der Managementkonzeption Zielsetzungsentscheidungen betrifft, stehen hier vordringlich Zielerreichungs-Entscheidungsprozesse zur Diskussion. Diese Zuordnungsoperation von Stellenzielen auf Stelleninhaber, die hier als Zielverteilung bezeichnet wird, charakterisiert die Kerntätigkeit organisatorischer Gestaltung. Aus diesem Grunde kann die Problematik der Zielverteilung hier nur soweit behandelt werden, wie Lenkungsfragen angesprochen sind. Obwohl Ziele generell Lenkungsfunktionen haben und somit alternative Zielverteilungsmodelle stets auch Managementprobleme implizieren, konzentriert sich die Aufmerksamkeit bei der Entwicklung dieses Elementes auf die Verteilung von Entschlußzielen, d. h. derjenigen Teilmenge von Stellenzielen, die die Operationengattung Entschlußfassung — und i. a. auch -durchsetzung — im Rahmen von Zielerreichungsprozessen zum Inhalt haben. Die vollständige Entwicklung von Zielverteilungsmodellen, die sich auf die hier diskutierten Ergebnisse der Management- und Entscheidungstheorie stützen, würde weitreichende organisationstheoretische Konsequenzen haben und den Rahmen dieser Untersuchung sprengen. Im Lichte dieser Abgrenzung soll der zugrundeliegende Ableitungszusammenhang und die Bedeutung des Elementes kurz skizziert werden.

(1) Zielverteilung setzt Zielbildung, d. h. die Gewinnung verteilungsfähiger Ziele in einem konsistenten Zielsystem voraus (s. Kap. C.I.). Hier steht also nicht die Frage zur Diskussion, wie Ziele gewonnen werden und wer an ihrer Bestimmung mitwirkt, sondern wie — als vorhanden vorausgesetzte — Ziele in Form von Handlungsmaximen

auf Zielerreichungsträger übertragen werden können und welche Aspekte dabei zu beachten sind.

(2) Formal gilt für die Zielverteilung die Zuordnungsmaxime, daß Ziele so auf Mitarbeiter zu verteilen sind, daß sich bei der Realisation insgesamt ein maximaler Zielerreichungsgrad einstellt. Diese Anforderung ist erfüllt, wenn die aus den Zielerreichungsanforderungen resultierenden Zielwertigkeiten jeweils den Fähigkeiten der Mitarbeiter entsprechen.

(3) Die Mitarbeiterfähigkeiten sind nun allerdings keine Konstante, sondern haben mehr den Charakter einer intervenierenden Variablen („der Mensch wächst an seinen Aufgaben"). Es kommt mithin darauf an, den Zusammenhang zwischen Leistungsfähigkeit, Leistungsmotivation und Zielerreichungsaktivität bei der Zielverteilung zu beachten.

(4) Es ist eine wichtige motivationstheoretische Erkenntnis, daß Mitarbeiter den Vollzug möglichst sinnerfüllter, zusammenhängender, einen erkennbaren Bezug zur Gesamtleistung aufweisender Tätigkeiten anstreben, was mit dem psychischen Bedürfnis nach Selbstverwirklichung zu erklären ist (s. S. 124 f.).

(5) In entscheidungsprozessualer Sicht läßt sich das Motivationsargument dahingehend interpretieren, daß Mitarbeiter an Entscheidungsprozessen möglichst über alle Stufen mitwirken wollen und daß sie es vor allem als unbefriedigend empfinden, wenn sie zwar Entschlüsse vorbereiten und/oder ausführen, nicht aber Entschlüsse selber treffen sollen.

(6) Aus dieser Überlegung folgt, daß es zweckmäßig zu sein scheint, nicht nur Entscheidungsvorbereitungs- und -realisationsaktivitäten und sie definierende Teilziele auf Mitarbeiter zu verteilen, sondern auch die zugehörigen Entschlußziele. Die Abgabe der Entschlußposition, die gegenwärtig meist Vorgesetzte innehaben, an Untergebene stellt keine Beeinträchtigung des Lenkungsinstrumentariums dar, soweit andere und wirksamere Lenkungs- und Überwachungsmöglichkeiten vorhanden sind, weil, wie noch zu zeigen sein wird, infolge der „Siebfunktion" des Entscheidungsprozesses die aus der Entschlußausübung resultierenden Kontrollmöglichkeiten ohnehin recht bescheiden sind.

(7) Werden Entschlußziele an Mitarbeiter verteilt, so sind auch die mit dem Entschluß und seiner Durchsetzung verbundenen Kompetenzrechte und Verantwortungspflichten zu übertragen. Diese Forderung gilt entsprechend auch für die übrigen Teilfunktionsziele und kommt in dem Prinzip der Kongruenz von Aufgabe, Verantwortung und Kompetenz (AVK-Prinzip) zum Ausdruck (vgl. *Höhn* [Verwaltung 208], *Wild* [Management-Konzeption 72]). Die Zielverteilung darf sich also nicht auf die bloße Verteilung von „Arbeit" beschränken.

(8) Kompetenz und Verantwortung leiten sich dabei aus dem Ziel ab, auf das sie sich beziehen: Kompetenz ist das Recht, Verantwortung die Pflicht zum Handeln im Rahmen des gesetzten Zieles (vgl. *Ulrich* Kompetenz 852]). Kompetenz und Verantwortung stehen also neben anderen Zieldimensionen wie Inhalt, Zeitbezug oder Konkretisierungsgrad. Kompetenz, z. B. in Form von Anordnungs-, Finanzmittelverfügungs- oder Kontrollkompetenz, ist dabei als formale Seite der Autorität (*Ulrich* [Kompetenz 855]) mit Machtausübung innerhalb eines beschränkten Machtbereichs verbunden, betrifft also die Beziehung zwischen Kompetenzinhaber und Organisationsmitgliedern im Kompetenzbereich und ist demzufolge von oben nach unten gerichtet.

Verantwortung hingegen ist eine soziale Interaktion zwischen Verantwortung tragendem Untergebenen und Vorgesetztem, der Rechenschaft für die zu verantwortenden Handlungen fordert (vgl. *Hauschildt* [Verantwortung 1694]). Verantwortung ist demnach von unten nach oben gerichtet. Das Wesen der Verantwortung kann als soziale Kommunikation verstanden werden, die Ungewißheit absorbiert und auf Vertrauensbasis das Bewußtsein des Vorgesetzten entlastet (vgl. *Luhmann* [Funktionen 174 f.]). Dieses Verantwortungskonzept, das auf dem Eigenverantwortungsprinzip aufbaut, ist von dem haftungsrechtlich orientierten Fremdverantwortungsprinzip zu trennen, das Betriebsleitern Verantwortlichkeit auch für Handlungen ihrer Mitarbeiter unterstellt. Letztere Vorstellung ist indes in der Realität unpraktikabel und daher abzulehnen, weil ein Betriebsleiter weder alle betrieblichen Vorgänge überblicken noch inhaltlich beurteilen und daher auch nicht sachlich für sie verantwortlich sein kann (vgl. KGSt [Delegation 4]). Statt dessen ist von einer zweigliedrigen Eigenverantwortung auszugehen, wie sie beispielsweise im militärischen Bereich seit langem üblich ist (vgl. *Höhn* [Verwaltung 352 ff.]): Handlungsverantwortung als Einstehen für die sachlich und zeitlich richtige eigene Zielerreichung, Führungsverantwortung als Verpflichtung zur zielgerechten Wahrnehmung der Managementfunktionen.

(9) Werden Entschlußziele mit den zugehörigen Kompetenzen und Verantwortungen auf untergeordnete Mitarbeiter verteilt, so stellen sich Freisetzungseffekte auf der Vorgesetztenebene ein, die dazu führen (sollten), daß Führungskräfte sich höherwertigen, innovativen, planerischen Aktivitäten sowie der Intensivierung ihrer Führungsfunktionen widmen und somit ihrer eigentlichen Managerfunktion gerecht werden.

(10) Zielverteilung betrifft zwar grundsätzlich alle Stufen betrieblicher Entscheidungsprozesse. In der aktuellen Situation des ÖVB, die durch eine hochgradige Entschlußzentralisation bei der Verwaltungsspitze gekennzeichnet ist, ist jedoch eine gleichmäßigere Verteilung von Entschlußzielen auf bislang unbeteiligte Verwaltungsmitarbeiter vor-

dringlich. Dieser Zielverteilungsaspekt wird in der Literatur üblicherweise mit dem Terminus der Delegation resp. Dezentralisation von Entscheidungen, von Entscheidungsbefugnissen oder von Verantwortung belegt (vgl. z. B. *Schmidt* [Entscheidungen], *Höhn* [Verwaltung 202 ff.], *Ulrich* [Delegation]).

(11) Der Terminus Delegation erscheint hier zumindest begrifflich ungeeignet, da er die überholte Fiktion eines allmächtigen und allwissenden Unternehmungs- bzw. Behördenleiters impliziert, der mehr oder weniger „gnädig" auf die Ausübung einzelner Kompetenzen zugunsten seiner Untergebenen verzichtet. Prinzipiell sollte eher die umgekehrte Denkweise vorherrschen: Stellenziele sollten auf der untersten dazu qualifizierten Betriebsebene erfüllt werden. Nur diejenigen Teilziele sind im Sinne des Management by Exception an Vorgesetzte abzugeben, die außerhalb des Kompetenzbereiches liegen und nicht aus eigener Kraft erreicht werden können (vgl. *Ulrich* [Delegation 433]).

(12) Die Zielverteilung arbeitet also nach dem Umkehrprinzip: Ziele werden aus der ÖVB-Zielkonzeption bis auf Stellenziele „heruntergebrochen", wie es auch andeutungsweise in Abb. 10 bei der Zielstruktur des Gesundheitsbereiches zum Ausdruck kommt. Die nicht erfüllbaren Zielelemente werden schrittweise rückübertragen. In diesen Vorgang sind Zielvereinbarungsprozesse und Lernprozesse eingebettet.

(13) Zielverteilung ist kein einmaliger Akt, sondern ein sich periodisch wiederholender Anpassungsprozeß. Um die Flexibilität des ÖVB-Systems zu erhalten, muß eine kurzfristige Anpassung der Stellenziele an erfolgte Umweltänderungen möglich sein, was einen leistungsfähigen Änderungsdienst bedingt.

(14) Für die Verteilung von Entschlußzielen spricht neben dem Motivations- und dem Freisetzungsargument auch die damit erzielbare Selbstregelungsfähigkeit (Homöostasie) von Teilsystemen. Homöostatische Systeme benötigen zur Selbstregelung bestimmte Schwankungsbereiche von Zielvorgaben, d. h. Entscheidungsspielräume, um sich durch Lernen selbständig an die Entwicklung von Störeinflüssen anpassen zu können (vgl. hierzu auch *Flik* [Ansätze 128 f.]). Diese Anforderung ergibt sich auch aus der Funktion der Kompetenz: Kompetenz kann nur einen Sinn haben, wenn sie — im abgesteckten Rahmen — mit Handlungsfreiheit verbunden ist. Anderenfalls wäre vollständige Determination vorhanden, die Aktivitäten wären vorbestimmt und besondere Kompetenzen überflüssig (vgl. *Ulrich* [Kompetenz 852]).

(15) Die skizzierten Überlegungen lassen erkennen, daß die Verteilung von Entschlußzielen durch ihren Beitrag zur Führungskräfteentlastung, Mitarbeitermotivation und Selbstregelungsfähigkeit von

Subsystemen ein wichtiges Element einer leistungsfähigen Managementkonzeption bildet. Entschlußdezentralisation führt allerdings isoliert zu keinen wesentlichen Leistungsverbesserungen, sondern ist nur im Verbund mit anderen Managementkonzeptions-Elementen erfolgreich.

2. Entschlußdezentralisation als Voraussetzung zur Leistungssteigerung im Öffentlichen Verwaltungsbetrieb

a) Verfahren und Mängel der gegenwärtig praktizierten Entschlußzentralisation

1. Die Gegenwart des Verwaltungshandelns ist durch hochgradige Zentralisation von Entschlußaktivitäten bei den Entscheidungsträgern des oberen und mittleren Managements geprägt (vgl. die entsprechenden Vorschriften in den Verfassungen des Bundes, der Länder und Gemeinden sowie in den gemeinsamen Geschäftsordnungen von Bundes- und Landesbehörden). Entscheidungsprobleme, beispielsweise Anträge von Bürgern, werden von Sachbearbeitern des ÖVB entscheidungsreif vorbereitet und dann auf dem Dienstweg über die dazwischen liegenden Instanzen bis zu demjenigen Vorgesetzten geleitet, der zum Finalentschluß befugt ist. Nur in sehr einfachen Fällen agieren ausschließlich ein Sachbearbeiter und ein Vorgesetzter. In aller Regel sind infolge starker horizontaler Arbeitsteilung und großer Leitungstiefe (z. B. Unter-, Mittel-, Oberbehörde mit jeweils mehreren Leitungsebenen) eine Vielzahl von Mitarbeitern aller Rangstufen betroffen. 50—200 Zwischenstationen bei der Antragsbearbeitung sind durchaus keine Seltenheit, wenn man den realistischen Angaben von *Lauxmann* folgt ([Hierarchie 71 f.]; vgl. auch die empirischen Untersuchungen von *Hartfiel/Sedatis/Claessens* [Beamte 194 ff.], die ähnliche Ergebnisse enthalten). Resultate allzu arbeitsteiliger Entscheidungsprozeßgestaltung sind aufwendige Koordinationsmechanismen, lange Bearbeitungszeiten und geringe Lernerfolge auf seiten der Mitarbeiter infolge fehlender Kenntnis der Zusammenhänge. Eine gewisse Anzahl an Bearbeitungsstationen ist allerdings auch auf die hohe Komplexität öffentlicher Entscheidungsprobleme zurückzuführen. Vielfach sind eine Reihe unterschiedlicher Aspekte angesprochen (Beispiel: Umweltschutz), die auch bei zweckmäßiger Organisation nicht von einem Bearbeiter allein gelöst werden können.

2. Dieser bürokratische Mechanismus des Dienstweges beruht auf engen gesetzlichen Vorschriften, die den Mitarbeitern zum Teil keine andere Wahl lassen. Vom Grundgesetz (Art. 65, II: Der Bundesminister leitet seinen Geschäftsbereich selbständig unter eigener Verantwortung) über Landesverfassungen bis zu den Gemeindeordnungen (z. B. § 44, I

Gemeindeordnung von Baden-Württemberg: Der Bürgermeister ist „für die sachgemäße Erledigung der Aufgaben ... verantwortlich“) finden sich Bestimmungen, die die umfassende *Verantwortung* des Behördenleiters hervorheben. Die Betonung dieser weiten Verantwortung hat bislang zu der verwaltungsrechtlichen Annahme veranlaßt, daß damit eine Totalverantwortung des Leiters auch für fremde Handlungen gemeint sei (vgl. als Resümee dieser Meinung *Höhn* [Verwaltung 340 ff.]). Zumindest für den Bereich der Kommunalverwaltung ist jedoch festzustellen, daß die Verantwortung für sachgemäße Aufgabenerledigung im ÖVB nicht als Fremdverantwortung, sondern als *Führungsverantwortung* aufzufassen ist. In diesem Sinne ist ein Behördenleiter verantwortlich für die „Auswahl, Anleitung, Überwachung und Anweisung“ der Mitarbeiter (*Wolff* [Verwaltungsrecht II, 37], vgl. ferner KGSt [Delegation]).

Auch in der Version der Führungsverantwortung ist jedoch die Rechenschaftspflicht eines Behördenleiters zu weitgehend: er ist für die Auswahl, Anleitung usw. aller Behördenmitarbeiter verantwortlich, anstatt im Rahmen einer geschlossenen Verantwortungskette nur für seine unmittelbar nachgeordneten Untergebenen (Abteilungsleiter) einstehen zu müssen. Dadurch kommt es nämlich zu unerwünschten Kumulationseffekten: Abteilungs-, Amts- und Gruppenleiter haben zusätzlich Führungsverantwortung für ihren jeweiligen Bereich, so daß sich mehrere Verantwortungen überlagern, von der leistungsbezogenen Handlungsverantwortung des Sachbearbeiters einmal abgesehen. Mit dieser Mehrfachverantwortung will man erreichen, daß man stets wenigstens einen Mitarbeiter zur Rechenschaft ziehen kann. Die Folgen dieser Kumulation sind aber im Gegenteil erstens uneindeutige Zuständigkeiten, zweitens ständige Exkulpationsversuche der Untergebenen durch Verantwortungsabwälzung auf den mitverantwortlichen Vorgesetzten und drittens Tendenzen des Gesamtsystems zur Fehlerverbergung, weil Vorgesetzte bei Fehleraufdeckung gleichzeitig ihre eigene Verantwortung aktualisieren (vgl. dazu im einzelnen *Luhmann* [Funktionen 183]).

3. Ein zweites Charakteristikum gegenwärtiger Entscheidungspraxis ist die umfassende *Weisungsbefugnis* von Vorgesetzten, speziell von Behördenleitern. Die eine autoritäre Willensdurchsetzung zulassende, durch die Entschlußkompetenz legitimierte Weisungsbefugnis hängt mit der vermeintlichen Gesamtverantwortung zusammen und wird auch durch diese begründet. Hat ein Vorgesetzter nämlich die Verantwortungspflicht für alle ihm nachgeordneten Teilsysteme, so steht ihm auch das Recht zu, Weisungen zu erteilen, damit die von ihm zu verantwortenden Aktivitäten seinen Zielvorstellungen gemäß vollzogen werden (vgl. z. B. *Thieme* [Verwaltungslehre 89]). Der Verant-

wortungskette von unten nach oben entspricht also die Weisungskette von oben nach unten (*Lauxmann* [Hierarchie 111]). Dem Weisungsrecht des Vorgesetzten steht die entsprechend streng gefaßte Gehorsamspflicht des Untergebenen gegenüber (ausgedrückt z. B. in § 55 des Bundesbeamtengesetzes). Dabei erstaunt es, daß auch jüngere Autoren zu derart traditionsverhafteten Ansichten tendieren, wie sich am Ausspruch „Weisungsgebundenheit ist unerläßliche Voraussetzung einer funktionierenden Verwaltung" (*Jung* [Zweispurigkeit 164]) zeigt.

4. Drittes Merkmal schließlich ist die auf Weisungsbefugnis und Gesamtverantwortung fußende totale und formale *Fremdkontrolle*. Im Sinne der bislang üblichen Verantwortungsinterpretation als Totalverantwortung wird aus ihr die Notwendigkeit abgeleitet, die Zielerreichungsaktivitäten der Mitarbeiter vollständig in jedem Einzelfall zu kontrollieren (vgl. z. B. *v. Arnim* [Beamte 47], kritisch dazu *Höhn* [Verwaltung 299 f.]). Diese Totalkontrollen, durchgeführt beispielsweise in Gestalt des Abzeichnens interner Mitteilungen, vollständiger Posteingangs- und -ausgangsdurchsicht oder persönlicher Einsichtnahme in den Arbeitsablauf, binden erfahrungsgemäß einen Großteil der Vorgesetztenarbeitszeit, beschränken sich notgedrungen meist auf formale Rechtmäßigkeitsprüfungen und ermuntern Untergebene nicht gerade zur Selbständigkeit. Auch die Entschlußzentralisation durch Vorbehalt der Unterschrift unter die getroffene Entscheidung (Schlußzeichnung) stellt vornehmlich ein Kontrollmittel dar. Mit dem Kontrollrecht hängt schließlich ein erhebliches *Informationsbedürfnis* der Vorgesetzten zusammen, weshalb im bürokratischen Dienstweg-System alle Informationen, auch verwaltungsinterne Mitteilungen, über die jeweiligen Vorgesetzten zu leiten sind.

Verwaltungsrechtlich basiert das Verwaltungshandeln somit auf dem Konzept weitgehender Entschlußzentralisation, das sich auf eine umfassende Vorgesetztenverantwortlichkeit im Verein mit der daraus resultierenden Totalweisungs- und Totalkontrollbefugnis stützt. Formalgesetzliche Fiktion und faktischer Verwaltungsvollzug klaffen allerdings stark auseinander. Das zur Sicherstellung gesetzestreuen, pflichtbewußten Verwaltungshandelns gedachte Konstrukt der Gesamtverantwortung führt über die beschriebenen Kumulationseffekte oft eher zum Gegenteil. Zudem trifft die hinter dem Weisungsrecht stehende Fiktion, daß der Vorgesetzte die Aktivitäten seiner Mitarbeiter inhaltlich vollständig beurteilen kann, bei der Zunahme differenzierten Spezialwissens immer weniger zu.

Die Totalkontrollen schließlich sind meist durch ein Mißverhältnis zwischen Kontrollaufwand und -ertrag gekennzeichnet. Überwiegend kann mangels Sachkenntnis und Zeit nur die formale Übereinstimmung von Vorentscheidungen mit zu beachtenden Rechtsnormen verglichen werden. Dementsprechend ist der Finalentschluß bei Entschlußausübung durch den Vorgesetzten selten ein echter Alternativenauswahlakt, dem eine sorgfältige Problemanalyse vorausgeht, sondern meist eine mehr oder weniger aufgezwungene Übernahme eines bereits vorentschiedenen Alternativenfeldes.

5. Betrachtet man den mit Entschlußfunktionen ausgestatteten Vorgesetzten genauer, so lassen sich in der Behördenrealität drei unterschiedliche Verhaltenstypen unterscheiden, von denen der dritte die gegenwärtig größte Relevanz aufzuweisen scheint (vgl. hierzu auch die aufschlußreichen Erhebungen von *Hartfiel/Sedatis/Claessens* [Beamte 125 ff.]).

(1) Der gewissenhafte, gesetzestreue Vorgesetzte, der sich an seine Entschluß-, Weisungs- und Kontrollrechte hält und der sich der umfassenden auf ihm lastenden Verantwortung bewußt ist. Er prüft Vorentscheidungen genau nach, gibt exakte Anweisungen in allen Einzelfällen und kontrolliert lückenlos die gesamten Aktivitäten seiner Untergebenen. Für Planungs- und eigentliche Führungstätigkeiten bleibt ihm meistens keine Zeit.

(2) Der risikoscheue und/oder überlastete Vorgesetzte, der Entscheidungsprobleme trotz formaler Entschlußkompetenz an den nächsthöheren Vorgesetzten abwälzt, weil er sich den möglicherweise unangenehmen Entscheidungskonsequenzen nicht gewachsen fühlt.

(3) Der vertrauende und/oder überlastete Vorgesetzte, der seine Entschlußkompetenzen untergeordneten Mitarbeitern informal überläßt, indem er deren Vorentscheidungen ohne eingehende Analyse übernimmt. Der Grad der Übernahme vorentschiedener Alternativenfelder wird bestimmt durch das Maß an Vertrauen (vgl. zur Bedeutung des Vertrauens zur sozialen Komplexitätsreduktion allgemein *Luhmann* [Vertrauen]), die zur Verfügung stehende Zeit und den Umfang erforderlichen Sachverstandes, der wiederum u. a. von der Arbeitserfahrung des Betreffenden abhängt.

Je mehr der Trend von der allgemeinen Hoheitsverwaltung zur spezialisierten Leistungsverwaltung verläuft, desto schwieriger wird es vor allem für höhere Führungskräfte, den erforderlichen detaillierten Überblick über die Aktivitätsinhalte ihrer Mitarbeiter zu behalten, und desto mehr rückt der Vorgesetzten-Typ (3) in den Mittelpunkt, der sich auf die Vorentscheidungen seiner Mitarbeiter verlassen muß. Je häufiger aber Entschlußkompetenzen informell an untergeordnete Mitarbeiter, beispielsweise auf der Sachbearbeiterebene, verlagert werden, desto größer wird der faktische Einfluß dieser Mitarbeiter auf die Ergebnisse von Entscheidungsprozessen (vgl. *Hartfiel/Sedatis/Claessens* [Beamte 196 ff.]).

b) Notwendigkeit der Entschlußdezentralisation aus entscheidungsprozessualer und motivationaler Sicht

(1) Stellung des Vorgesetzten im Entscheidungsprozeß

Für ein Überdenken der entscheidungsprozessualen Vorgesetztenposition sprechen vor allem drei Überlegungen:

(1) *Ungenügende Lenkungsfunktion der Entschlußausübung:* Entscheidungsprozesse laufen in der Regel in mehreren Stufen und in Arbeitsteilung ab. Daraus resultieren vier Einschränkungen hinsichtlich der Entschlußausübung. Erstens hat der Entscheidungsprozeß eine „Siebfunktion": das bei der anfänglichen Ideensammlung weite Alternativenfeld wird durch schrittweise Aussonderungsentscheidungen eingeengt und determiniert; das zum Finalentschluß gelangte Entscheidungsfeld gibt nur unvollkommen das ursprüngliche Alternativenspektrum wieder und informiert kaum über den Aussonderungsprozeß (vgl. auch *Griem* [Unternehmungsentscheidung 182 f.]). Demzufolge kann ein Vorgesetzter ausschließlich durch Entschlußausübung nicht die Zielwirksamkeit getroffener Vorentscheidungen kontrollieren. Zweitens können Einflußaktivitäten der prozessual vorgelagerten Mitarbeiter, wie z. B. Informationsfilterung oder Verzögerung der Entschlußvorlage (vgl. dazu auch *Schmidt* [Wirtschaftslehre II, 136 ff.]), in der Entschlußstufe nur schwer und unvollkommen erkannt und verhindert werden, denn das würde eine Überwachung aller Einzelaktivitäten bedingen. Drittens fehlt dem Vorgesetzten, wie bereits erwähnt, vielfach die zur inhaltlichen Beurteilung des Falles erforderliche spezielle Sachkenntnis. Viertens schließlich steht die Mehrzahl von Vorgesetzten infolge relativ weiter Kontrollspannen bei der Entschlußfassung unter starkem Zeitdruck, der eine inhaltliche Auseinandersetzung meist zusätzlich verhindert. Als Folge dieser Einschränkungen ist zu konstatieren, daß der Vorgesetzte einen Entscheidungsprozeß von der Entschlußstufe aus nur ungenügend lenken kann.

(2) *Problemdominanz in der Startphase:* Empirische Untersuchungen haben gezeigt, daß die Probleme und Schwierigkeiten von Entscheidungsprozessen vornehmlich bei deren Ingangsetzung auftreten (vgl. im einzelnen *Witte* [Verwaltung 192]). Speziell bei novativen Entscheidungsproblemen liegt das Schwergewicht in der Start- und nicht in der Entschlußstufe. Daher sind in dieser Stufe Auslösungsaktivitäten von Führungskräften in besonderem Maße vonnöten, um die durch Gewohnheit und Routinehandeln geschaffenen Beharrungsmomente zu überwinden. Vergleicht man angesichts der knappen Gesamtzeit von Vorgesetzten Entschluß- und Initiierungsfunktion, so ist aus den

genannten Gründen der Initiierungsfunktion der Vorzug zu geben (vgl. *Witte* [Verwaltung 191 f.]).

(3) *Innovations- und Führungsfunktion des Vorgesetzten:* Ordnet man mögliche Tätigkeitsfelder von Führungskräften — Gruppierungsvorschlag: Innovation, Planung, Mitarbeiterführung, Entschlußausübung mit zugehörigen Teilfunktionen — und unterzieht man diese einer Gewichtung, so ergibt sich eine bestimmte Prioritätsfolge, die etwa Mitarbeiterführung, Innovation, Planung, Entschlußfassung lauten kann. Wenn auch die Rangfolge der ersten drei Tätigkeitsbereiche in Abhängigkeit von konkreten Entscheidungssituationen sicherlich variieren wird, steht wohl einwandfrei fest, daß angesichts der erörterten Mängel und Aspekte der Entschlußfassung der letzte Platz zukommt. Dominanz besitzen vielmehr die Innovations- und Führungsaktivitäten von Vorgesetzten, denn deren eigentliche Funktion besteht darin, Probleme zu erkennen, Lösungsideen zu finden, Entscheidungsprozesse zu initiieren und die am Prozeß beteiligten Mitarbeiter zu führen.

Vorgesetztenarbeitszeit ist wie alle anderen Ressourcen des ÖVB ein knappes Gut, dessen Einsatz wie auch sonst Gegenstand ökonomischer Entscheidung sein muß. Vorgesetztenarbeitszeit ist für diejenigen Tätigkeiten zu verwenden, die den höchsten Beitrag zur Zielerreichung des ÖVB leisten. Bei einer Rangordnung verteilungsbedürftiger Aktivitäten nach ihrem Zielerreichungsbeitrag sind im Zuge des „Herunterbrechens" von Zielen alle Tätigkeiten, die unter Beachtung der Kapazitätsrestriktion aus dem gewichteten Tätigkeitskatalog „herausfallen", auf nachgeordnete Mitarbeiter zu übertragen. Dies gilt auch dann, wenn der Vorgesetzte abgegebene Tätigkeiten zwar zielgerechter ausführen könnte, dabei aber andere, wichtigere Funktionen vernachlässigen müßte.

Die hinter diesem Verteilungsprinzip stehende Denkrichtung ist der herkömmlichen Tätigkeitsfeldbestimmung von Vorgesetzten entgegengesetzt. Meist werden zunächst die angeblich nicht delegierbaren „Halbroutine"-Aktivitäten wie Eingangspostsichtung und Finalentschlußausübung voll ausgeführt und danach — sofern noch Zeit vorhanden ist — Innovations- und Führungsfunktionen übernommen. Auf diese Präferenz für Routine ist bereits in anderem Zusammenhang hingewiesen worden (s. S. 33).

Wichtige Voraussetzung für die Dezentralisation von Entschlußfunktionen ist eine hinreichende *Qualifikation* der Mitarbeiter. Besonders hoch ist die Qualifikationsanforderung in primär planenden ÖVB-Teilsystemen. Hier wird der Vorgesetzte einerseits verstärkt für innovative Aktivitäten freigestellt und gibt dementsprechend andere Funktionen ab, andererseits stellen die mit der Planung verbundenen novativen Entscheidungsprozesse erhöhte Anforderungen an die Untergebenen. Dieses Dilemma verleitet die Kommunale Gemeinschaftsstelle für Verwaltungsvereinfachung (KGSt) zu der Annahme, daß Delegation von Entscheidungen im Planungsbereich in der Regel nicht möglich sei (*KGSt* [Delegation 6]). Es ist allerdings zu beachten, daß dies im wesentlichen eine Frage des Ausbildungsstandes der Mitarbeiter sowie der Koordinationsmechanismen dezentraler Planteilentscheidungen ist.

Eine abschließende Durchsicht der diskutierten Argumente wirft die Frage auf, wie ein Vorgesetzter die Entscheidungsprozesse in seinem Zuständigkeitsbereich lenken und die Ergebnise auf ihre Zielwirksamkeit kontrollieren kann, wenn er auf die Ausübung der Finalentschlußfunktion verzichten soll. Eine abschließende Antwort darauf kann vermutlich erst am Schluß der vorliegenden Untersuchung gegeben werden, weil nur ein pluralistisches Lenkungsinstrumentarium Erfolg verspricht. Folgende Vorgesetztenfunktionen sollten jedenfalls — unabhängig vom motivationalen Aspekt — gesichert sein:

— Initiierung relevanter Entscheidungsprozesse,

— umfassende, präzise Zielsetzung auf der Basis von Zielvereinbarungen,

— Entschlußfassung nur in schwierigen Sonderfällen,

— zielgerechte Mitarbeiterauszahl und -anleitung, genaue Information über Ziele und Zielerreichungsbedingungen, Ermöglichung von Lernprozessen,

— organisatorische Gestaltung und Koordination der Entscheidungsprozesse,

— Ausübung einer — i. a. stichprobenmäßigen — Dienstaufsicht.

(2) Mitarbeitermotivation bei Entschlußdezentralisation

Neben den geschilderten Freisetzungseffekten ist bei Verstärkung der Entschlußdezentralisation eine Erhöhung der Leistungsmotivation derjenigen Mitarbeiter zu erwarten, die Adressaten der Dezentralisation sind. Unter Verweis auf die grundsätzlichen Zusammenhänge zwischen Leistungsanreiz und Leistung (s. S. 140 ff.) kann festgestellt werden, daß Menschen, die auf einem höheren Bedürfnisniveau in gewissem Maße stets nach Persönlichkeitsentfaltung und Selbstverwirklichung streben, eine befriedigende, sinnerfüllte Tätigkeit als bedeutenden Leistungsanreiz empfinden. Die Befriedigung kann z. B. darin liegen, einen vollständigen Prozeß der Erteilung von Baugenehmigungen einschließlich Informationssammlung, Finalentschluß und Kontrolle anstelle isolierter, repetitiver Einzelstufen durchzuführen.

Ein Mitarbeiter, der ein Leistungsziel durch Vollzug eines kompletten Zielerreichungsprozesses — vom Empfang der Anregung über Informationsbeschaffung, Alternativenvergleich, Entschluß, Durchsetzung resp. Ausführung bis zur Kontrolle — erfüllen kann, wird, sofern das Entscheidungsproblem seinen Fähigkeiten entspricht, eine größere Einsatzbereitschaft, Entschluß- und Verantwortungsfreude zeigen als ein Mitarbeiter, der zwar die „Kiepenarbeit" der Entscheidungsvorbereitung bewältigen darf, von der eigentlichen Entschlußfassung aber ausgeschlossen ist. Ein Sachbearbeiter, der, um beim Beispiel zu bleiben, den Entschluß zur Erteilung einer Baugenehmigung nicht nur sachlich vorbereitet, sondern ihn auch abschließend und eigenverantwortlich trifft sowie nach Realisierung auf die Zielwirksamkeit überprüft, wird also i. a. einen fundierten, engagierten und damit qualitativ besseren Entschluß fassen, als wenn ihm dieser Entschluß von seinem Vorgesetzten abgenommen wird.

Mögliche motivationale Effekte einer Verteilung von Entschlußzielen auf bislang unbeteiligte Mitarbeiter sind vor allem in folgendem zu sehen:

— verbesserte Entscheidungsqualität infolge gestiegenen Verantwortungsgefühls,
— selbständiges Finden neuartiger, den Einzelfällen angepaßter Problemlösungen durch gesteigerte Initiative und Kreativität,
— höhere Zielakzeptanz und Verbesserung des Betriebsklimas durch stärkeres, aus der Verantwortung gewachsenes Verständnis der Betriebssituation,
— verstärkte Integration in den ÖVB („Betriebsgemeinschaft") durch Zielakzeptanz und Verantwortungsübernahme,
— Verringerung von Krankenstand und Fluktuation durch gestiegenes Engagement und Verantwortungsbewußtsein,
— Ermöglichung von Lernerfolgserlebnissen, speziell im Falle von Selbstkontrolle,
— Entwicklung von Führungsqualifikationen durch ständiges Training im initiativen und verantwortlichen Handeln und leichtere Erkennbarkeit dieser Qualifikationen durch Vorgesetzte.

c) Mögliche Bedenken gegen Entschlußdezentralisation

(1) Staats- und verwaltungsrechtliche Bedenken

Ein erster bereits diskutierter Einwand geht dahin, daß Entscheidungskompetenzen im ÖVB nicht dezentralisiert werden könnten, weil die Totalverantwortung des Behördenleiters verfassungsmäßig fixiert sei. Hierzu sei nochmals auf die Unterscheidung von Handlungsverantwortung und Führungsverantwortung hingewiesen. Ein zweiter, vornehmlich im Bereich der Kommunalverwaltung diskutierter Einwand lautet, daß aufgrund der angeblichen *Allzuständigkeit* von Gemeindevertretung und Behördenleiter klare und endgültige Kompetenzabgrenzungen im ÖVB nicht möglich seien, weil Vertretung wie auch Leitung aus Gründen der politischen Verantwortung berechtigt sein müßten, Entschlußkompetenzen im Einzelfall an sich zu ziehen und somit in den Entscheidungsbereich untergeordneter Entscheidungsträger „hineinzuregieren" (vgl. *KGSt* [Delegation 14]).

Hierzu ist dreierlei zu bemerken: erstens ist die grundsätzliche Arbeitsteilung zwischen Legislative und Exekutive zu beachten, nach der die Gemeindevertretung nicht an Zielerreichungsprozessen mit Ausnahme ihrer Kontrolle beteiligt sein sollte. Zweitens ist es schon aus Kapazitätsgründen für den nur zeitweilig tagenden Gemeinderat unmöglich, sich auch nur um die Mehrzahl aller anfallenden Zielerreichungsprobleme zu kümmern, so daß es sich auch wirklich stets nur um Einzelfälle handeln kann (vgl. hierzu *Berger* [Management 851]). Drittens schließlich sehen die meisten Gemeindeordnungen und Einzelsatzungen vor, daß die Gemeindevertretung sich nicht in die „Geschäfte der laufenden Verwaltung" einmischen darf (vgl. *Höhn* [Organisationsprinzipien 32]). Behörden- wie Abteilungsleiter besitzen zudem Delegationsrechte, die sich aus der gemeindeverfassungsrechtlich fixierten Organisationsgewalt des Behördenleiters herleiten (vgl. *Berger* [Management 850]). Von einer Allzuständigkeit kann daher nicht gesprochen werden. Bestimmte Kompetenzabgrenzungen und Dezentralisationsmöglichkeiten sind vielmehr bereits gesetzlich geregelt. Das schließt allerdings nicht aus, daß weitergehende Verpflichtungen zur Entschlußdezentralisation in Verwaltungsvorschriften aufgenommen werden sollten.

Ein dritter mehr grundsätzlicher Einwand geht schließlich dahin, daß die *Einheit des Staatswillens* soweit wie möglich erhalten bleiben und nicht durch Dezentralisationsmaßnahmen zersplittert werden sollte. Hierzu ist zu konstatieren, daß diese Überlegung, wenn überhaupt, für den immer mehr schwindenden Bereich der Hoheitsverwaltung, nicht aber für den öffentlichen „Service"-Betrieb gilt und daß die Willenseinheit nach außen auch bei interner Dezentralisation durch die Installation von Koordinationsmechanismen gewährleistet werden kann.

(2) Bedenken hinsichtlich des Untergebenen-Verhaltens

Gegen eine Beteiligung von Sachbearbeitern und unteren Führungskräften an der Entschlußausübung wird zunächst häufig eingewandt, daß vielfach die *Tragweite* öffentlicher Entscheidungen so hoch sei, daß untergeordnete Mitarbeiter die mit dem Risiko einer Fehlentscheidung verbundene Verantwortung nicht tragen könnten. Abgesehen davon, daß Entschlußdezentralisation selbstverständlich abgestuft entsprechend der Wertigkeit des Entscheidungsobjektes sowie der Höhe der Mitarbeiterqualifikation vorgenommen werden muß, ist hinsichtlich dieses Argumentes darauf hinzuweisen, daß einerseits die Rechenschaft der bisher Verantwortlichen ebenfalls nicht alle Risiken abdeckt und daß andererseits die sachliche Entscheidungsvorbereitung auch bisher schon bei den Sachbearbeitern liegt und damit Fehlentscheidungen auch gegenwärtig vorwiegend von ihnen verursacht werden.

Ein ähnliches Argument gegen Entschlußdezentralisation lautet, daß Sachbearbeitern der für die abschließende Entscheidung erforderliche *Überblick* fehle. Soweit dies wirklich zutrifft, ist der Finalentschluß durch den Vorgesetzten nicht die beste Alternative. Abstimmung der Teilentscheidungen durch ein Koordinationsgremium oder direkte Kollegialentscheidung der beteiligten Sachbearbeiter können sich als vorteilhafter erweisen. In vielen Fällen ist ein Überblick aber auch nicht notwendig, denn vielfach laufen die Teilleistungen der Mitarbeiter nicht beim Vorgesetzten zusammen, der diese aufgrund seines Überblicks verknüpft, sondern passieren die Verwaltung als separate, spezifische Outputs oder sind primär durch Interressort-Interdependenzen verbunden (vgl. *Hartfiel/Sedatis/Claessens* [Beamte 127]).

Ein weiterer Einwand wird in den Konsequenzen mangelnder Kontrolle gesehen. Auf totale Fremdkontrolle könne nicht verzichtet werden, weil sonst eigenmächtige *Einflußaktivitäten* der Mitarbeiter nicht mehr überwacht und unter Kontrolle gehalten werden könnten. Dazu ist zu bemerken, daß die Gefahr der Infiltration von Individualinteressen zweifellos besteht und über Einflußaktivitäten zu zieldivergenten, willkürlichen Ergebnissen führen kann. Diese Gefahr ist aber faktisch auch in der derzeitigen Situation gegeben und kann wesentlich wirksamer als durch nachträgliche Formalkontrolle durch vorausgehende Information und Motivation gebannt werden.

Vielfach wird auch argumentiert, daß untergeordnete Mitarbeiter gar nicht willens resp. nicht in der Lage wären, Entschlußkompetenzen mit der verbundenen Verantwortung zu übernehmen. *Unfähigkeit* oder Abneigung wird man allerdings nur in seltenen Fällen ausschließlich auf den Mitarbeiter zurückführen können, und wenn, dann ist sie oft durch jahrelange Fernhaltung von verantwortlichem Handeln verursacht (vgl. auch *Höhn/Böhme* [Verwirklichung 44 ff.]). Häufiger sind Fehler bei der Einführung oder Verstöße der Vorgesetzten gegen die Regeln des Dezentralisationskonzepts die Ursachen.

Das schwerwiegendste und bislang weitgehend ungelöste Problem unter personellem Aspekt ist das der *Konsequenzen* von Verantwortungsübernahme. Wie und inwieweit haftet ein Verwaltungsmitarbeiter für in Eigenverantwortung getroffene Fehlentscheidungen? Diese Frage ist weder im privatwirtschaftlichen noch im öffentlichen Bereich eindeutig geklärt. Zunächst stellt sich ein nicht unwesentliches Zurechnungsproblem, das nur durch Analyse der Ursachen von Fehlentscheidungen, die etwa in Informationsmängeln, Parameteränderungen, Ausführungsfehlern oder eben persönlichen Fehlurteilen liegen können, gelöst werden kann. Selbst bei Kenntnis des Verantwortlichen fragt es sich, wozu die Rechenschaftslegung dienen soll. Sollen gleiche Fehler in Zukunft vermieden werden oder sollen die Verantwortlichen zusätzlich zur Rechenschaft gezogen werden? Im ersten Falle kommen vor allem kritische Fehleranalysen in Form von Mitarbeitergesprächen, ggf. auch organisatorische Konsequenzen (Versetzungen u. ä.) in Frage. Im zweiten Falle kommen Sanktionsmechanismen zum tragen, deren negative Motivationseffekte allerdings zu beachten sind (vgl. z. B. *McGregor* [Mensch 54 ff.]). Die Sanktionsmöglichkeiten hängen nach derzeitigem Dienstrecht vom Dienstverhältnis des Betroffenen ab. Beamte tragen ein größeres Risiko als Angestellte, weil sie für ihre Handlungen persönlich verantwortlich sind, soweit diese nicht durch Vorgesetztenweisungen veranlaßt oder durch zwei Vorgesetzte bestätigt worden sind (vgl. *Hartfiel/Sedatis/Claessens* [Beamte 152 ff.]). Zusätzlich unterliegen sie disziplinarrechtlichen Sanktionen wie Verwarnung, Versetzung, Gehaltsherabstufung oder Entlassung. Darüber hinaus haften öffentliche Bedienstete in bestimmten Fällen vermögens- und strafrechtlich.

Diese restriktiven Vorschriften stimulieren nicht gerade Verantwortungsfreude und Einsatzbereitschaft von Verwaltungsmitarbeitern. Negative Sanktionen sollte man daher auf Notfallmaßnahmen reduzieren, wenn andere Lernmechanismen versagen und die Betriebsordnung gefährdet erscheint (vgl. dazu im einzelnen S. 149 ff.).

(3) Organisatorische Bedenken

Mitunter wird argumentiert, daß Verfahren der Entschlußdezentralisation in der Praxis die Neigung hätten, sich zu erstarrten statischen, bürokratischen Systemen zu entwickeln (vgl. z. B. *Reber* [Führungsstil 635], *McGregor* [Mensch 165 ff.], *Guserl/Hofmann* [Harzburger Modell 60 ff.]). Der Grund dafür liegt aber meist weniger in der Dezentralisationsidee selbst, sondern im ergänzenden Instrumentarium von Führungsanweisung, Stellenbeschreibung und Dienstkontrolle.

Ferner wird kritisiert, daß Entschlußdezentralisation zur Zementierung des herkömmlichen hierarchischen Organisationsprinzips beitrage, weil Kompetenzen unter Beibehaltung des Liniensystems nur umverteilt würden (vgl. hierzu z. B. *Henning* [Harzburger Modell 851]). Zu dieser Meinung ist jedoch festzustellen, daß erstens eine Verselbständigung der Mitarbeiter durch Partizipation an der Entschlußfassung bereits einen Beitrag zur „Enthierarchisierung“ darstellt und daß zweitens das Dezentralisationskonzept formal auch auf kollegiale Entschlußgremien (Kollegien, Teams, Projektgruppen) übertragbar ist, wenn auch zusätzliche Abstimmungsprobleme — beispielsweise im Hinblick auf die Verantwortungsübernahme in Gruppen — zu lösen sind.

3. Verfahren, Regeln und Instrumente der Entschlußdezentralisation

Spezielle Dezentralisationstechniken können hier nicht erörtert werden, denn die konkrete Vorgehensweise hängt stets von den angestrebten Managementzielen sowie von den übrigen Konzeptionsbausteinen ab. Vielmehr werden im folgenden einige Aspekte beleuchtet, die bei der Implementation eines Entschlußdezentralisations-Systems beachtet werden sollten.

a) Verfahren

(1) *Planung:* Die Planung von Dezentralisationsmaßnahmen ist der schwierigste, umfangreichste und langwierigste Verfahrensabschnitt. Ausgelöst durch Anregungsinformationen, beispielsweise über die ständige Überlastung von Führungskräften, sollten zunächst auf Initiative der Betriebsleitung, ggf. unter Einschaltung einer speziellen Projektgruppe „Dezentralisation“, Informationsgespräche auf allen betrieblichen Ebenen durchgeführt werden, um die Grundideen bekanntzumachen und um die Ziele zu bestimmen, die mit Hilfe des Dezentralisationskonzepts erreicht werden sollen.

Als nächster Schritt folgt ein mehrstufiger Stellenzielvereinbarungsprozeß, dem wiederum eine ausführliche theoretische Vorbereitung aller Beteiligten vorausgehen sollte (vgl. hierzu auch *Höhn/Böhme* [Verwirklichung 89 ff.]). Dieses allmähliche Vertrautmachen der Mitarbeiter mit Führungszielen, -methoden, -regeln und -instrumenten ist für die innerliche Umorientierung und Engagierung der Mitarbeiter äußerst wichtig, damit die Einführung des Konzeptes nicht auf Unverständnis und Widerstand stößt.

Die Stellenzielvereinbarung sollte — wie bereits auf S. 66 ff. dargelegt — unter möglichst weitgehender Beteiligung der Mitarbeiter im

Sinne des geschilderten Gegenstromprozesses durchgeführt werden. Das Ergebnis des Vereinbarungsprozesses sollte eine Stellenfixierung (Stellenbeschreibung) sein, die die Zielstruktur sowie die daraus abgeleiteten Zielerreichungsaktivitäten mit zugehöriger Kompetenz und Verantwortung ausdrückt.

(2) *Einführung:* Die Einführung des Dezentralisationskonzeptes ist im ÖVB vor allem mit personellen Schwierigkeiten auf Vorgesetzten- wie auf Untergebenenseite verbunden. Vorgesetzte sind einerseits an die auf ihnen lastende Verantwortung, andererseits aber auch an die relativ unbeschränkten Weisungs- und Kontrollrechte gewöhnt. Untergebene haben sich an die Weisungsgebundenheit und an das Abwälzen von Verantwortung angepaßt. Der für beide Seiten schwierige Prozeß des Umdenkens und Lernens muß daher durch intensive und behutsame Schulungsmaßnahmen gesteuert werden, um das Selbstverständnis der Mitarbeiter zu ändern (vgl. hierzu auch *KGSt* [Delegation 7]).

Im Rahmen der Einführung ist auch die Vorgehensweise bei der Systemumstellung festzulegen. Das Dezentralisationskonzept kann simultan, stufenweise, bereichsweise bzw. in Kombination dieser Möglichkeiten eingeführt werden, wobei jeweils bestimmte Vor- und Nachteile zu beachten sind (vgl. im einzelnen *Höhn/Böhme* [Verwirklichung 106 ff.]). Insgesamt relativ vorteilhaft scheint die bereichsweise Einführung zu sein, indem das Dezentralisationskonzept zunächst — sozusagen als pilot-Studie — in einer aufgeschlossenen, in sich abgegrenzten Abteilung — wie etwa der Planungs-, Organisations- oder Rechtsabteilung eines Rathauses — eingerichtet wird und nach ausgiebiger Erprobung unter Berücksichtigung betriebsspezifischer Änderungen auf den gesamten ÖVB ausgedehnt wird.

(3) *Durchführung:* Bei der Inkraftsetzung und Durchführung des Dezentralisationskonzepts sind als wichtige, in der Praxis häufig vernachlässigte Funktionen *Anpassung und Kontrolle* zu beachten. Da sich Stellenziele infolge von Umweltvariationen schnell ändern können, wird ein rasch und unbürokratisch arbeitender Stellenziel-Änderungsdienst benötigt. Zusätzlich sind periodische Stellenzielanpassungen erforderlich, weil durch die Lernerfolge der Mitarbeiter weitere Teilziele — z. B. Entschlußaktivitäten — delegationsreif werden. Ferner sind die Handlungsweisen von Vorgesetzten und Untergebenen auf ihre Übereinstimmung mit den angestrebten Dezentralisationszielen zu überprüfen, um so zieldivergente Handlungsweisen identifizieren und ändern zu können.

b) Regeln

Bei der Planung und Durchführung eines Dezentralisationskonzeptes sind einige Regeln zu beachten, die vor allem das Vorgesetzten-Untergebenen-Verhältnis betreffen. Diese Regeln sind im Kontext mit anderen Empfehlungen der Managementkonzeption zu sehen, insbesondere im Hinblick auf Zielbildung, kooperativen Führungsstil oder Personalentwicklung. Die Ausgestaltung der Dezentralisationsregeln ist insofern ein schwieriges Unterfangen, als einerseits eine zu enge und verbindliche Formulierung das Gesamtkonzept in die Richtung bürokratischer Erstarrung drängt, andererseits bestimmte Mindestregelungen erforderlich sind, um das Konzept gleichlautend und zieladäquat durchführen zu können.

(1) *Kongruenzprinzip:* Wichtigste Regel ist, wie bereits erwähnt, die Wahrung der Kongruenz von Ziel resp. Zielerreichungsaktivität, Verantwortung und Kompetenz. Mit diesem Prinzip hängt die Regel zusammen, daß für jede Tätigkeit nur eine Stelle Kompetenz und Verantwortung besitzen darf, Doppelkompetenzen und kumulierte Verantwortungen also zu vermeiden sind.

(2) *Vermeidung von Rezentralisation:* Um die Stabilität des Konzeptes zu wahren, sollte die Rücknahme von Zielen, Kompetenzen und Verantwortungen durch Vorgesetzte einerseits sowie die Rückgabe derselben durch Untergebene andererseits mittels Schulungs- und Überwachungsmaßnahmen vermieden werden, soweit nicht eine Rezentralisation aufgrund von Zieländerungen oder aus mangelnder Qualifikation der Untergebenen erforderlich wird.

(3) *Ausnahmeprinzip:* Die Übertragung von Entschlußkompetenzen richtet sich auf bestimmte, bei der Stellenzielvereinbarung genau umrissene Entscheidungsprobleme (Kompetenzbereich). Fallen nach Art, Umfang oder Schwierigkeit außergewöhnliche Probleme an, die über den Kompetenzbereich des Mitarbeiters hinausgehen, so sollte das betreffende Problem in Kooperation mit dem Vorgesetzten gelöst und entschieden werden (Management by Exception; vgl. dazu genauer *Wild* [Management-Konzeption 78]). Bei der Abgrenzung von Normal- und Ausnahmeproblemen, die im einfachsten Fall durch Angabe quantitativer Entscheidungslimits geschehen kann, meist aber erhebliche Prognoseprobleme mit sich bringt, besteht wiederum die Gefahr bürokratischer Erstarrung. Eine zu enge, perfektionierte Reglementierung verbietet sich daher bei der Ausnahmenfestlegung.

(4) *Stichprobenkontrolle:* Die Zielgerichtetheit des Verwaltungshandelns wird primär durch Selbstkontrollen gewährleistet. Um aber die Einheitlichkeit des Handelns zu sichern und mögliche negative Einflußaktivitäten der Mitarbeiter einzudämmen, sind daneben auch Fremdkontrollen erforderlich, und zwar z. B. durch Stichproben in der Ein- und Ausgangspost oder Direkteingriff in den Arbeitsablauf (vgl. auch *KGSt* [Delegation 9 f.]). Von Kontrollen sollten vor allem Lern-

impulse für die kontrollierten Mitarbeiter, weniger dagegen Sanktionen ausgehen.

(5) *Zeichnungsrecht:* Eine eigentlich selbstverständliche, in der Praxis aber dennoch umstrittene Konsequenz aus der Dezentralisation von Entschlußkompetenzen ist die Unterschriftsbefugnis der Entschlußträger. Derjenige Mitarbeiter, der Entscheidungsprobleme einem abschließenden Entschluß zuführt, sollte auch zur Schlußzeichnung befugt sein. Dieser Vorstellung folgt neuerdings auch die „Hamburger Regelung der Unterschriftsbefugnis" (vgl. [Entwurf]).

Verschiedentlich angeführte Gründe eines Zeichnungsvorbehaltes für Vorgesetzte wie Kenntlichmachung von Zuständigkeit und Verantwortung sowie Kontrolle, Information oder Koordination (vgl. dazu *Höhn* [Verwaltung 382]) sind unzutreffend. Verantwortung und Zuständigkeit liegen im Falle von Dezentralisation beim untergebenen Entschlußträger. Zum Zwecke der Information ist zwar ggf. die Kenntnisnahme des Schreibens, nicht aber die Unterschrift erforderlich, abgesehen davon, daß Totalinformation überflüssig ist. Auch Totalkontrollen sind, wie behandelt, weder möglich noch sinnvoll. Koordination bei Unterschriftsleistung schließlich kommt bei weitem zu spät. Ein mechanisches „Unterschriftenmappenfüllen" kann darüber hinaus neben seiner ökonomischen Unzweckmäßigkeit auch zu psychischen Frustrationen bei Vorgesetzten führen, weil diese vielfach unter Unsicherheit und mit schlechtem Gewissen unterschreiben, weil sie vom Inhalt keine Kenntnis genommen haben.

c) *Instrumente*

Als Instrumente zur Lenkung dezentraler Entscheidungsprozesse kommen im wesentlichen die Führungsanweisung und Stellenbeschreibung in Betracht.

(1) *Führungsanweisung:* Obwohl begrifflich unglücklich („Anweisung" im Kontext mit „Führung" läßt autokratische Führungspraktiken assoziieren), wird der Terminus hier verwendet, weil er eingeführt ist. Da das Dezentralisationskonzept nur einen Baustein der Managementkonzeption darstellt, eine „Führungs"-Anweisung aber alle Führungsaspekte, insbesondere Fragen des Führungsstils, umfassen sollte, kann hier zu ihr nur partiell etwas ausgesagt werden (vgl. *Höhn* [Führungsanweisung]). Im Hinblick auf das Dezentralisationskonzept sollte die Führungsanweisung Richtlinien und Empfehlungen darüber enthalten, welchen Zielen die Entschlußdezentralisation dient und wie die einzelnen zu beachtenden Regeln zu interpretieren sind (Kompetenzrechte, Verantwortungspflichten, Informationserfordernisse, Verhalten gegenüber Rezentralisationstendenzen, bei Kontrollmaßnahmen, in Aus-

nahmesituationen, bei Meinungsverschiedenheiten mit Vorgesetzten oder Mitarbeitern usw.). Im Gegensatz zur Stellenbeschreibung, die die Handlungsverantwortung des Stelleninhabers beschreibt, gibt die Führungsanweisung Empfehlungen zur Ausübung von Führungsverantwortung.

Regelungen in Führungsanweisungen spielen allerdings bei der Verhaltenssteuerung von Mitarbeitern eine relativ geringe Rolle, wie erste empirische Erhebungen gezeigt haben (vgl. *Guserl/Hofmann* [Harzburger Modell 60]), weil sie infolge der Fülle von Regeln sowie der einseitigen Verstandesorientierung von den Mitarbeitern häufig nicht beachtet werden. Sie haben vor allem die Funktion, eine Art „rechtliche" Basis für das aktive Führungstraining zu bilden, im Sinne einer Satzung, der sich die Beteiligten verpflichtet fühlen. Aufgrund bestehender Bürokratisierungsgefahr sollten derartige Empfehlungen auch nicht von oben herab „erlassen" werden, wie das *Höhn* [Führungsanweisung 575] vorschlägt, sondern im Zuge einer Mitarbeitervereinbarung gemeinsam beschlossen werden.

(2) *Stellenbeschreibung:* Die Stellenbeschreibung ist eine auf Untergebenen-Vorgesetzten-Vereinbarungen beruhende Festlegung von Stellenzielen, ihnen dienender Zielerreichungsaktivitäten, daraus resultierender Kompetenzen und Verantwortungen sowie sonstiger Stellenmerkmale wie Rang, Unterstellungs-/Überstellungsverhältnis, Stellvertretungsregelung, Zeichnungsbefugnis u. a. m. (vgl. z. B. *Acker* [Stellenbeschreibung]). Von der Stellen- ist die Zielbeschreibung zu trennen, die in der Praxis des Management by Objectives die „key tasks" einer Stelle in Detailziele und Leistungsstandards umsetzt.

Hauptvorteile einer Stellenbeschreibung sind u. a.:

— Information der Mitarbeiter über Ziele, Tätigkeiten, Zuständigkeitsbereiche und Verantwortung.

— Grundlage der Zielerreichungskontrolle und Leistungsbeurteilung.

— Instrument der Organisationsanalyse und damit Basis für Reorganisationsmaßnahmen durch Aufdeckung der zugrundeliegenden Strukturen (Erkennbarkeit von Doppelarbeit u. ä.).

Diesen Vorteilen stehen allerdings nicht zu übersehende mögliche Nachteile gegenüber, die wie folgt zusammengefaßt werden können (vgl. hierzu vor allem *McGregor* [Mensch 94 ff.]):

— Stellenbeschreibungen können zur Überorganisation führen. Sie haben einen statischen, retardierenden Charakter, weil sie weder Zieländerungen noch Lernerfolge angemessen berücksichtigen. Sie hinken wie Gesetze hinter der Realität her. Änderungsdienste, die diesen Mangel ausgleichen wollen, müssen sehr aufwendig sein.

— Allein die Zeitdauer der erstmaligen Erstellung — *Raidt* [Stellenbeschreibung IV, 122 ff.] nennt drei bis vier Jahre als Richtzahl — weist auf die Veralterungsgefahr von Stellenbeschreibungen hin.

— Stellenbeschreibungen haben Formalcharakter, da die Ziele und ihre Variationen inhaltlich kaum abgebildet werden können.

— Stellenbeschreibungen stehen infolgedessen meist nur auf dem Papier. Die Mitarbeiter machen häufig nur wenig Gebrauch von ihnen, sonst würde ihr Arbeitsverhalten eher einem „Dienst nach Vorschrift“ gleichkommen.

— Bei einer engen, detaillierten Abfassung von Stellenbeschreibungen wird der Freiheitsspielraum der Mitarbeiter eingeengt. Verantwortungsfreude wird dann nicht gefördert, sondern eher gehemmt: der Mitarbeiter muß ständig entscheiden, ob ein bestimmtes Ziel in seinen Kompetenzbereich fällt oder nicht.

Aus allem wird ersichtlich, daß der Wert von Stellenbeschreibungen nicht überschätzt werden darf. Vor allem ihr Detaillierungsgrad und ihre Anpassung müssen sorgfältig geplant werden. Es scheint, daß sie vorzugsweise für relativ stabile Verwaltungszweige und für mittlere bis untere Rangebenen mit einigermaßen klar definierbaren Zielen in Frage kommen.

4. Zum Stellenwert des Dezentralisationskonzeptes

a) Möglichkeiten und Grenzen der Entschlußdezentralisation

Abschließend sollen noch einmal die wesentlichen Aspekte zusammengestellt werden, die zu einer Beurteilung des Konzepts beitragen können. Durch die verstärkte Dezentralisation von Entschlußzielen eröffnen sich im ÖVB die Möglichkeiten:

(a) Verwaltungsprozesse zu beschleunigen, zu vereinfachen und zu verbessern, weil eine Reihe überflüssiger Aktivitäten wegfallen können,

(b) den Umgang des Bürgers mit der Verwaltung zu vereinfachen, indem dieser klaren Zuständigkeiten gegenübertritt und mit verantwortlichen, kompetenten Sachbearbeitern verhandeln kann,

(c) wertvolle Leistungskapazitäten von Führungskräften von Routinetätigkeiten zu entlasten und den immer wichtiger werdenden Innovations- und Führungsaktivitäten zuzuführen,

(d) Leistungsmotivation, Verantwortungsbewußtsein und Initiative von Verwaltungsmitarbeitern durch Partizipation an der Entschlußfassung zu steigern.

Will man das Dezentralisationskonzept einer kritischen Würdigung unterziehen, so dürfen allerdings auch einige *Probleme* und Schwierigkeiten nicht übersehen werden, die zugleich die Grenzen dieses Bausteins abstecken:

(a) Individualzielgesteuerte Einflußaktivitäten von Mitarbeitern können im System dezentraler Entscheidungsprozesse trotz Koordinations- und Kontrollmechanismen nicht ganz ausgeschaltet werden. Wirksame Abhilfe können hier nur andere Managementbausteine, vor allem ein realitätsnahes Motivationskonzept, bringen.

(b) Einer bekannten organisatorischen Regel gemäß erfordert Dezentralisation Koordination. Werden Entschlußkompetenzen in arbeitsteiligen Entscheidungsprozessen nach unten verlagert, so bedingt dies zweifellos einen erhöhten Koordinationsaufwand, beispielsweise in Form von Mitarbeiterbesprechungen, Aktenaustausch usw.

(c) Ungeklärt ist des weiteren bislang das Haftungsproblem. Eine Neuregelung der dienstrechtlichen Haftung von Mitarbeitern scheint im Zuge einer Entschlußdezentralisation erforderlich zu sein.

(d) Eine nicht zu vernachlässigende Gefahr bei der Implementierung des Dezentralisationskonzeptes ist die Bürokratisierung, der ja durch eine effektivere Managementkonzeption gerade entgegengewirkt werden soll. Diese Gefahr besteht vor allem bei einer zu engen Reglementierung von Führungsverhalten und Stellenzielen bzw. -aktivitäten.

(e) Entschlußdezentralisation darf nicht als Ersatz für organisatorische Neugestaltungserfordernisse angesehen werden. Die hierarchische Struktur bleibt grundsätzlich erhalten, wenn es auch zu einer Entkrampfung und Versachlichung der Vorgesetzten-Untergebenen-Beziehungen kommt. Zusätzliche organisatorische Änderungsmaßnahmen, wie Einführung von Projektgruppen oder Installation einer Matrixorganisation, dürfen daher durch das Konzept nicht verschüttet werden.

Man muß sich darüber klar sein, daß die Leistungsfähigkeit dieses Bausteines begrenzt ist und im Verbund mit den übrigen Elementen einer Managementkonzeption gesehen werden muß. Managementkonzepte wie z. B. das „Harzburger Modell", die diese Begrenztheit nicht berücksichtigen, sondern das Dezentralisationskonzept als Alleinmittel zur Behebung gegenwärtiger Verwaltungsschwächen ansehen, erfassen nicht die gesamte Realität.

b) Kritische Anmerkungen zum Harzburger Modell

Das „Harzburger Modell der Führung im Mitarbeiterverhältnis" wird von seinem Begründer Höhn als allgemeingültige Managementkonzeption für Wirtschaft und Verwaltung empfohlen. Es hat während der letzten Jahre eine erstaunliche Verbreitung im Unternehmungsbereich gefunden und wird seit kurzem auch in der öffentlichen Verwaltung eingeführt (vgl. dazu die beiden Schriften *Höhn* [Verwaltung] und *Höhn/Böhme* [Verwirklichung]). Höhn hat damit als erster in Deutschland auf breiterer Basis ein Managementkonzept nicht nur literarisch zur Diskussion gestellt, sondern in weiten Teilen der Praxis realisiert.

Bei einer genaueren Konzeptanalyse fällt auf, daß trotz der behaupteten Allgemeingültigkeit das Dezentralisations-Element ganz eindeutig und dominant im Mittelpunkt steht, weshalb das Modell auch an dieser Stelle behandelt wird. Neuerdings wird versucht, das „Harzburger Modell" durch die hinweisartige Aufnahme weiterer Managementkonzeptions-Elemente wie Zielsetzung und Planung abzurunden (vgl. kritisch dazu *Wild* [Management-Konzeption 76 ff.]). Beispielsweise wird jetzt immerhin auf die Partizipation von Stelleninhabern bei der Stellenzielbildung (Äußerung von „Wunsch-Solls" seitens der Untergebenen) eingegangen, wenn auch der Übergang zur integrierten, bereichsweise vermaschten Zielbildung noch aussteht (vgl. *Höhn/Böhme* [Verwirklichung 164 ff.]).

Versucht man, die Bedenken gegenüber dem „Harzburger Modell" zusammenzufassen, müssen vier wesentliche Aspekte unterschieden werden:

(1) Die „Führung im Mitarbeiterverhältnis" wird nicht mit der gebotenen wissenschaftlichen Neutralität und kritischen Distanz vertreten, was sich sowohl an der Art der Darstellung (z. B. Verschweigen möglicher Konzeptionsnachteile) als auch an der einseitigen Auswertung der Literatur zeigt.

(2) Das „Harzburger Modell" ist kein vollständiges und allgemeingültiges Managementmodell, vielmehr kann ihm durch die Ausrichtung auf das Dezentralisationskonzept eine gewisse *Einseitigkeit* und Unvollständigkeit nicht abgesprochen werden. Das „Modell" ist weder mit einem integrierten Planungssystem verknüpft, noch berücksichtigt es bislang hinreichend die Partizipation der Mitarbeiter an der Zielbildung. Das „Modell" integriert auch nicht Mitarbeiterlern- und -entwicklungsprozesse in das Dezentralisationskonzept (vgl. hierzu auch *Wild* [Management-Konzeption 77]). Die Vorstellung vom Führungsstil ist einseitig, der Unterschied zu autoritärer Führung nicht immer klar erkennbar (Beispiel: Der Vorgesetzte gibt Ziele vor und kontrolliert die Zielerreichung, der Untergebene schuldet dem „überstellten" Vorgesetzten Gehorsam; vgl. z. B. *Höhn* [Verwaltung 123 ff.]). Bedeutende sozialpsychologische Forschungsergebnisse bleiben gänzlich unberücksichtigt (äußerliches Merkmal: der Begriff „Motivation" taucht

im Stichwortverzeichnis von *Höhns* [Verwaltung] nicht auf). Die empirischen Untersuchungen von *Zepf* [Verhalten 31, 50] zeigen ebenfalls, daß das „Harzburger Modell“ zu keiner Änderung der Einstellung zum Vorgesetzten-Untergebenen-Verhalten führt.

(3) Auf das „Harzburger Modell“ treffen wesentliche Merkmale *bürokratischer Organisationen* zu (vgl. S. 39 ff. sowie *Reber* [Führungsstil 635]). Insbesondere die starke Regelorientierung in Stellenbeschreibung, Führungsanweisung, Informationsplan usw. kann, wie dargelegt, zu bürokratischer Erstarrung führen. Wer zielorientiert führen will und dabei Vordrucke und Verfahrensvorschriften einsetzt, „ist auf dem sichersten Wege, ein Management durch Integration und Selbstkontrolle zu verhindern“ (*McGregor* [Mensch 90]). Durch die geforderte Kompetenzabgrenzung (die zugegebenermaßen auch ihre Vorteile hat) wird das Ressort- und Zuständigkeitsdenken — eine in der Verwaltung ohnehin verbreitete Erscheinung — nur noch verschärft, wie die Untersuchungen von *Guserl/Hofmann* [Harzburger Modell 64] bestätigt haben.

(4) Führung im Mitarbeiterverhältnis wird daher oft *nur partielle Wirksamkeit* haben. Das ist neben den bereits erwähnten Tatbeständen der Nichtberücksichtigung relevanter Managementelemente sowie bürokratischer Erstarrungstendenzen vor allem auf folgende Faktoren zurückzuführen:

— Suboptimierungs- und Koordinationsprobleme infolge des konstatierten Zuständigkeits- und Ressortdenkens.

— Zumindest implizite Akzentuierung von Individual-Entscheidungen durch Aufstellung exakter Regeln über das individuelle Entscheidungsverhalten; Vernachlässigung der real ständig an Bedeutung gewinnenden Kollegial-Entscheidungen (vgl. auch die diese Vermutung bestätigenden empirischen Erhebungen von *Zepf* [Verhalten 50]).

— Zumindest implizite Beharrung auf traditionellen Organisationsstrukturen (Stab-Linien-System) durch detaillierte Einbettung der Delegationsmechanismen in die herkömmliche Hierarchie; Unterschätzung der Relevanz von Gruppenarbeit im ÖVB.

— Geringe aktive Verhaltenssteuerung der Mitarbeiter in ihren Zielsetzungs- und Zielerreichungsaktivitäten, da die entsprechenden soziopsychologischen Anreizinstrumente im Modell fehlen.

Sucht man nach einem Grund für den Erfolg des „Harzburger Modells“ in der Privatwirtschaft, so ist wohl die Vermutung nicht ganz von der Hand zu weisen, daß die Attraktivität, abgesehen von dem gut ausgebauten Schulungsapparat in Bad Harzburg, darin besteht, daß die Führung im Mitarbeiterverhältnis zu keiner echten Demokratisierung der Entscheidungen führt, sondern bestehende Machtstrukturen stabilisiert. Das „Harzburger Modell“ zeigt einen Weg zur möglichen Effizienzerhöhung des Systems unter gleichzeitiger Sicherung des Top Management-Einflusses durch Zielsetzungsvorbehalte, Erlaß von Führungsvorschriften, Reservierung der Führungsverantwortung mit zugehöriger Führungsmacht und Kontrolle der Mitarbeiter.

Mit Blick auf die Managementkonzeption des ÖVB bleibt abschließend festzuhalten, daß angesichts der quasi archaischen Verhältnisse im Verwaltungsmanagement die Einführung der „Führung im Mitarbeiterverhältnis“ durchaus von Vorteil sein kann, weil sie mit Hilfe des Dezentralisationskonzeptes zur Verbesserung von Entscheidungsprozessen beiträgt und weil es bislang kaum andere, aus dem Stadium theoretischer Erörterung herausgewachsene, praktikable Vorschläge zur Managementreform gibt. Hauptaspekt sollte sein, daß das „Harzburger Modell“ nicht End-, sondern Anfangsstufe einer Neufassung der Managementkonzeption des ÖVB bildet.

III. Leistungsmotivation

1. Notwendigkeit und Aussage des Elementes

1. Das Motivationskonzept ist ein besonders vielschichtiger Baustein der Management-Konzeption und überlappt partiell alle anderen Konzeptionselemente. Dies liegt daran, daß Motivation neben Qualifikation die Hauptdeterminante der Leistungsfähigkeit des Personensystems ist und darüber hinaus einen der wichtigsten Einflußfaktoren auf die betriebliche Zielerreichung darstellt.

2. Motivation als Vorgang menschlicher Verhaltenssteuerung tritt in allen Lebensbereichen auf. Für die Wirtschaftswissenschaft ist neben der im folgenden zu diskutierenden Fragestellung der menschlichen Leistungsmotivation im Betrieb die Kaufmotivation von Verbrauchern Gegenstand des Interesses (vgl. hierzu z. B. den Beitrag von *Kroeber-Riel* [Konsumentenverhalten]). Grundsätzlich ist festzustellen, daß Mitarbeiter dadurch zur Leistung motiviert werden, daß ihnen Anreize geboten werden, die zur Befriedigung ihrer Bedürfnisse führen. Infolge der pluralistischen Motivstruktur des Menschen muß, wie sich zeigen wird, auch das Anreizbündel komplex sein, um den Mitarbeiter entsprechend seinen Bedürfnissen zur Leistung zu stimulieren. Generell gilt, daß der Mitarbeiter im Betrieb tätig ist, um einerseits seine individuellen Motive zu erfüllen, andererseits die Ziele des ÖVB zu erreichen. Dabei ist davon auszugehen, daß die Betriebsziele die Mitarbeiter in den seltensten Fällen direkt stimulieren, ausgenommen

vielleicht in freiwilligen, ehrenamtlichen Organisationen (vgl. *Luhmann* [Funktionen 100]), sondern daß mit den Betriebszielen derivative Anreize gekoppelt werden müssen, damit die Mitarbeiter im Zuge ihrer Motivbefriedigung gleichzeitig auch die ÖVB-Ziele erfüllen.

3. Daraus resultiert als erste Anforderung an ein Motivationskonzept, daß einerseits die Motivationsstruktur der Mitarbeiter, andererseits die Motivbefriedigungseffekte alternativer Leistungsanreize festzustellen sind. Bei der Auswahl von Anreizalternativen muß deren unterschiedliche Wirkung auf die Ziele des ÖVB beachtet werden: Gegenwärtig angebotene Anreize im Rahmen etwa des Tätigkeits- und Aufstiegssystems sind primär zur Erreichung traditioneller Hoheits- und Eingriffsziele geeignet, weil sie den Mitarbeiter zu Gründlichkeit und unreflektiertem Befehlsvollzug stimulieren. Zur Lösung zukunftsorientierter Leistungsziele des ÖVB sind jedoch andersgeartete Mitarbeiteraktivitäten vonnöten, die z. B. Initiative, Verantwortungsbewußtsein, Kreativität und Kooperationswilligkeit verlangen und daher entsprechend unterschiedlicher Anreize bedürfen.

Darüber hinaus ist bei der langfristigen Anreizentwicklung auch nicht von den heute bei ÖVB-Mitarbeitern anzutreffenden Motivationsstrukturen und Motivbefriedigungseffekten auszugehen, sondern von den Strukturen *zukünftiger Mitarbeiter*. Das gegenwärtig praktizierte Anreizsystem zieht vor allem im Bereich des allgemeinen, nichttechnischen Dienstes einen Mitarbeiter mit ganz bestimmten Verhaltensweisen an, nämlich den sicherheitsorientierten „Beamten" (vgl. *Hartfiel/Sedatis/Claessens* [Beamte 235 ff.]). Da ein leistungsmotivierter, aktiver Mitarbeitertyp benötigt wird, bedarf es andersgearteter, geeigneter Anreize (vgl. dazu aus der Sicht der politischen Führung z. B. *Benda* [Führung 8 ff.]).

4. Auch der *rechtspsychologische Aspekt* darf bei der Gestaltung des Motivationskonzeptes nicht übersehen werden (vgl. hierzu *König* [Erkenntnisinteressen 86 ff.]). Rechtliches Handeln im ÖVB ist durch die Fülle verwaltungsgesetzlich normierter Entscheidungsprozesse gekennzeichnet. Rechtliche Entscheidungen sind wie alle Entscheidungen durch ein komplexes Zusammenspiel von kognitiven und motivationalen Prozessen geprägt. Sie werden primär durch das *„Rechtsgefühl"* des Urteilenden, das im „Normerlebnis" besteht und sich großenteils rationaler Erklärung entzieht, gesteuert. Dabei kommt es vielfach erst nachträglich zur Rationalisierung von Entscheidungen, indem auf Grund innewohnenden Rechtsempfindens getroffene Entscheidungen durch Untermauerung mit bestätigenden Gesetzesnormen objektiviert werden, wobei allerdings die mentale Rückkopplung zwischen Rechtsnorm und Rechtsgefühl nicht übersehen werden darf.

Statt also einseitig auf exakte Normierung rechtlicher Entscheidungssituationen abzustellen, sollten die Mitarbeiter zur Entwicklung eines zielorientierten Rechtsempfindens motiviert werden, so daß sie Einzelfälle aufgrund internalisierter Gerechtigkeitsvorstellungen individuell entscheiden können (vgl. *König* [Erkenntnisinteressen 86 ff.]).

5. Gerade im Hinblick auf den öffentlichen Dienst erscheint die Unterscheidung zwischen *Teilnahmemotivation* und *Leistungsmotivation* wichtig (vgl. dazu *Luhmann* [Funktionen 93 ff.]). Potentielle Mitarbeiter können durch Anreize wie „standesgemäße" Besoldung (Alimentation) und Arbeitsplatzsicherheit zwar zur Übernahme der Mitgliedschaftsrolle motiviert werden, meist aber damit auch nur zur Abgabe der notwendigen Minimalleistung, die mit einem Verbleib in der Organisation verbunden ist. Zu einer darüber hinausgehenden Leistung ist jedoch eine gesonderte Leistungsmotivation erforderlich, die zusätzlicher Anreizinstrumente bedarf.

6. Schließlich ist auf die Unterscheidung zwischen *positiver* und *negativer* Motivation hinzuweisen, die durch die Art der Verhaltensbeeinflussung mittels Belohnung bzw. Bestrafung bestimmt wird (vgl. z. B. *Kazmier* [Management 222 ff.]). Die bislang im ÖVB vorwiegend praktizierte negative Motivation basiert auf Repressionen und Erzeugung von Furcht vor Einschränkung der Motivbefriedigung, d. h. auf Bestrafung bzw. Wegnahme von Belohnung, wie sich am Beispiel der Gehorsamspflicht oder des Disziplinarrechts zeigt. Sie kann zwar kurzfristig und unter bestimmten Bedingungen zu Leistungssteigerungen führen. Langfristig erhöht sich aber infolge der erzeugten Unzufriedenheit und damit einhergehender Frustrationen und Aggressionen die Gefahr, daß bei einem Nachlassen der Repressivität destruktive, leistungsmindernde Kräfte freigesetzt werden und/oder daß Mitarbeiter ausscheiden (vgl. auch *Irle* [Führungsprobleme 592 ff.]).

Bei positiver Motivation, die sich auf das Angebot spezifischer Leistungsanreizinstrumente stützt, ist i. a. hohe Arbeitszufriedenheit zu erzielen. Ein hoher Leistungsstandard stellt sich allerdings nur bei Erfüllung zusätzlicher, noch zu behandelnder Bedingungen ein. Vor allem müssen die Anreize stets gezielt und auf die Mitarbeitermotive abgestimmt eingesetzt werden, damit die Mitarbeiter die Kongruenz von Betriebsziel und Individualmotiv erkennen und entsprechend handeln können.

7. Der Zweck eines ausgebauten Motivationskonzeptes für den ÖVB besteht also darin, die Mitarbeiter durch das Angebot bedürfnisgerechter Anreize zur Steigerung ihrer Leistungskraft sowie Ausschöpfung ihrer Fähigkeiten anzuregen *und* zur Erhöhung ihrer Arbeitszufriedenheit beizutragen. Das Motivationskonzept sollte also

sowohl leistungs- wie auch humanorientiert sein. Daß dabei Zusammenhänge zwischen Zufriedenheit und Leistung bestehen, allerdings auch erhebliche Manipulationsgefahren auftreten (vgl. auch *Massie* [Theory 587 ff.]), wie sie ebenfalls bei der Käufermotivation bekannt sind, darf nicht außer acht gelassen werden. Bei kritischer Analyse motivationstheoretischer Erkenntnisse entsteht bisweilen der Eindruck, als ob dieser stets immanenten Manipulationsgefahr nicht genügend entgegengewirkt wird. Man suggeriert Managern, daß mit dem Einsatz des richtigen Anreizinstrumentariums menschliches Verhalten steuerbar ist. In gleicher Weise macht man Mitarbeitern klar, daß Arbeitsleistung zur Selbstentfaltung führe, was sicherlich selbst im System der Leistungsgesellschaft nur ein Teilaspekt sein kann. Ein Motivationsinstrumentarium gehört daher in die Hand eines verantwortungsbewußten, der Humanität und Ethik verpflichteten Managers.

2. Gegenwärtige Situation der Leistungsmotivation im Öffentlichen Verwaltungsbetrieb

Der Istzustand ist generell gekennzeichnet durch die mangelhafte Berücksichtigung von *Mitarbeiterbedürfnissen* im gesamten Prozeß des Verwaltungshandelns. Die Folge davon ist das Fehlen wichtiger leistungswirksamer Motivationsinstrumente und ein starkes Übergewicht negativ konditionierter Leistungsanreize. Die wenigen angebotenen positiven Anreize (beispielsweise Sicherheit) verfehlen zudem teilweise ihren Zweck, weil die zugehörigen Bedürfnisse bereits gesättigt sind.

Ein typisches motivationales Merkmal des Istzustandes ist die Führung durch *Fremdsteuerung* und *-kontrolle*. Die in dieser Führungsform implizierte Vorgesetzteneinstellung gegenüber Mitarbeitern wird treffend von *McGregor* [Mensch 47 ff.] in der von ihm so bezeichneten *Theorie X* charakterisiert:

> Der Durchschnittsmensch ist von Natur aus arbeitsunlustig und muß demzufolge durch Sanktionsandrohung zur Arbeit gezwungen werden. Er möchte lieber „an die Hand genommen“ werden und von Verantwortungsübernahme verschont bleiben. Sicherung seiner existentiellen Bedürfnisse durch adäqute Entlohnung und einen festen Arbeitsplatz schaffen in ihm hohe Zufriedenheit und Leistungsbereitschaft.

Dieser im ÖVB weitverbreiteten Führungsform stellt McGregor antithetisch eine als *Theorie* Y bezeichnete, auf anreizgesteuerter freiwilliger Leistungsabgabe und Selbstkontrolle basierende Führungsform gegenüber (vgl. *McGregor* [Mensch 59 ff.]).

Als Folge dieser mangelnden Motivation und autoritären Führung sowie auch einer Negativauslese bei der Mitarbeitereinstellung wird ein Mitarbeiter herangezogen, der nicht zu Unrecht als *„Beamtentyp"* karikiert wird und dessen Verhalten als ehrlich, gewissenhaft und fleißig, aber auch als unkritisch, disengagiert, verantwortungsscheu und normenverhaftet gekennzeichnet werden kann, — Eigenschaften, die, soweit es ihre negativen Ausprägungen betrifft, im heutigen Aktivitätsprofil des Verwaltungsmitarbeiters keinen dominanten Platz mehr haben (vgl. dazu auch *Bleicher* [Verwaltung 76 ff.], *Fürstenberg* [Führungsstile 41 f.], *Hartfiel/Sedatis/Claessens* [Beamte 118 ff.], *Witte* [Verwaltung 194 f.]). Der Grund für dieses „beamtenhafte" Verhalten ist primär in der durch Vorgesetzten- und Tätigkeitseinfluß hervorgerufenen spezifischen Motivationsstruktur des Verwaltungsmitarbeiters zu finden. Ein Dilemma bei der Beamtenmotivation wird allerdings sein, daß bei der Ausschaltung der genannten Eigenschaften die den Beamten bislang kennzeichnenden positiven Merkmale möglichst erhalten bleiben sollen, was nicht sicher steuerbar ist.

Unter Heranziehung der Struktur des in Abschnitt C.III.4. zu entwickelnden *Motivationsinstrumentariums* kann der gegenwärtige Stand der Mitarbeitermotivation im einzelnen wie folgt beschrieben werden:

(1) *Führungssystem:* Es ist vor allem durch einen autoritären, regelorientierten und unpersönlichen Führungsstil der Vorgesetzten gekennzeichnet, der weitgehend auf Befehl und Gehorsam aufbaut, von Mißtrauen geprägt ist und Leistungen durch Repressivität zu erzwingen sucht (vgl. auch *Höhn* [Verwaltung 178 ff.]). Erfolgserlebnisse stellen sich bei diesem Führungsstil infolge ständiger Repressionen kaum ein. Durch Sanktionsandrohung kommt es überdies nur zu widerstrebender Akzeptanz. Infolge der Veränderung der Rollenerwartungen sind Verwaltungsmitarbeiter heute weniger denn je bereit, diesen Führungsstil widerspruchslos hinzunehmen.

(2) *Teamsystem:* Die über das Organisationsklima (vgl. zum Zusammenhang von Motivation und Organisationsklima *Tagiuri/Litwin* [Climate], *Litwin/Stringer* [Climate]) das Motivationsniveau entscheidend bestimmenden zwischenmenschlichen Kontakte sind im ÖVB weitgehend in den informalen Bereich verlagert, da Problemlösungen in Gruppenarbeit relativ selten durchgeführt werden. Das Schwergewicht des Verwaltungsvollzuges liegt eindeutig auf Individualaktivitäten nach Maßgabe detaillierter Tätigkeitsabgrenzungen und -regelungen. Die gemeinsame Lösung von Fällen im Team gewinnt allerdings angesichts deren zunehmender Komplexität in letzter Zeit auch in der Verwaltung an Bedeutung.

(3) *Tätigkeitssystem:* Es darf nicht übersehen werden, daß eine Vielzahl von Staatsdienern in der Vergangenheit eine gewisse Befriedigung

zum einen im Bewußtsein der Amtsehre, zum anderen im Gefühl der Machtfülle gegenüber dem Bürger gefunden haben. Beides trug dazu bei, das Unbefriedigende ihrer eigentlichen bürokratischen Tätigkeit zu übersehen. Dieser Sachverhalt kann darauf zurückgeführt werden, daß der Beamte in der Vergangenheit eine stark wertorientierte Motivationsstruktur hatte (vgl. dazu auch die Unterscheidung von Sach-, Personen- und Wertebene bei *Krüger* [Konflikthandhabung 35 ff.]). Nachdem nun allerdings das Ehr- wie Machtbewußtsein und auch das Sozialprestige des Beamten — u. a. durch eine verstärkte Bürgerorientierung der Behörden — immer mehr abgenommen haben, tritt der eigentliche Charakter der Verwaltungstätigkeit zutage, die insgesamt als unbefriedigend bezeichnet werden muß.

Die Unzufriedenheit von Verwaltungsmitarbeitern mit ihrer Tätigkeit ist vor allem auf vier Faktoren zurückzuführen:

(a) Eine einer Reihe von Verwaltungszweigen eigene „Unproduktivität" der Tätigkeit in dem Sinne, daß ein bloßer Verwaltungsvollzug entsprechend vorprogrammierter Ablaufroutinen erfolgt (Beispiel: Einwohnerregistrierung). Diese Unproduktivität steht dem menschlichen Bedürfnis nach Gestaltungsfreude und Kreativität entgegen.

(b) Eine vielfach übertriebene, bürokratische Regelorientierung des Verwaltungshandelns, indem für jede denkmögliche Entscheidungssituation eine detaillierte Ausführungsvorschrift vorhanden ist. Die Regelhaftigkeit gibt dem Mitarbeiter das Gefühl des Ausgeliefertseins und der Ohnmacht gegenüber den Vorschriften und führt zum Abbau von Initiativ- und Verantwortungsfunktionen. Er macht deshalb insbesondere zu wenig von seinen Ermessensrechten Gebrauch (vgl. auch *Dahrendorf* [Verwaltung 16]).

(c) Ein hoher Grad vertikaler Arbeitsteilung, indem aus Spezialisierungs- und Kontrollgründen jeder Mitarbeiter nur einen geringen Ausschnitt aus dem betreffenden Entscheidungsprozeß bearbeitet, was dazu führt, daß der einzelne seine Rolle im und seinen Beitrag zum Leistungsprozeß nicht erkennen kann.

(d) Ein nahezu völliger Ausschluß der meisten Mitarbeiter von Zielsetzungsentschlüssen, eine geringe Beteiligung an Zielerreichungsentschlüssen und ein Überwiegen totaler Fremdkontrolle, die, wie mehrfach erwähnt, einen auch für den Außenstehenden spürbaren Mangel an Interesse, Engagement, Initiative und Verantwortungsbewußtsein zur Folge haben.

(4) *Vergütungssystem:* Im Beamtenrecht gilt nach wie vor das Alimentationsprinzip (Sicherung eines „standesgemäßen" Lebensunterhaltes für den Bediensteten), wenn es auch durch Stellenzulagen etwas

differenziert worden ist. Trotz aller Versuche der Dienstpostenbewertung scheitert eine leistungsgerechte Vergütung bislang an den starren Besoldungsvorschriften. So ist ein klarer, direkter, zeitlich unmittelbarer „path-goal-approach" zwischen Mehrleistung und Mehrvergütung für die Mehrzahl der Mitarbeiter nicht erkennbar. Der soziale Vergleich mit Kollegenbezügen wirkt zudem negativ motivierend, weil man erkennen muß, daß auch schwache Leistung nach Maßgabe des Dienstaltersprinzips zu turnusmäßigen Gehaltsanhebungen führt.

(5) *Aufstiegssystem:* Das derzeitige Aufstiegssystem des ÖVB ist in motivationaler Sicht durch das Lebenszeitprinzip sowie durch ein starres, leistungs- und motivationshemmendes Laufbahnsystem gekennzeichnet. Das *Lebenszeitprinzip* ist motivationstheoretisch nicht einheitlich zu beurteilen. Einerseits ist die Drohung mit Kündigung ein Sanktionsinstrument und damit als negativer Motivator eigentlich abzulehnen. Andererseits ist die Zusicherung der Unkündbarkeit, die auf das Sicherheitsbedürfnis des Menschen gerichtet ist, kein dauerhafter Leistungsmotivator, sondern betrifft vornehmlich die Teilnahmemotivation. Das Bedürfnis ist somit bei Eintritt gesättigt und kann zur Verhaltensstimulierung nicht mehr eingesetzt werden. Das Unkündbarkeitsprinzip scheint per Saldo doch mehr negative Seiten aufzuweisen: Es induziert eine Negativauswahl bei der Personaleinstellung, und es gibt — außer in fast kriminellen Situationen — kaum eine Möglichkeit, sich von Mitarbeitern zu trennen, die sich langfristig und unzweifelhaft als untragbar erwiesen haben. Die Negativauswahl dokumentiert sich in den Berufswahlmotiven neu eingetretener Verwaltungsmitglieder. *Hartfiel/Sedatis/Claessens* [Beamte 235 ff.] haben beispielsweise festgestellt, daß, abgesehen von Zufallswahl, ein großer Anteil von Beamten aus Familientradition und wegen der hohen Sicherheit diesen Beruf ergriffen hat, wobei das Sicherheitsmotiv vor allem bei jüngeren Bewerbern zunimmt. Idealistische Motive („Staatsethos") spielen dagegen kaum eine Rolle.

Das *Laufbahnsystem* ist erstens durch nur einmalige Anforderungsüberprüfung bei Einstellung nach Maßgabe der Eingangsbedingungen statischer Natur. Es ist zweitens in seinem Einheitlichkeitsanspruch realitätsfern. *Ellwein* [Struktur 447] weist beispielsweise darauf hin, daß ein Lehrer, Förster oder Amtsarzt jeweils ganz andere Entwicklungs-, Einarbeitungs- und Aufstiegsperioden haben und demzufolge auch differenzierter Aufstiegsregelungen bedürfen. Drittens ist das System in Folge der aus dem Senioritätsprinzip resultierenden Vorherrschaft relativ alter, angepaßter Mitarbeiter in Führungspositionen fortschrittshemmend (vgl. *Thieme* [Stiefkind 60]). Hinzu kommt schließlich, daß Einstellungsvoraussetzungen vielfach unrealistisch sind, wie es sich beispielsweise bei der Befähigung zum Richteramt als

Voraussetzung für viele ÖVB-Management-Positionen zeigt. Motivational ist vor allem auszusetzen, daß für den Mitarbeiter ein Zusammenhang zwischen seiner Arbeitsleistung und einer stattfindenden Beförderung nicht gegeben oder zumindest nicht klar erkennbar ist, obwohl doch der berufliche Aufstieg einen der ausschlaggebenden Leistungsmotivatoren darstellt (vgl. z. B. *Herzberg* [Employees 57]). Soweit Beförderungen überhaupt an der Leistung gemessen werden, werden vielfach ungeeignete Leistungsmaßstäbe herangezogen. So beispielsweise das „Prinzip der maximalen Referatsproduktion" als beliebtes Auslesekriterium in der Ministerialbürokratie, das sich kreativitäts- und kooperationshemmend auswirkt (vgl. *Jochimsen* [Aufbau 950]). Auch die Koppelung von Beförderungen an das Vorhandensein einer bestimmten Untergebenenzahl ist ökonomisch unsinnig, weil damit „Parkinsonismus" belohnt wird.

(6) *Statussystem:* Im ÖVB ist bereits ein recht ausgebautes Statussystem vorhanden, von dem unbestritten auch eine gewisse Motivationswirkung ausgeht. So ist eine (für Statuszwecke ausnahmsweise wichtige) differenzierte Rangordnung vorhanden. Das Prestigebedürfnis wird z. T. durch die Verleihung achtungerheischender Titel gestillt, wenn auch der Statusgewinn infolge Rückgangs des Beamtenansehens im Bewußtsein der Bevölkerung nicht mehr sehr groß ist. In einer Reihe von Verwaltungszweigen (z. B. Militär, Polizei, Feuerwehr) gibt es zusätzlich sogar Dienstkleidung als sichtbare Statussymbole. Allerdings fällt eine Überbetonung des hierarchischen Status auf, wodurch es infolge der Verengung der Rangpyramide rasch zu Statusverweigerung kommen muß.

(7) *Sozialsystem:* Die Sozialleistungen des Staates für seine Bediensteten, die u. a. aus Altersversorgung, Krankenbeihilfen, Wohnungsfürsorge und Aufwandsentschädigungen bestehen, gelten mit Recht seit jeher als vorbildlich (vgl. auch *Lange* [Dank]). Hier gibt es nicht viel zu verbessern. So wichtig diese Leistungen in sozialer Hinsicht auch sind, so bescheiden ist allerdings ihre motivatorische Wirkung zu beurteilen. Für Sozialleistungen gilt ähnliches wie für das Lebenszeitprinzip: sie sprechen das Sicherheitsmotiv an und wirken mehr auf die Teilnahme- als auf die Leistungsmotivation. Demzufolge ist ihre Motivationskraft gering. Infolge ihrer starken sozialen Bedeutung müssen diese Leistungen jedoch ohne Zweifel beibehalten werden.

(8) *Ordnungssystem:* Das Ordnungssystem des ÖVB wird durch die Variablen Gehorsamspflicht, disziplinarische Unterwerfung, persönliche Haftung und Streikverbot charakterisiert. So wichtig ein funktionsfähiges Ordnungssystem auch ist, um böswillige Organisationsmitglieder mit den Konsequenzen ihres Handelns vertraut zu machen,

seine motivatorische Wirkung ist aufgrund des Bestrafungscharakters gering, wenn nicht negativ. Die Gehorsamspflicht führt infolge der Emanzipation der Verwaltungsmitarbeiter zu Unzufriedenheit. Ähnliches gilt für die negativen Sanktionsmechanismen des Disziplinarsystems, zumal die Lernfunktion der Strafen vernachlässigt wird. Da die Amtsehre nicht mehr als dominant empfunden wird, schwindet auch das Verständnis dafür, daß man für außerdienstliche Verfehlungen, die früher als Verletzung der Beamtenwürde angesehen wurden, zusätzlich beruflich bestraft werden muß, ganz abgesehen von den verfassungsrechtlichen Bedenken gegen eine Doppelbestrafung. Das Streikverbot schließlich stößt verstärkt auf Unverständnis bei den Beamten. Seine an sich negative motivatorische Wirkung ist allerdings gering, da das Problem relativ selten auftritt und zudem geschickt umgangen werden kann (Dienst nach Vorschrift).

3. Der Motivationsprozeß im Öffentlichen Verwaltungsbetrieb

a) Sozialpsychologische Grundlagen der Leistungsmotivation

(1) Verhaltenstheoretisches Grundmodell

Der Mensch reagiert in bestimmter angeborener oder erlernter Weise auf Reize, die für ihn die Bedeutung von Belohnung, Bestrafung oder neutralen Wirkungen haben, wobei Bestrafung auch Verweigerung von Belohnung und Belohnung Vermeidung von Strafe bedeuten kann (vgl. *Hilgard/Marquis* [Conditioning 71]). Die Reaktion des Menschen ist im wesentlichen bestimmt durch Wert, Häufigkeit und zeitlichen Abstand der Belohnung (vgl. *Malewski* [Verhalten 56 f.]). Der Wert der Belohnung, der mit der Erreichung eines Zieles verbunden ist, resultiert aus einem komplexen intrapersonellen Bewertungsakt, der vor allem durch den subjektiven Erwartungswert der Belohnung, durch die Stärke der zugrundeliegenden Motive sowie durch die kognitiven und affektiven Persönlichkeitsstrukturen beeinflußt wird (vgl. zu diesem Problemkreis als Auswahl: *Atkinson* [Motives], *Haseloff* [Motivation 1018 ff.], *Leavitt* [Psychology 9 ff.], *Porter/Lawler* [Attitudes 16 ff.]). Abb. 13 drückt die Grobstruktur dieses Zusammenhanges aus.

Motivation ist in diesem Modell Vorgang und Ergebnis der Motivbildung, indem aufgrund externer Stimuli und psychischer Prozesse Bedürfnisse (Triebe, Affekte, Strebungen) artikuliert werden, die die Person zur Befriedigung drängen. Ergebnis der Motivation ist ein Spannungszustand, der die energetisierende Funktion der Motivation kennzeichnet (vgl. *Hull* [System]). Die angestrebte Belohnung hat den Zweck, die Motivladung abzubauen (Reduktion von Motivation), so

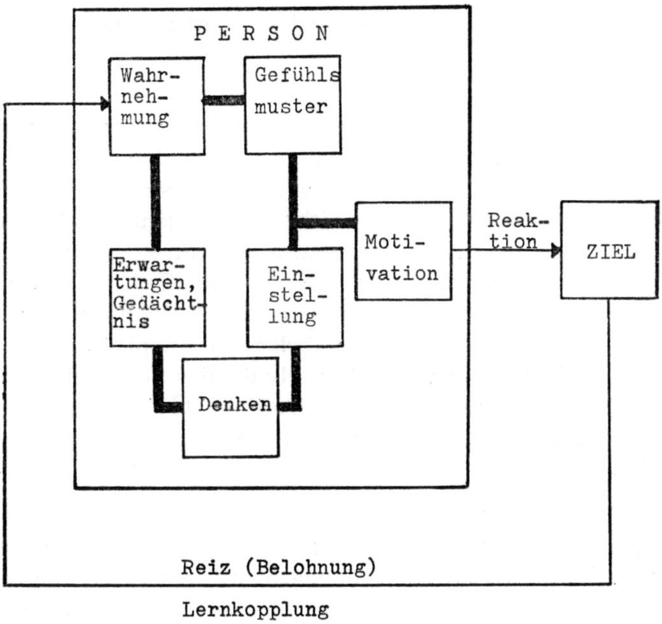

Abbildung 13

daß Motivation als negativer psychischer Zustand, z. B. als Empfindung eines Mangels, zu begreifen ist (vgl. hierzu vor allem *Malewski* [Verhalten 52 ff.]). Die Begriffe Bedürfnis, Motiv und Ziel können hier weitgehend synonym verwendet werden, obwohl man bei strenger Handhabung sagen könnte, daß das Bedürfnis die empfundene Mangelerscheinung, das Motiv hingegen den Wunsch nach Befriedigung ausdrückt und mit Ziel der erstrebte Sollzustand der Befriedigung gemeint ist (vgl. auch die abweichende Definition bei *Wiswede* [Motivforschung 23 ff.]).

(2) Motivationsstruktur

1. Es gibt eine fast unüberschaubare Vielzahl von *Motiven*, die menschliches Verhalten beeinflussen. Entsprechend groß ist die Anzahl von Versuchen, Motive durch Typisierung einer Ordnung zu unterziehen, die vom monokausalen Machtmotiv Adlers über die bikausale Motivstruktur Freuds bis zum polygenen Motivkatalog McDougalls reichen (vgl. zur Einführung das Sammelwerk von *Thomae* [Motivation]). Wie stets bei Typologien, gibt es keine allgemeingültige Motivtypologie, vielmehr wird die Systematik vom Untersuchungszweck bestimmt. Es scheint allerdings, daß pluralistische Motivsysteme der

komplexen Realität eher gerecht werden als monokausale Erklärungsversuche.

2. Eine weitgehend anerkannte Grobgliederung ist die Zweiteilung menschlicher Bedürfnisse in *Primär- und Sekundärbedürfnisse* (vgl. *McFarland* [Management 548], *Haseloff* [Motivation 1014 f.]). Primärbedürfnisse wie z. B. Hunger, Durst oder Schlaf sind physiologisch bedingt, Sekundärbedürfnisse wie Sicherheit, Eigentum, Anerkennung oder Selbstentfaltung sind weitgehend angelernt. Für alle Bedürfnisse gilt, daß sie — wie Adorno es ausdrückt — „gesellschaftlich vermittelt" sind (*Adorno* [Verhältnis 22]). Diese Kategorisierung schlägt sich in einer Reihe von Motivtypologien nieder. so beispielsweise im dreidimensionalen Schema von *Lersch* (individuelles Selbstsein, lebendiges Dasein, Über-sich-hinaus-Sein; vgl. [Aufbau 103 ff.]), im Bedürfniskontinuum von *Haire* [Psychology 19 ff.] oder in der Bedürfnishierarchie *Maslows* [Motivation].

3. Im folgenden wird von einem modifizierten *Maslow-Schema* ausgegangen, weil dieses sich weitgehender Anerkennung und Verbreitung in der internationalen Managementliteratur erfreut, wenn es auch nicht die einzige Typisierung ist und mehr zur Pragmatik als zu wissenschaftlicher Exaktheit tendiert. Die Bedürfnistypen *Maslows* ((1) Basis-, (2) Sicherheits-, (3) Zugehörigkeits-, (4) Anerkennungs- und (5) Selbstverwirklichungs-Bedürfnisse) können ohne große Schwierigkeiten in die drei Kategorien der

(1) physischen Bedürfnisse (1 + 2)

(2) sozialen Bedürfnisse (3 + 4)

(3) psychischen Bedürfnisse (5)

eingruppiert werden, was angesichts der nicht eindeutigen Rangfolge der Bedürfnistypen den Vorzug einer größeren Einfachheit und Klarheit hat und für die hier verfolgten Zwecke vollkommen ausreicht (vgl. auch *Kazmier* [Management 207 f.]).

4. Die Befriedigung dieser menschlichen Bedürfnisse erfolgt nicht wahllos, sondern entsprechend einer internalisierten Dringlichkeitsordnung, die den Gossenschen Gesetzen nicht unähnlich ist (vgl. *Marx* [Einflußgrößen 31]): Ein normaler gesunder Mensch stillt zunächst die physischen, dann die sozialen und schließlich die psychischen Bedürfnisse und geht bei einer Anreizreduktion entsprechend umgepolt vor. Einen Motivationseffekt verursacht nur ein aktuelles, einen Mangel signalisierendes Bedürfnis, während gestillte Bedürfnisse, solange die Befriedigung anhält, keine Verhaltenssteuerung bewirken.

5. Die Motivationsstruktur von Arbeitnehmern in einer entwickelten, sozialen Wohlstandsgesellschaft ist dadurch gekennzeichnet, daß phy-

sische Bedürfnisse fast völlig, soziale Bedürfnisse zumindest teilweise gedeckt werden, so daß sich die Motivation auf die Befriedigung restlicher sozialer sowie psychischer Bedürfnisse konzentrieren kann. Es treten also zwar — in unterschiedlichen Zyklen — gleichzeitig alle Bedürfnisse auf, die untere Hälfte wird jedoch sofort mehr oder weniger „automatisch" gedeckt, so daß als ungesättigter Rest soziale und psychische Bedürfnisse übrigbleiben.

6. Diese Bedürfniskategorien sind mithin im Motivationsprozeß von besonderer Bedeutung. Sie betreffen insbesondere die Bedürfnisse des Menschen nach Zugehörigkeit zu einer erstrebten sozialen Klasse, nach sozialen Kontakten, Geltung, Anerkennung, Status, Prestige, nach Unabhängigkeit, Selbstrespekt, Selbsteinschätzung sowie nach Erfolg, Selbstentfaltung und Selbstverwirklichung (vgl. *Maslow* [Theory 31 ff.]). Je höher die Bedürfnisse im Rang sind, desto mehr vermischen sich die Bedürfniskategorien und desto vielschichtiger und differenzierter sind die Befriedigungsmöglichkeiten. Selbstverwirklichung kann beispielsweise durch eine erfüllende Arbeitstätigkeit, durch das Gefühl der besten Entlohnung, aber auch durch religiösen Eifer, herausragende Sportleistungen, ausfüllende Freizeitbeschäftigungen oder schlicht durch Versinken in Meditation gefunden werden. Auch das menschliche Streben nach *schöpferischem Denken* kann durch den Drang des Individuums nach Selbstverwirklichung erklärt werden (vgl. *Maslow* [Creativity]), weil der Mensch ständig neue Beziehungen zu seiner Umwelt sucht und im kreativen Akt seine „peak experience" zu erreichen trachtet. Gerade dieses Drängen nach Kreativität wird in Unternehmungen wie auch im ÖVB weitgehend vernachlässigt.

7. Die geschilderten Bedürfniskategorien kann man in ein integrierendes Motiv, das *Leistungsmotiv* (Achievement motive) überführen (vgl. dazu vor allem *McClelland/Atkinson/Clark/Lowell* [Achievement Motive]). Dieses Leistungsmotiv hat zwar prinzipiell den Charakter einer zwischen Bedürfnisse und Leistung gelagerten Instrumentalvariablen (vgl. *Heckhausen* [Leistungsmotivation 604 ff.]), richtet sich aber vornehmlich auf sozialen Wettbewerb und Selbstverwirklichung (vgl. zu dieser Meinung *Tolman* [Motivationsmodell 457 ff.], *Kast/Rosenzweig* [Management 234], *McFarland* [Management 554 f.]). McClelland und Atkinson ist es durch psychologische Tests gelungen, die Stärke des Leistungsmotivs bei Individuen zu messen und daraus Merkmale beispielsweise für den möglichen zukünftigen Erfolg von Führungskräften abzuleiten (vgl. *Kast/Rosenzweig* [Management 235]).

8. Das Modell der Bedürfnishierarchie hat bestimmte *Prämissen* und Grenzen, die seinen Erkenntniswert beschränken: Das Modell ist ein Schema, das für normale, gesunde Menschen in einer entwickelten Gesellschaft gilt, so daß vor allem die oberen Kategorien Haupttrieb-

kräfte sind. Eine höhere Kategorie löst auch nicht die tiefere völlig ab, sondern ist nur zu einem bestimmten Anteil dominant, während die tiefere Kategorie ebenfalls partiell aktualisiert ist (vgl. *Maslow* [Theory 38]), womit es i. d. R. zu einer pluralistischen Motivbefriedigung kommt. Eine saubere Bedürfnisabgrenzung und -zuordnung ist in der Realität selten möglich, wie sich am Beispiel des sowohl sozial wie auch psychisch orientierten Anerkennungsbedürfnisses zeigt (vgl. *Albers* [Management 221]). Die Analyse von Motivationsstrukturen ist darüber hinaus allgemein mit Schwierigkeiten verbunden, weil Motive erstens nicht direkt beobachtbar, sondern höchstens — und auch das nur einschränkend — retrograd aus Verhaltensäußerungen ableitbar sind, zweitens in Bündeln auftreten, drittens teils im Unbewußten verhaftet sind, teils bewußt verschwiegen und durch „Kulissenmotive" ersetzt werden und viertens subjektbezogen sind und daher nur partiell generalisiert werden können (vgl. *Hederer* [Motivation 22 ff.]). Als Hilfsmittel werden vielfach tiefenpsychologische Methoden wie der Rorschach-Tintenklecks-Test oder der Thematic Apperception Test von Murray eingesetzt (vgl. *Albers* [Management 223]).

(3) Motivationsinstrumente

1. Drei Hauptansätze der Motivationstheorie kennzeichnen die Auswahl und Zuordnung von Anreizen in Organisationen (vgl. *Vroom/Deci* [Motivation 11 ff.]):

— Paternalistisches Konzept (Belohnung der Mitarbeiter für ihre Mitgliedschaft in der Organisation durch an Zufriedenheit gekoppelte Anreize),

— Scientific-Management-Konzept (direkte Kopplung von Belohnung und Sanktionen an die quantitative Mitarbeiterleistung),

— Partizipations-Konzept (die Anreize liegen primär in der Arbeit selbst sowie in den zwischenmenschlichen Beziehungen in der Arbeitsgruppe).

2. Ein Grundproblem bei der Bestimmung von Motivationsinstrumenten (Motivatoren) ist die *Diskrepanz* zwischen den Motivatoren, die für Zufriedenheit der Mitarbeiter sorgen und jenen, die zur effektiven Betriebszielerreichung beitragen. Motivatoren wie beispielsweise kooperativer Führungsstil bewirken zwar nach Maßgabe empirischer Untersuchungen eine Erhöhung der Arbeitszufriedenheit, tragen aber nur bei Vorhandensein zusätzlicher spezifischer Bedingungen zur Leistungssteigerung bei (vgl. *Irle* [Führungsprobleme 592 f.]). Wichtige Zufriedenheitsmotivatoren sind ferner z. B. hohes Entgelt, günstige Aufstiegsmöglichkeiten, partizipativer Führungsstil, gute Kollegenkontakte und hochgradige Selbstkontrolle (vgl. *Vroom* [Work 173]).

Bedeutsame Leistungsmotivatoren sind hingegen beispielsweise ein starker Leistungswille, ein Verlangen nach Ausschöpfung eigener Fähigkeiten oder nach Erfolgserlebnissen sowie die Partizipation an Entscheidungen, die die Mitarbeiter selbst betreffen (vgl. *Vroom* [Work 267]).

3. Es besteht aber Grund zu der Annahme, daß der in bisherigen empirischen Untersuchungen konstatierte fehlende Zusammenhang zwischen Zufriedenheit und Effizienz doch noch hergestellt werden kann. Erhebungen setzten bislang einseitig auf der Ausführungsebene an und erfaßten vornehmlich *extrinsische* Bedürfnisse (extrapersonal induzierte Bedürfnisse), bei denen die Kopplung tatsächlich gering ist. Bei *intrinsischen* Bedürfnissen (intrapersonal induzierten Bedürfnissen) ist der Zusammenhang wesentlich stärker, weil der Mitarbeiter eben erst durch das Erfolgserlebnis einer effektiven Zielerreichung sein Selbstverwirklichungsbedürfnis befriedigt (vgl. *Porter/Lawler* [Attitudes 123, 149 f., 179]). Der Integrationsgrad von Effizienz und Zufriedenheit hängt demnach entscheidend vom Bedürfnisniveau des Mitarbeiters ab.

4. Ein weithin anerkanntes Modell auf empirischer Basis, das einen Zusammenhang zwischen Zufriedenheit und Leistung herzustellen versucht, ist die *Motivation-Maintenance-Theory* von Herzberg (vgl. dazu: *Herzberg/Mausner/Snyderman* [Motivation], *Herzberg* [Employees], *Myers* [Workers], *Myers* [Motivation]). Das Modell besagt kurzgefaßt, daß zwei Motivatorengruppen in Organisationen zu verzeichnen sind: „Satisfiers" wie Leistung und Erfolg, Anerkennung, Verantwortung oder Beförderung führen zu Zufriedenheit *und* Leistung. „Dissatisfiers" (Maintenance-Factors) wie Betriebspolitik, Überwachung, Arbeitsbedingungen oder Arbeitsentgelt bewirken keine Veränderung der Einstellungen von Mitarbeitern, während Fehlen bzw. schlechte Qualität von Dissatisfiers in Unzufriedenheit und Leistungsabfall münden (vgl. *Herzberg* [Employees 56 ff.]) Man erkennt unschwer, daß Dissatisfiers, die extrinsischen Charakter haben, wenig zur Steigerung von Zufriedenheit und Leistung beitragen, allerdings dennoch vorhanden sein müssen, während Satisfiers als intrinsische Motivatoren einen positiven Zufriedenheits-/Leistungs-Bezug aufweisen.

Ein enger Konnex der beiden Motivatorengruppen zum Modell der *Bedürfnishierarchie* ist nicht zu übersehen. Maintenance-Faktoren sind auf physische und soziale Bedürfnisse gerichtet, während sich die Satisfier-Motivatoren auf das menschliche Bedürfnis nach Leistung, Erfolgserlebnis und Selbstentwicklung beziehen (vgl. *Herzberg* [Employees 57]). Herzbergs Zwei-Faktor-Modell ist trotz der evidenten Abgrenzung extrinsischer und intrinsischer Motivatoren in einer Reihe von Punkten der *Kritik* ausgesetzt (vgl. dazu *Evans* [Motivation],

House/Wigdor [Theory], *Kelly* [Behavior 176 ff.], *Porter/Lawler* [Attitudes 64], *Vroom* [Work 127 ff.]). Einwände richten sich einerseits auf die wissenschaftlich zweifelhafte Erhebungsmethode der „critical incidence", andererseits auf die Interpretation der Ergebnisse. Vor allem wird der als problematisch gekennzeichnete Zusammenhang zwischen Zufriedenheit und Effizienz nicht untersucht, sondern unterstellt, daß positive Einstellungen sowohl zu Zufriedenheit wie zu Leistung führen. Ferner erscheint es unrealistisch, von einer ausschließlichen Dominanz des Selbstverwirklichungsmotivs auszugehen, weshalb beispielsweise die Einordnung zwischenmenschlicher Beziehungen als Dissatisfier für weite Bereiche von Organisationen unzutreffend ist (vgl. auch die empirischen Feststellungen von *Adams/Slocum* [Groups], die Gruppenkohäsion bei relativ unqualifizierten Mitarbeitern als wesentliches Zufriedenheitsmerkmal ermittelt haben, während hochqualifizierte Mitarbeiter Zufriedenheit aus der Tätigkeit selbst beziehen). Da auch der Arbeitsinhalt selbst nicht grundsätzlich Satisfiercharakter hat, sondern z. B. im Falle von Fließbandarbeit äußerste Unzufriedenheit hervorrufen kann (vgl. *Vroom* [Work 128]) und schließlich das Arbeitsentgelt, wie sich zeigen wird, durchaus als Satisfier fungieren kann, steht das Zwei-Faktor-Modell insgesamt auf schwachen Beinen. Eine differenzierte Betrachtung der Wirkungsweise einzelner Motivatoren scheint daher einer schematisierten Zuordnung in zwei schwer abgrenzbare Kategorien vorzuziehen sein.

5. Eine zentrale Fragestellung bei allen Motivationsüberlegungen ist die nach dem Motivationseffekt *finanzieller Anreize*. Geld kann als Instrument zur Befriedigung physischer, sozialer und auch psychischer Bedürfnisse verwendet werden und ist, wie zahlreiche empirische Untersuchungen immer wieder ergeben, auch für höhere Führungskräfte ein wichtiger Anreiz (vgl. z. B. *Porter/Lawler* [Attitudes 13, 63], ferner *Whyte* [Money 210 ff.]; vgl. zu anderen Auffassungen über die Motivationsrolle des Geldes *Opsahl/Dunette* [Compensation 127 ff.]). Allerdings reicht Geld als Motivator nicht aus, es bedarf des Einsatzes zusätzlicher nichtfinanzieller Motivatoren, um eine dauerhafte positive Motivation zur Leistung zu erzielen. Dabei sind Motivkonflikte zu beachten (Beispiel: Gruppensanktionen für Akkordbrecher) und man muß sich klar darüber sein, daß finanzielle Anreize primär zu quantitativer statt qualitativer Leistungssteigerung beitragen.

b) Grundstruktur eines leistungs- und humanorientierten Motivationsprozesses im Öffentlichen Verwaltungsbetrieb

Bei der Darstellung des Grundmodells eines Motivationsprozesses für den ÖVB wird mehr auf das formale Zusammenspiel der einzelnen

Einflußfaktoren als auf die inhaltliche Ausprägung der Motivationsinstrumente abgestellt, die im Folgeabschnitt behandelt werden. Die Grundstruktur dieses Motivationsprozesses bringt Abb. 14 zum Ausdruck (vgl. dazu auch *Porter/Lawler* [Attitudes 165 f.]). Die Prozeßskizze beschreibt vereinfachend den Motivationsvorgang bezüglich eines Mitarbeiters und eines isoliert eingesetzten Anreizes, was die Komplexität der Motivationswirklichkeit erheblich reduziert, darstellungstechnisch aber notwendig ist. Es wird also vereinfachend davon ausgegangen, daß einzelne Anreize sukzessive auf ihre Wirksamkeit hin geprüft werden. Zu den Prozeßpositionen ist im einzelnen folgendes anzumerken:

(1) Ausgangspunkt jedes Motivationsprozesses und gleichzeitig Nahtstelle zum Zielbildungs- und -verteilungsprozeß muß die Bestimmung der Stellenziele und der daraus abgeleiteten Anforderungen an die Mitarbeiter sein, weil im Motivationsprozeß sozusagen die „Einpflanzung" der ÖVB-Ziele in das Motivationssystem des Mitarbeiters erfolgt. Dabei wird hier das Stellenbesetzungsproblem als gelöst angesehen, d. h. die Übereinstimmung von Zielen und Anforderungserfüllung angenommen.

(2) Daneben ist als gleich wichtiger Schritt die Erforschung und Konkretisierung von Mitarbeitermotiven und deren Zusammenstellung zu einer aussagefähigen Motivationsstruktur erforderlich, die z. B. die Bedürfnisdominanz des Mitarbeiters zum Ausdruck bringt. Dabei ist auch der Sättigungsgrad der Bedürfnisse zu bestimmen, der von vorangegangenen Motivsättigungen und deren Abbaufähigkeit abhängt.

(3) Unter Berücksichtigung der ermittelten Stellenziele und -anforderungen sowie der aufgedeckten Motivationsstruktur des betrachteten Mitarbeiters werden Anreize bestimmt, die sowohl die Erreichung der Betriebsziele gewährleisten als auch zur Motivbefriedigung des Mitarbeiters beitragen.

(4) Mit der Wahrnehmung des Anreizwertes beginnt der intrapersonale Motivationsprozeß. Die Höhe des Anreizwertes wird durch Art und Stärke des Motivs sowie durch die Attraktivität des erwarteten Anreizes bestimmt, die wiederum vom angebotenen Anreiz (beispielsweise Höhe der gebotenen Vergütung) und vom rückgekoppelten Lernimpuls aus vergangener Motivbefriedigung mittels dieses Anreizes abhängt (vgl. auch *Heckhausen* [Motivation 85 f.]).

(5) Ein weiterer Einflußfaktor ist die vom Mitarbeiter empfundene subjektive Wahrscheinlichkeit, daß auf einen bestimmten Leistungseinsatz auch tatsächlich der versprochene bzw. erwartete Anreiz folgt. Diese Glaubwürdigkeit bestimmt sich vor allem aufgrund vergangener Erfahrungen mit Leistungs-Anreiz-Relationen („path-goal-approach"

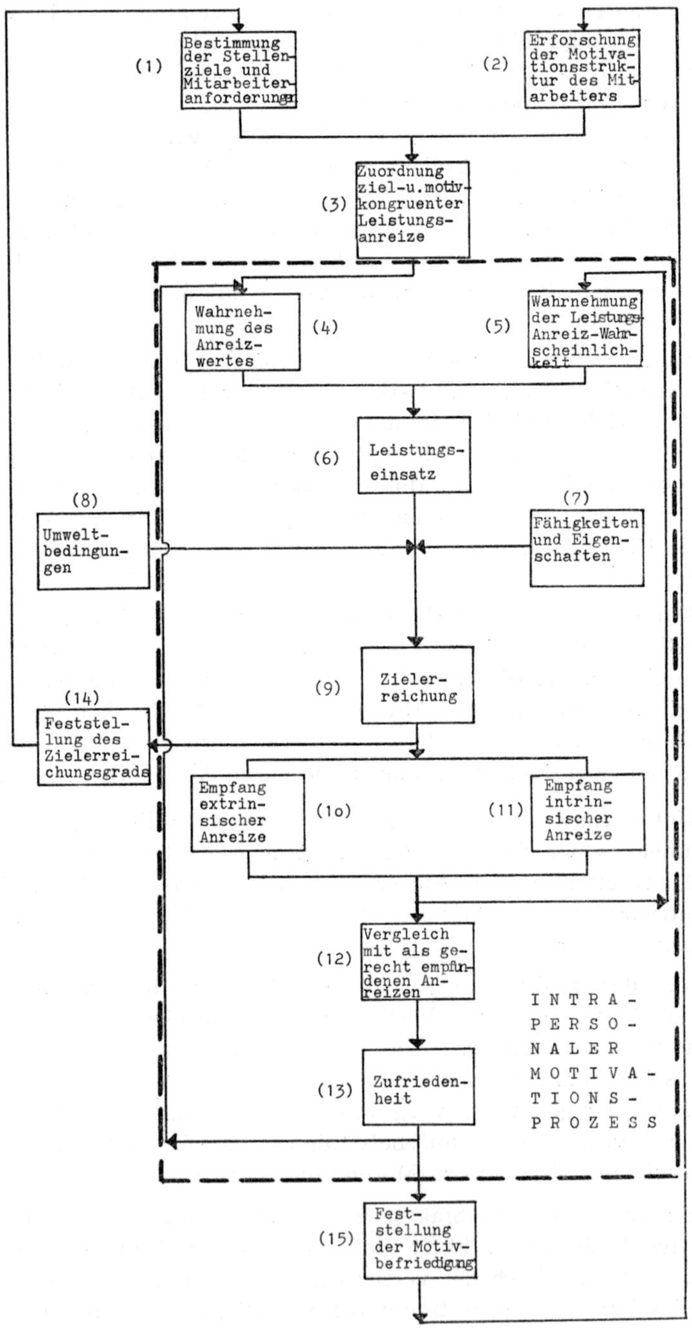

Abbildung 14

i. S. v. *Georgopoulos/Mahoney/Jones* [Approach]) sowie unter Beachtung des Zeitraumes zwischen Leistung und Anreizgewährung.

(6) Der Leistungseinsatz ist mithin eine Resultante des Anreizerwartungswertes, der sich aus der Interaktion von Anreizerwartung und subjektiver Eintrittswahrscheinlichkeit ergibt. Die Hypothese, daß der Einsatz eines Mitarbeiters hoch ist, wenn Anreizwert und Wahrscheinlichkeit hoch sind, ist zumindest im Hinblick auf die Anreizvariable Arbeitsentgelt empirisch gesichert (vgl. *Porter/Lawler* [Attitudes 165]). Für den ÖVB gilt in diesem Zusammenhang, daß der Leistungseinsatz gegenwärtig nicht hoch sein kann, weil die Wahrscheinlichkeit, daß ein erhöhtes Entgelt als Folge gesteigerten Einsatzes zu erwarten ist, im Lichte geltender Besoldungsregeln gering ist.

(7) Die Effektivität der Zielerreichung hängt aber nicht nur vom Leistungseinsatz des Mitarbeiters ab, sondern auch von seinen Fähigkeiten und Eigenschaften. Bei Unfähigkeit resp. Nichteignung nützt auch maximaler Einsatz nichts. Das Faktorenbündel Fähigkeiten/Eigenschaften ist ein dynamisches Element, das in einen — hier außer acht gelassenen — Lernprozeß eingebettet ist.

(8) Neben intrapersonalen Variablen beeinflussen eine Vielzahl von Umweltfaktoren (natürliche, soziale, kulturelle und technologische Determinanten) die Zielerreichung, die hier in einer Einflußgröße zusammengefaßt sind..

(9) Die Zielerreichung ist mithin das Ergebnis der Interaktion von Leistungseinsatz, Fähigkeiten und Eigenschaften sowie von diversen Umweltbedingungen. Dementsprechend gilt die plausible Hypothese, daß bei konstanten Fähigkeiten/Eigenschaften und Umweltbedingungen der Zielerreichungsgrad eine Funktion des Leistungseinsatzes ist.

(10) Auf die Zielerreichung folgt der Abbau der motivationalen Spannung durch Anreizempfang. Hier geschieht die innere Zuordnung von Anreizen zu empfundenen Bedürfnissen. Extrinsische Anreize wie Vergütung oder Sozialleistungen, die von außen, d. h. von seiten des ÖVB gewährt werden, wirken erfahrungsgemäß primär auf niederrangige Bedürfnisse und weisen mitunter eine nur geringe Korrelation zum Grad der Zielerreichung auf.

(11) Intrinsische, d. h. selbstgewährte Anreize in Form von Erfolgserlebnissen und Selbstverwirklichungsfortschritten sind, wie unmittelbar erkennbar, auf höherrangige Bedürfnisse gerichtet und korrelieren wesentlich stärker mit der Zielerreichung, weil der Mitarbeiter sich für gute Leistung, d. h. Zielerreichung, in Abhängigkeit von seinem Selbstbewußtsein selbst belohnen kann.

(12) Eine wichtige Einflußgröße auf das Zufriedenheitsniveau des Mitarbeiters ist der zeitliche und soziale Vergleich des empfangenen

Anreizes mit in der Vergangenheit erlangten Anreizen sowie Anreizen, die relevante Bezugspersonen erhalten haben. Speziell in sozialen Vergleichsprozessen entwickelt sich häufig ein subtiles Empfinden für die Gerechtigkeit und Angemessenheit gewährter Anreize, das oft dahin führt, daß das Verhältnis zwischen fremden und eigenen Anreizbezügen auf gleicher Ebene für wichtiger als die absolute Höhe gehalten wird (vgl. *Vroom* [Psychology 97 f.]).

(13) Zufriedenheit ist das Ergebnis aus dem Vergleich der empfangenen Anreize mit dem Anreizerwartungswert, relativiert durch den zeitlich-sozialen Anreizvergleich. Je geringer die Divergenz zwischen Anreizerwartung, Anreizrealisation und zeitlich-sozialem Anreizvergleich ist, desto größer ist die Zufriedenheit des Mitarbeiters.

(14) und (15) Durch die Feststellung des Zielerreichungsgrades wie auch des beobachtbaren Motivbefriedigungsgrades ist der Regelkreis des Motivationsprozesses geschlossen, und es können nach Maßgabe vollzogener Abweichungsanalysen entsprechende Ziel- resp. Anreizanpassungsentscheidungen getroffen werden.

Bei der empirischen Erhebung von Daten zu den Prozeßpositionen 6, 7 und 9 muß man beachten, daß nicht nur — wie es bei den Herzberg-Studien geschah — Selbsturteile der beobachteten Mitarbeiter ermittelt werden, sondern daß zusätzlich auch korrespondierende Beurteilungen der direkten Vorgesetzten über Leistungseinsatz, Fähigkeiten/Eigenschaften, Zielerreichungsgrad und Zusammenhänge zwischen diesen Größen herangezogen werden und daß die Korrelation zwischen Eigen- und Fremdurteilen in die Auswertung einbezogen wird (vgl. *Porter/Lawler* [Attitudes]). Dadurch können subjektive Fehlurteile (Schönfärberei, Vorgesetztenvorurteile) leichter erkannt werden.

4. Motivationsinstrumente im Öffentlichen Verwaltungsbetrieb

In diesem Abschnitt werden eine Reihe von Motivationsinstrumenten dargestellt und in ihren Ausprägungen wie auch Wirkungsweisen beschrieben. Die Auswahl der Instrumente richtet sich nach Plausibilitätsüberlegungen und nach Erfahrungen, die man mit analogen Instrumenten im privatwirtschaftlichen Bereich gemacht hat. Mit der Beschränkung auf 8 Hauptinstrumente, die allerdings wiederum jeweils aus mehreren Bestandteilen bestehen, wird zugleich der pragmatische Aspekt betont, demgemäß auf ein übersichtliches, praktisch handhabbares Motivationsinstrumentarium Wert zu legen ist. Zu bedenken ist stets, daß zwischen den hier isoliert geschilderten Instrumenten vielfältige Wirkungsbeziehungen bestehen.

Am Rande sei darauf hingewiesen, daß ein entwickeltes, nicht ausschließlich auf finanzielle Kompensation abstellendes Anreizsystem nicht nur in motivationaler Hinsicht, sondern u. a. auch finanzwirtschaftlich von Bedeutung ist. Während die Vergütung zwangsläufig mit relativ hohen Ausgaben verbunden und eine leistungsmotivatorische Wirkung darüber hinaus nicht immer zu verzeichnen ist, sind eine Reihe anderer Anreize — vor allem intrinsischer Natur — nur mit bescheidenen oder sogar überhaupt keinen Ausgaben verknüpft und weisen z. T. eindeutigere Leistungsbezüge auf.

Dabei geht es keinesfalls darum, die Entlohnung, die ja zur Deckung vor allem physischer Bedürfnisse unumgänglich ist, durch andere Anreize zu ersetzen. Anzustreben ist vielmehr, daß man über gewisse Durchschnittsleistungen hinausgehende Mehrleistungen nicht mehr überwiegend durch das Versprechen finanzieller Vorteile, sondern durch ein pluralistisches, bedürfniskongruentes Anreizangebot stimuliert, in dem Geld einen wichtigen, aber nicht ausschließlichen Platz innehat. Dieser Aspekt der Relativität des Arbeitsentgeltes berührt unmittelbar das Selbstverständnis der Gewerkschaften, die auch im öffentlichen Bereich noch allzu einseitig auf die Sicherung ausreichender Lohnzahlungen abstellen, anstatt sich für eine umfassende Bedürfnisbefriedigung ihrer Mitglieder einzusetzen (vgl. auch *Berthel* [Unternehmungssteuerung 106]).

Wichtig ist also bei der Gestaltung des ÖVB-Anreizsystems, daß nicht einzelne Anreizelemente isoliert eingesetzt werden, sondern ein pluralistischer Anreiz-„Mix" Verwendung findet, in dem auch intrinsische Motivatoren ihren Platz haben.

a) Führungssystem

1. Aus dem Führungssystem wird als wichtigstes Element der Führungsstil als spezifische Verhaltensform der Mitarbeiterbeeinflussung herausgelöst. Dabei steht primär der motivationale Aspekt zur Diskussion, d. h. es werden Führungsbeziehungen hauptsächlich aus der Sicht des zu motivierenden Mitarbeiters beurteilt.

Ein Führungsstil wird im wesentlichen durch die *Ausprägungen* von drei Variablen geformt (vgl. z. B. *Franke* [Führungsform 467 f.]), die ihrerseits wieder aus einer Reihe von Elementen bestehen:

(1) Führerpersönlichkeit
- (a) Macht (Amtsautorität, Expertenmacht)
- (b) Fähigkeiten/Eigenschaften
- (c) Einstellung zum Zielsystem und zu den Mitarbeitern
- (d) Soziale Herkunft, Status usw.

(2) Geführtengruppe
   (a) Macht
   (b) Fähigkeiten/Eigenschaften
   (c) Rollenerwartung hinsichtlich des Vorgesetzten
   (d) Selbstverständnis (Einstellung zu Autorität, Demokratie usw., Selbstentfaltungswille)
   (e) organisatorische Struktur der Gruppe

(3) Situation
   (a) Ziel- und Tätigkeitsart der Gruppe
   (b) Zeit zur Zielerreichung
   (c) gesellschaftliche, kulturelle, technologische Umweltfaktoren

Aus der Darstellung dieses Variablengefüges wird ersichtlich, daß zur Erklärung des Führungsverhaltens weder eine Persönlichkeitseigenschaftstheorie, noch eine reine Gruppentheorie oder eine Situationstheorie ausreichen (vgl. auch *Hofstätter* [Sozialpsychologie 344 ff.]), sondern daß es auf die Interaktion dieser Variablen und ihrer Elemente ankommt. Die Wahl des Führungsstiles hängt damit von den jeweils gegebenen Variablenausprägungen ab. Daraus folgt gleichzeitig, daß es nicht nur zwei Stilextreme (autokratisch versus kooperativ) geben kann, sondern daß verschiedene Stilausprägungen in einem Kontinuum angeordnet sind, aus dem beispielsweise die folgenden fünf typischen Stile herausgegriffen werden können (vgl. auch die Unterscheidungen von *Wild* [Management-Konzeption 69]):

autokratisch	gemäßigt autokratisch	kooperativ	kollektiv	liberal

Autokratische Führung ist u. a. durch ein strenges Über/Unterordnungs- und Befehlssystem, starke Entschluß- und Kontrollzentralisation sowie Einsatz negativer Motivatoren gekennzeichnet. Die gemäßigt autokratische Führung unterscheidet sich von der erstgenannten vor allem durch bescheidene Delegationsversuche und gelegentlichen Einsatz positiver Motivatoren (Anerkennung, Lob). Die kooperative Führung gestattet den Mitarbeitern Partizipation nach Maßgabe ihrer Qualifikation und stützt sich auf ein ausgebautes Motivationskonzept. Der Vorgesetzte hat vor allem initiierende, beratende und koordinative Funktion. Kollektive Führung kennt kein ausgeprägtes Vorgesetzten/Untergebenen-Verhältnis mehr, eine Gruppe „führt“ sich selbst, sie verteilt die verschiedenen Führungsfunktionen — ggf. situativ — auf die Gruppenmitglieder (vgl. auch *Kelly* [Behavior 106 ff.]). Liberale Führung (Laissez-Faire) schließlich hat mehr den

Charakter von „Nicht-Führung“ und ist durch desorganisatorische Tendenzen geprägt (vgl. *Wild* [Management-Konzeption 71]).

2. Jeder Stiltyp hat bestimmte Wirkungen auf die Zufriedenheit der Mitarbeiter und auf die Zielerreichung des ÖVB, wobei die Koppelung der beiden Größen, wie erwähnt, nicht unproblematisch ist. Eine endgültige Antwort auf die Frage nach der Zielwirksamkeit von Führungsstilen ist bisher nicht möglich. Grundlegende Forschungen haben ursprünglich gezeigt, daß autokratische Führung eine höhere Zielerreichung als z. B. kooperative Führung bewirken kann, daß der Output aber in Abhängigkeit vom Druck der Sanktionen starken Schwankungen unterworfen ist und zudem hohe Unzufriedenheit die Folge ist. Eine kooperative Führung kann dagegen zu zwar evtl. geringfügig geringerem, dafür aber gleichmäßigerem und längerfristig anhaltendem Output führen (vgl. dazu die grundlegende Studie von *Lewin/Lippit/White* [Patterns]). Eine daraus möglicherweise zu folgernde Überlegenheit kooperativer Führung ist durch spätere Untersuchungen verschiedentlich in Frage gestellt worden (vgl. z. B. *French/Israel/As* [Participation] und insbesondere *Fiedler* [Contingency]). Fiedler hat empirisch ermittelt, daß ein mitarbeiterorientierter Führungsstil bei zwei Variablenausprägungskombinationen effektiv ist: Bei positiven Führer-Geführten-Beziehungen, novativen Gruppenzielen und schwacher Machtposition des Führers einerseits sowie bei weniger guten Beziehungen, Routinezielen und starker Machtposition andererseits. Bei anderen Variablenausprägungen zeigt kooperativer Führungsstil laut Fiedler geringere Effektivität als ein mehr autokratischer, sachorientierter Führungsstil.

3. Blake/Mouton stellen in einem vereinfachten Modell ebenfalls interessante Annahmen über die Wirkungsweisen alternativer Führungsstile auf (vgl. *Blake/Mouton* [Verhaltenspsychologie]). Danach lassen sich Führungsstile in einem *Verhaltensgitter* (managerial grid) nach Maßgabe der Stärke ihrer Mitarbeiter- und/oder Betriebszielorientierung kategorisieren (s. Abb. 15). Charakteristisch für das Verhaltensgitter sind seine vier Eckpunkte: der 9.9-Stil als theoretischer Idealpunkt maximaler Produktivitäts- und Mitarbeiterorientierung; der 1.9-Stil und der 9.1-Stil, die beide wegen mangelnder Produktivitäts- resp. Mitarbeiterorientierung abzulehnen sind; schließlich der völlig ineffektive 1.1-Stil.

Der Grundidee dieses pragmatischen und verständlichen Konzeptes, daß Führungskräfte nach einem Führungsstil streben sollten, der sowohl auf die Mitarbeiterinteressen Rücksicht nimmt wie auch für einen hohen Zielerreichungsgrad sorgt, ist zweifellos zuzustimmen, wenn auch Differenzierungen nach Maßgabe der Ausprägungen von

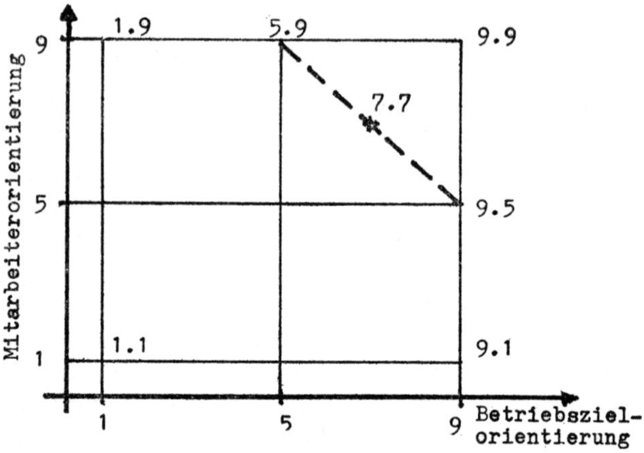

Abbildung 15

Führungsvariablen erforderlich sind. Zu beachten ist vor allem, daß der 9.9-Stil eine Idealvorstellung ist, die in der Realität nicht erreicht werden kann, weil sich Betriebs- und Mitarbeiterziele zumindest partiell stets konfliktär zueinander verhalten und auch durch optimale Motivation nicht gleichzeitig maximale Effektivität und maximale Zufriedenheit erzeugt werden kann (vgl. dazu auch *Bleicher* [Perspektiven 53 ff.]).

Eine realistischere Optimallinie effektiver Führungsstile scheint — hypothetisch — in der 9.5—7.7—5.9—Kurve zu bestehen, wie sie auch in Abb. 15 zum Ausdruck kommt. Die Wahl eines bestimmten dieser Führungsstile hängt insbesondere von der Führungssituation ab (vgl. dazu den Vorschlag in D.II.). Bei Innovationsprozessen ist wegen der höheren — und hier ausschlaggebenderen — Motivationskraft der 5.9-Stil vorzugswürdig (vgl. *Bleicher* [Perspektiven 54 f.]), bei Routineprozessen dagegen der 9.5-Stil. In Mischsituationen erscheint der 7.7-Stil geeignet, weil er — im Rahmen der angenommenen Optimallinie — hohe Betriebsziel- und hohe Mitarbeiterorientierung in sich vereinigt.

Der Zusammenhang zwischen den „Grid"-Typen und den oben geschilderten Führungsstil-Typen wird deutlich, wenn man erstere in das Führungsstilkontinuum einordnet:

9.1	9.5	7.7	5.9	1.9
autokratisch	gemäßigt autokratisch	kooperativ	kollektiv	liberal

4. Als Schlußfolgerung aus diesen Überlegungen ergibt sich, daß unbeschadet vorzunehmender Differenzierungen (s. Kap. D.II.) aus motivationaler Sicht als „Normalfall" der kooperative Führungsstil (7.7-Stil) zur Führung des ÖVB in Frage kommt, weil von ihm eine

relativ hohe Mitarbeitermotivation ausgeht und gleichzeitig die Zielerreichung durch den Vorgesetzten gewahrt werden kann. Die Motivationswirkungen bestehen vor allem in einer partnerschaftlichen Vorgesetzten-Untergebenen-Beziehung, die auf Vertrauen und Anerkennung basiert, ferner in qualifikationsgerechter Entscheidungspartizipation und infolge der Kooperation in ausgeprägten Gruppenkontakten. Dabei ist zu bedenken, daß ein gegenwärtig beobachtbares Wachsen des Demokratiebewußtseins und der Ablehnung autoritärer Einstellungen bei Verwaltungsmitarbeitern generell eine Führungsstil-Verschiebung in Richtung kooperativer Führung bewirkt, daß also die Durchsetzbarkeit von Führungsstilen fraglos von Rollenerwartungen und Rollenauffassungen der Geführten abhängig ist.

b) Teamsystem

1. Mit der Anreizvariablen Teamsystem werden Gruppenkontakte zur Mitarbeitermotivation eingesetzt. Dieser Einsatz geschieht gemäß der Erkenntnis, daß zwischenmenschliche Kontakte in betrieblichen Arbeitsgruppen unter bestimmten, noch zu schildernden Bedingungen hohe Motivationswirkung haben können (vgl. z. B. *Likert* [Patterns 106 ff.]).

Gruppe wird in diesem Sinne als ein Personensubsystem begriffen, das durch gemeinsame Interessen und Interaktionen verknüpft ist (vgl. *Kast/Rosenzweig* [Management 275]). Von Bedeutung ist insbesondere die Primärgruppe, deren Mitglieder direkt und unter Anwesenheit aller miteinander verkehren (face-to-face-group), so daß die Befriedigung sozialer Bedürfnisse unmittelbar erfolgen kann. Eine Primärgruppe kann eine Arbeitsgruppe im ÖVB sein, beispielsweise ein Büro, ein Teil eines Amtes oder eine Projektgruppe (task-oriented group), sie kann aber auch informaler Struktur sein, beispielsweise der Zusammenschluß von Angehörigen einer bestimmten Berufsgruppe in einer Abteilung oder eine Kegelsportgemeinschaft in einem Amt. Organisationspsychologisches Gestaltungsziel sollte es sein, die einem menschlichen Sozialisierungsbedürfnis entsprechenden, in Gruppen freigesetzten Aktivitäten für die betriebliche Zielerreichung nutzbar zu machen, d. h. Anreize zum formalen Gruppenzusammenhalt zu bieten, so daß sich das Bedürfnis der Mitarbeiter nach informalen, möglicherweise zieldivergenten Gruppenkontakten verringert.

2. Die Hauptursache der Leistungswirkungen von Arbeitsgruppen in motivationaler Hinsicht ist demnach im Vorhandensein sozialer Bedürfnisse der Mitarbeiter zu erblicken. Soziale Bedürfnisse sind beim Mitarbeiter eines ÖVB besonders ausgeprägt, weil seine physische

Bedürfnisschicht i. a. ausgeglichen ist. Soziale Kontakte tragen mithin zur Befriedigung sozialer Mitarbeiterbedürfnisse bei und öffnen darüber hinaus die Motivationsstrukturen in Richtung psychischer Bedürfnisse.

Daraus folgt, daß allein schon die Mitarbeit in einem — positiv zusammengesetzten — Team als Leistungsanreiz empfunden wird (vgl. auch *Albers* [Management 229 ff.]). Kommt dann noch eine sinnhafte, ausfüllende Tätigkeit hinzu, kann ein hohes Motivationsniveau der Mitarbeiter die Folge sein (vgl. beispielsweise die Erfahrungen im Bundesverkehrsministerium, dargestellt bei *Wilkenloh* [Programm 74 ff.]). Insbesondere die Verknüpfung der Anreizvariablen Teamsystem und Tätigkeitssystem führt zu günstigen motivationalen Effekten, wie sich bei der Einrichtung gruppenorientierter Entscheidungsprozesse erwiesen hat (vgl. z. B. die empirischen Ergebnisse von *Klein/Luytjes/Schaupp* [Participative Management 21]). *Allport* [Background 46] führt die synergistischen Effekte von Gruppenleistungen — abgesehen von ihrer Motivbefriedigungsfunktion — auf zwei Einflußgrößen zurück: auf emotionell bedingten Wettbewerb zwischen den Gruppenmitgliedern auf der einen Seite und auf dynamisierende Effekte der Ansichten anderer Mitglieder auf der anderen Seite. Dieser Zusammenhang ist indes in dieser allgemeinen Form nicht gültig. Es gibt durchaus Personen, die in bestimmten Situationen bei Gruppenarbeit weniger leistungsfähig sind als im Falle von Individualtätigkeit. Man kann generell drei verschiedene Wirkungsmöglichkeiten von Gruppenaktivitäten unterscheiden: (1) kann die Kollektivleistung die Summe möglicher Einzelleistungen übersteigen, (2) kann die Kollektivleistung der Einzelleistungssumme entsprechen und (3) kann die Kollektivleistung unter der Summe möglicher Einzelleistungen liegen, weil sich das „schwächste Glied der Kette" hemmend auf die volle Leistungsentfaltung der übrigen Gruppenmitglieder auswirkt.

3. Zu welchem Wirkungstyp die Gruppenaktivitäten tendieren, hängt von den Ausprägungen der Variablen Gruppenführer, Gruppenstruktur und Situation mit ihren Elementen ab, die analog bereits im Führungssystem dargestellt worden sind. Stark vereinfachend kann man beispielsweise sagen, daß eine relativ homogene, überschaubare, ständig interagierende Gruppe, deren Interessen auf die Zielkonzeption des ÖVB ausgerichtet sind und die durch einen mitarbeiterorientierten, die Gruppeninteressen schützenden Führer koordiniert wird, bei innovativen Problemlösungsprozessen eine hohe Leistungsmotivation und bei entsprechender Qualifikation auch einen hohen Output aufweisen wird.

Aus dem Variablenkomplex Gruppenstruktur können mit der Betriebszielorientierung und dem Gruppenzusammenhalt zwei Variablen herausgelöst werden, die treffend das motivationale Gestaltungsproblem von Gruppenprozessen charakterisieren (vgl. dazu *Kast/Rosenzweig* [Management 284 f.]):

Gruppenzusammenhalt		
	+ – koordiniertes, betriebszieldivergentes Gruppenverhalten	+ + koordiniertes, betriebszielkonformes Gruppenverhalten
	– – unkoordiniertes, betriebszieldivergentes Gruppenverhalten	– + unkoordiniertes, betriebszielkonformes Gruppenverhalten
	Betriebszielorientierung	

Abbildung 16

Nur wenn die Ausprägungen beider Variablen positiv sind, sind erfolgreiche Gruppenleistungen zu erwarten. Bei den übrigen drei Verhaltenstypen ergeben sich dagegen Minderleistungen infolge mangelnder Integration und/oder fehlenden Zielbezuges. So ist beispielsweise der Fall (+ —) durch starke, koordinierte Einflußaktivitäten der Mitglieder auf die Zielerreichungsprozesse des ÖVB gekennzeichnet, die — da die Gruppenziele von den Betriebszielen abweichen — die Betriebsergebnisse erheblich verfälschen können. Zudem ist zu beachten, daß infolge der Tendenz zur Gruppenkonformität „Leistungsausreißer" nach oben oder unten gerade bei stark kohäsiven Gruppen selten auftreten (Beispiel: Gruppenakkord), so daß das Leistungsniveau der Gruppe von der Gruppeneinstellung zum ÖVB abhängt (vgl. *Seashore* [Cohesiveness]). Gestaltungsziel in motivationaler Hinsicht ist es demnach, Gruppen derart zusammenzusetzen und zu motivieren, daß sich ein starker Zusammenhalt der Mitglieder einstellt, der aber die Leistungsentfaltung der Mitglieder nicht behindern darf, und daß die im Gruppenprozeß freigesetzten Aktivitäten sich in Richtung der Betriebsziele orientieren.

4. Die stabile Ausrichtung von Gruppenmitgliedern auf die Betriebsziele und die dauerhafte Abstimmung von formalen Rollenvorschriften und individuellen Rollenauffassungen stellen zweifellos erhebliche motivationale Anforderungen (vgl. *Luhmann* [Funktionen 106 f.]). Ein bedeutsamer Schritt in diese Richtung ist in dem auf eingehender soziometrischer Analyse basierenden Training zwischenmenschlichen Verhaltens zu sehen (interpersonal competence, vgl. zu diesem Problemkreis z. B. *Argyris* [Competence], *Schnelle* [Entschei-

dung 92], *Zaleznick* u. a. [Motivation 206 f.]). Ziel dieser Verhaltensförderung ist es, Gruppenmitglieder mit den Wirkungsweisen von Gruppenaktivitäten im allgemeinen und mit Konflikthandhabungsmöglichkeiten im besonderen vertraut zu machen, um dadurch die Interaktionen in Gruppen zu verbessern und letztlich das Problemlösungspotential der Gruppe zu erhöhen. Das Verhaltenstraining kann in spezifischen gruppendynamischen Veranstaltungen durchgeführt werden. Als Techniken bieten sich die Ausbildung in Trainings-Gruppen („T-Groups"; vgl. dazu z. B. *House* [Education]), insbesondere das Sensitivity-Training, an. Eine mehr führungsstil-orientierte Variante ist das Grid-Training (vgl. *Blake/Mouton* [Verhaltenspsychologie]).

c) *Tätigkeitssystem*

1. Aus der beruflichen Tätigkeit leiten sich erhebliche Motivationseffekte her. Wenn die physischen Bedürfnisse bereits weitgehend gedeckt sind und es gelingt, die Entfremdung des Mitarbeiters von seiner Tätigkeit abzubauen, kann der Arbeitsinhalt sogar der wichtigste Anreizfaktor überhaupt sein. Der Grad der Entfremdung hängt — abgesehen von einer generellen, ideologiebedingten Diskrepanz zwischen dem unselbständig Tätigen und seiner Arbeit — vor allem von der Größe des Beitrages ab, den der einzelne zum Ganzen leistet. Je unüberschaubarer das System und je geringer der Mitarbeiterbeitrag darin ist, desto schwerer wird dem Mitarbeiter Engagement und Akzeptanz fallen. Wege zur Stärkung des Engagements bestehen demgemäß zum einen in der Verringerung der Systemgröße, d. h. der organisatorischen Bildung überschaubarer Subsysteme, zum anderen in der „Anreicherung" der Tätigkeiten.

2. Das Wesen der *Tätigkeitsanreicherung,* die sich derzeit einer gewissen Aktualität erfreut (vgl. z. B. *Grothus* [Job enrichment], *Herzberg* [Employees 59 ff.], *Myers* [Employee], *Paul/Robertson* [Job Enrichment], *Rush* [Job Design], *Schmale* [Abkehr]), ist darin zu sehen, daß man versucht, Stellenziele so zu bestimmen, daß die Fähigkeiten der Stelleninhaber voll ausgeschöpft und im Tätigkeitsverlauf weiterentwickelt werden und daß das Arbeitsergebnis soweit wie möglich eine erkennbare, sinnhafte, komplette Einheit bildet.

Ziel der Tätigkeitsanreicherung ist es, die Arbeitsmonotonie zu verringern und durch die Erzeugung von Erfolgserlebnissen die Leistungsmotivation zu steigern. In gewissem Sinne wird hierdurch eine Gegenbewegung zum Scientific Management ausgelöst, dessen Hauptziele eine weitgehende Vereinfachung der Verrichtungen und möglichst hochgradige Spezialisierung der Tätigkeiten sind (vgl. *Taylor* [Management]). Technische Spezialisierung und motivatorische Generalisierung sind in diesem Sinne konfliktäre Ziele, die aufeinander abzustimmen sind.

3. Obwohl sich die Bestrebungen um Tätigkeitsanreicherung derzeit noch primär auf hochgradig strukturierte Aktivitäten wie beispielsweise Fließbandarbeit richten, gibt es auch im öffentlichen Bereich vielfältige Ansatzmöglichkeiten. Ein Beispiel gibt *Staerkle* [Voraussetzungen 29]: Die Steuerverwaltung St. Gallen war aus Rationalisierungsüberlegungen nach Steuerarten gegliedert und die Mitarbeiter hatten relativ spezialisierte Funktionen zu erfüllen. Im Zuge einer Neuorganisation wurden den Mitarbeitern vollständige Vorgänge überlassen, was positive Wirkungen sowohl auf Arbeitszufriedenheit als auch -leistung hatte.

Folgende Möglichkeiten der Tätigkeitsanreicherung kommen generell in Frage:

(1) Anreicherung des Inhalts einer bisher schon ausgeübten Tätigkeit, beispielsweise durch Einräumung eines größeren Freiheitsspielraums, durch die Berücksichtigung lerntheoretischer Erkenntnisse (Lernkurven) oder durch die Förderung von Kreativität;

(2) Schaffung neuer, sinnhafter, interessanter Tätigkeiten durch Zusammenlegung zusammengehöriger Teilaktivitäten bzw. durch Zuladung von Teilaktivitäten zu bisher bereits ausgeübten Tätigkeiten;

(3) Anreicherung von Tätigkeiten durch Ermöglichung der Partizipation an anderen Entscheidungsprozeßstufen, vor allem durch Übertragung von Entschluß- und Kontrollkompetenzen und der zugehörigen Verantwortung. Dabei ist aus mehrfach erwähnten Gründen auch die Partizipation an Zielsetzungs-Entschlüssen anzustreben. Soweit es die Komplexität des Entscheidungsproblems gestattet, sollte man also Planung, Realisation und Kontrolle eines Stellenzieles in einer Person vereinigen (*Myers* [Employee 264]).

(4) Anreicherung der Tätigkeit durch Verbesserung der Tätigkeitsbedingungen, beispielsweise durch Arbeitsplatzgestaltung, Vervollkommnung der Hilfsmittel oder der klimatischen Bedingungen. Motivatorisch von Bedeutung ist auch die Arbeitszeitregelung, deren individuelle Festlegung auf die zeitlich unterschiedlichen Leistungsverteilungen von Mitarbeitern Rücksicht nimmt (vgl. zur motivationalen Problematik der hiermit angesprochenen gleitenden Arbeitszeit *Hackh* [Arbeitszeit 59 ff.]).

4. Vielfach wird zwischen *horizontaler* und *vertikaler* Tätigkeitsanreicherung unterschieden (vgl. z. B. *Myers* [Employee 262 ff.], *Herz-*

berg [Employees 59]). Bei horizontaler Anreicherung (job enlargement) wird dem Mitarbeiter lediglich eine Anzahl weiterer, gleichartiger und gleich schwerer Verrichtungen auferlegt, bzw. er wird im Wechsel (job rotation) mit verschiedenen gleichartigen Verrichtungen betraut, wodurch zwar zweifellos die Monotonie gebremst, die Sinnhaftigkeit der Tätigkeit aber nicht gesteigert werden kann (*Herzberg* [Employees 59]). Bei vertikaler Anreicherung (job enrichment) wird hingegen versucht, die Fähigkeiten der Mitarbeiter auszuschöpfen, indem ihre Ausgangstätigkeiten durch schrittweise Übertragung weiterer Aktivitäten respektive Prozeßstufen ihrer dynamisch wachsenden Leistungsstruktur angepaßt werden. Zwischen horizontaler und vertikaler Anreicherung können eine Reihe von Zwischenausprägungen auftreten. Obwohl zweifellos die vertikale Tätigkeitsaufladung das motivatorisch effektivere Verfahren darstellt, gibt es eine Reihe von einfachen ungelernten Tätigkeiten, bei denen eine echte Anreicherung des Arbeitsinhalts schwerfällt, und ein „Hochloben" der Arbeit eher manipulativen Beigeschmack erhalten würde. In solchen Fällen kann eine „diagonale" Anreicherung bereits als wirksamer Beitrag zur Bekämpfung der Arbeitsmonotonie angesehen werden. Grundsätzlich gilt allerdings für derartige Routinetätigkeiten, daß sie automatisierungsverdächtig sind, soweit es sich um stetige, gleichartige Verrichtungen handelt (vgl. *Drucker* [Praxis 352]).

5. Konkrete Möglichkeiten für Tätigkeitsanreicherungen im ÖVB werden wie folgt gesehen:

(1) Einräumung größerer Entscheidungsspielräume durch Abbau der bürokratischen Vornormierung von Entscheidungsprozessen;

(2) Zumindest teilweiser Ersatz von Fremd- durch Selbstkontrollen;

(3) Integration von bislang arbeitsteilig durchgeführten Verrichtungen zu Tätigkeitseinheiten, wobei Motivationseffekte insbesondere dann auftreten, wenn diese Aktivitäten gemeinsam in einer Arbeitsgruppe durchgeführt werden;

(4) Entwicklung einer zugkräftigen „Behörden-Philosophie", die über ein motivierendes ÖVB-Image ein befriedigendes „Tätigkeitsgefühl" und Engagierungseffekte beim Mitarbeiter hervorruft. Trotz effektiv geringerer Gestaltungsfreiheit ziehen beispielsweise viele Führungsnachwuchskräfte eine Tätigkeit in der Ministerialbürokratie der wesentlich abwechslungsreicheren Arbeit eines kommunalen Behördenleiters vor, weil man Ministerialbeamten glaubhaft zu machen versteht, ihre Handlungen hätten nationale Tragweite und somit größere Attraktivität. Die „Behördenphilosophie" beispielsweise im alten Preußen war im Hinblick auf damalige Leistungs- und Motivationsstrukturen durchaus wirkungsvoll, da sie durch Staatsethos, Ordensverleihung und sozialen

Status zumindest eine hohe Teilnahmemotivation auf Seiten der „Staatsdiener“ induzierte.

(5) Ausschöpfung und Steuerung der bei Verwaltungsmitarbeitern oftmals stärker ausgeprägten politischen Motivation, indem die sich sonst meist unkontrolliert und einseitig parteipolitisch artikulierenden politischen Interessen der Mitarbeiter in für die Allgemeinheit wichtige politische Gestaltungsprozesse kanalisiert werden;

(6) Ermöglichung und Förderung der Entfaltung kreativer Verhaltensweisen, um die Gewinnung neuartiger Problemlösungsideen zu gewährleisten und dem menschlichen Bedürfnis nach kreativer Selbstentfaltung entgegenzukommen.

Eine Möglichkeit zur Entwicklung kreativer Verhaltensweisen mit ausgeprägt motivatorischem Bezug ist das Betriebliche Vorschlagswesen, das Mitarbeiter für Verbesserungsvorschläge mit Prämien belohnt und sozusagen eine indirekte Form der Tätigkeitsanreicherung darstellt, indem der Mitarbeiter zum Nachdenken über Mängel in seinem Arbeitsgebiet (und außerhalb dessen) veranlaßt wird (vgl. Erlaß der Bundesregierung über das Vorschlagswesen in der Bundesverwaltung vom 26. 4. 1961, BGBl. S. 259 ff.). Wenn auch das Vorschlagswesen ein „Produktionsumweg“ ist und sich i. a. erst nach einigen Jahren zu lohnen beginnt, sind doch die motivatorischen Effekte von Anfang an beachtlich. Deutsche ÖVB hinken in dieser Hinsicht stark hinter der Entwicklung her, was sich z. B. an den Beteiligungsquoten von 1—4 % deutscher Verwaltungsmitarbeiter am Vorschlagswesen im Vergleich etwa zu Quoten von 20—30 % im Bereich der US-Bundesverwaltung zeigt (vgl. *Höckel* [Vorschlagswesen 190]).

6. Bei einer Prüfung möglicher *Vorteile* von Tätigkeitsanreicherungen für den ÖVB sind neben den eigentlichen motivatorischen Effekten (Verringerung der „Unterforderung“ von Mitarbeitern, Induzierung von Erfolgserlebnissen, Engagement und Zielakzeptanz) vor allem die Wirkungen auf die Qualität von Mitarbeiterleistungen und deren Entwicklung durch Lernimpulse, Kreativitätsentfaltung und Verantwortungssteigerung zu nennen (vgl. *Drucker* [Praxis 309 ff., 349 ff.]). Daneben ist zu erwähnen, daß laut empirischem Befund mit einer Verringerung des Kontrollaufwandes, mit einer erhöhten organisatorischen Flexibilität und mit einer Verringerung von Krankenstand und Fluktuation gerechnet werden kann (vgl. *Grothus* [Job enrichment 38]). Darüber hinaus ist nicht auszuschließen, daß es zu einem Abbau der Leitungshierarchie im ÖVB kommen kann, weil durch die Übernahme stellenbezogener Planungs- und Kontrollaktivitäten seitens der Untergebenen die Stellen beispielsweise von Gruppenlei-

tern überflüssig werden können (vgl. zu empirischen Bestätigungen dieser Vermutung *Myers* [Employees 275]).

7. Daneben müssen allerdings einige wichtige *Probleme* in die Betrachtung einbezogen werden. Erstens darf nicht in die Extremposition zum Scientific Management verfallen werden, indem ausschließlich der Mensch und seine Bedürfnisse berücksichtigt werden. Angesichts der technologischen Entwicklung ist auch im ÖVB von Mensch-Maschine-Systemen als Basiseinheiten auszugehen. Ökonomische Aspekte werden also vielfach gegen eine motivatorisch gerechtfertigte, entspezialisierende Tätigkeitsanreicherung sprechen. Zweitens ist bei der Tätigkeitsvariation darauf zu achten, daß die Anreicherung nicht in eine Überforderung des Mitarbeiters umschlägt, was sich in Mißerfolgserlebnissen und entsprechender Unzufriedenheit äußern kann. Drittens schließlich darf die Gefahr der Manipulation von Mitarbeitern nicht übersehen werden. Vorgesetzte können leicht in Versuchung kommen, eine Leistungssteigerung durch ein dem wahren Tätigkeitscharakter inadäquates Betonen der Bedeutung von Tätigkeiten und Loben zu induzieren.

Zusammenfassend sei betont, daß durch allmählichen Ausbau des Tätigkeitssystems ein Typ des „mündigen", eigenverantwortlichen Verwaltungsmitarbeiters herangebildet werden kann. Je größer der Mitarbeiterkreis ist, der außer direkten Ausführungsfähigkeiten eine betriebliche Gesamtschau besitzt und tiefergehendes Verständnis für die sozialen, ökonomischen und technischen Verwaltungsprobleme hat, desto besser kann der ÖVB die zukünftigen Leistungsziele erfüllen (vgl. auch *Fürstenberg* [Führungsstile 42 f.]).

d) Vergütungssystem

Die Vergütung als Motivationsinstrument im ÖVB sollte vor allem unter dem Aspekt einer erkennbar leistungsbezogenen und leistungsgerechten Entlohnung bemessen werden. Finanzielle Anreize wirken, wie bereits ausgeführt, nur dann als Motivatoren, wenn für den Mitarbeiter ein „path-goal-approach" zwischen Leistung und gebotenem Entgelt erkennbar ist. Um diesen Zielbezug sicherzustellen, ist es erforderlich, daß Verwaltungstätigkeiten mit Hilfe möglichst objektiver Methoden in ihren Anforderungen beurteilt werden und Leistungsschwankungen nach oben oder unten von kongruenten Leistungsentgelten begleitet werden. Mehr als die absolute Höhe der Vergütung wird dabei vom Mitarbeiter ein relativer Gehaltsvorsprung gegenüber seinen Kollegen als Leistungsanreiz empfunden, weil ihm dies Anerkennung signalisiert und sein Wettbewerbswille gegenüber den Gruppenmitgliedern stimuliert wird.

Zur individualorientierten Vergütungsbemessung kann die Dienstpostenbewertung herangezogen werden (vgl. dazu vor allem das Gutachten der *KGSt* [Stellenbewertung]). Dieses Instrument wurde bisher — wenn überhaupt — vor allem in Form der summarischen Arbeitsbewertung angewendet (vgl. *Gscheidle* [Personalwirtschaft 47]). Neuerdings im Vordringen ist die genauere und objektivere analytische Arbeitsbewertung, bei der die Tätigkeitsanforderungen in mehrere Merkmalsgruppen gegliedert und mit Punkten bewertet werden (bei der Stadtverwaltung Zürich unterscheidet man etwa 4 Merkmalsgruppen: Kenntnisse/Fähigkeiten, Verantwortung, Beanspruchung, Gesundheitsgefährdung; vgl. *Bühler* [Arbeitsbewertung 84 ff.], ferner den ähnlichen Entwurf des Bundesinnenministeriums, beschrieben in *o. V.* [Denken]). Die Ergebnisse der Dienstpostenbewertung gehen in die Stellenbeschreibung ein. Ein besonderer Vorteil der Stellenbewertung ist darin zu sehen, daß spezifische Stellenanforderungen wie beispielsweise bestimmte Kreativitätspotentiale institutionalisiert werden.

Ein objektives Leistungsbewertungsverfahren nützt allerdings nur etwas, wenn die gewonnenen differenzierten Entgeltmaßstäbe auch über ein differenziertes Vergütungssystem in äquivalente Geldbeträge umgesetzt werden können, was eine Auflockerung der starren Besoldungsvorschriften bedingt. Ohne hier auf Einzelvorschläge eingehen zu können, gelten als Hauptanforderungen an ein leistungsgerechtes Vergütungssystem des ÖVB, daß kein gehaltlicher Unterschied zwischen Beamten und Angestellten gemacht wird, sofern sie Gleiches leisten, daß die altersbedingten Vergütungsdifferenzen bei gleicher Leistung auf ein aus sozialen Gründen erforderliches Maß reduziert werden, daß das Vergütungssystem — vor allem hinsichtlich der Vergütung von Spezialistentätigkeiten — feiner abgestuft wird und einen größeren Spielraum bietet und daß auf Mehrleistungen wie Überstunden schnell reagible Mehrentgelte folgen, — eine Tendenz, die gerechterweise in gemildeter Form auch für Minderleistungen gelten müßte. Auch Prämiensysteme bei Sonderleistungen (z. B. Kosteneinsparungen, herausragende Outputqualität) sind als Bestandteil des Vergütungssystems zur Leistungsmotivation geeignet (vgl. z. B. *Zeitler* [Zulagen 336]).

e) Aufstiegssystem

Die Chance beruflichen Aufstiegs stellt für die meisten Mitarbeiter des ÖVB einen wichtigen und starken Anreiz dar (vgl. dazu auch Abschnitt C.IV.3.). Empirische Untersuchungen, u. a. in der amerikanischen Bundesverwaltung, haben dies eindeutig bestätigt (vgl. *Porter/Lawler* [Attitudes 177]). Voraussetzung ist allerdings, daß die Aufstiegschancen individuell unter Beachtung vorhandener Leistungsdifferenzen gewährt werden. Generelle Stellenanhebungen oder automatische Beförderungen ohne eigenes Zutun aufgrund des Dienstalters sind dagegen motivatorisch ohne Bedeutung, weil damit keine Motivationsspannung aufgebaut wird und weil der einzelne daraus keine Anerkennung und kein Erfolgserlebnis ableiten kann.

Problematisch ist bei diesem Motivationsinstrument die isolierte Bestimmung des Motivationseffektes, weil Beförderungen meist mit anderen Anreizen wie Gehaltszulage, höherem Ansehen, größerer Machtbasis, Recht auf vermehrte Partizipation sowie auf Statussymbole verknüpft sind (vgl. *Vroom* [Work 152]). Ferner kommt es mitunter auch zu Scheinbeförderungen, die keinen echten beruflichen Fortschritt, sondern allenfalls Statusgewinn (Titel) mit sich bringen (vgl. auch *Fürstenberg* [Aufstiegsproblem 140 f.]).

Zufriedenheit und Leistungsbereitschaft werden durch die *Aufstiegserwartung* des Mitarbeiters und deren Realisation bestimmt (vgl. *Rosenstiel* [Motivation 122 f.]). Bei starker Diskrepanz von erwartetem und realisiertem Aufstieg treten Überraschungseffekte auf, so etwa in Form von Frustrationen bei hoher Erwartung und nicht erfolgtem Aufstieg. Dem wirken u. a. klare Aufstiegsrichtlinien entgegen, wie sie in dem in dieser Hinsicht positiven gegenwärtigen Laufbahnsystem zum Ausdruck kommen. Sie tragen dazu bei, die Erwartungen den Aufstiegsrealitäten anzupassen. Aus der Erkenntnis der Motivationskraft des Anreizfaktors Aufstieg leiten sich *Konsequenzen* im Hinblick auf vier Aspekte des Aufstiegssystems her.

(1) Ein motivationswirksames Aufstiegssystem sollte offen und durchlässig sein. Das bedeutet zunächst, daß keine starren Einstellungsvoraussetzungen aufgestellt werden. Die Durchlässigkeitsforderung besagt ferner, daß man ein Aufstiegssystem nicht — wie es eklatant für den gehobenen Dienst zutrifft —nach oben hin bis auf geringe Ausnahmen („Aufstiegsbeamte") willkürlich abschließen, sondern die Aufstiegschancen unter sukzessiver Erhöhung der Anforderungen grundsätzlich offenhalten sollte, so daß ein eingliedriges kontinuierliches Aufstiegssystem die Folge ist (vgl. *Thieme* [Zweiteilung 155]).

(2) Die gleichen Flexibilitätsüberlegungen gelten sinngemäß für die Einordnung in eine bestimmte Stufe des Aufstiegssystems. Auch hier ist eine individuelle Einstufung von Neueintretenden mehr am Platze als die summarische Einstellung in die Eingangsstufe einer Laufbahngruppe.

(3) Zur Regelung des Ausscheidens aus dem ÖVB und zum Sinn des „Lebenszeitprinzips" sind aus motivationaler Sicht bereits Überlegungen angestellt worden (vgl. S. 120). Aus den erwähnten Gründen bietet

sich als Kompromiß zwischen positiven und negativen Wirkungen der Unkündbarkeit ein aus sozialen und motivatorischen Aspekten gerechtfertiger langfristiger Kündigungsschutz für Verwaltungsmitarbeiter an.

(4) Hinsichtlich der Beförderung im eigentlichen Sinne, d. h. der beruflichen Fortentwicklung über mehrere Stufen des Aufstiegssystems hinweg, gilt uneingeschränkt das Leistungserfordernis, weil einzig eine an den individuellen Leistungsdifferenzen orientierte, klare und als hinreichend objektiv akzeptierte Aufstiegsregelung motivational effektiv ist. Dazu gehört auch eine aussagefähige Karriereplanung, die dem Mitarbeiter seine konkreten Entwicklungsmöglichkeiten im ÖVB aufzeigt. Zu diesem Zwecke muß das Aufstiegssystem allerdings genügend differenziert sein. Eine wichtige Voraussetzung in den Bereichen, in denen Leitungs- und Teamsystem ausgeprägt vorhanden sind, wäre die Installation einer Doppelhierarchie (Ergänzung des Leitungssystems durch ein Expertensystem), um ein Umschlagen von Spezialisten- in Leitungsaktivitäten bei bestimmten Beförderungssprüngen, wie etwa im Falle eines Lehrers, der nur zum Rektor befördert werden kann, zu verhüten (vgl. hierzu *Thieme* [Stiefkind 60]). Dadurch könnten für Leitungsfunktionen ungeeignete Mitarbeiter ihre Karriere im Expertensystem fortsetzen und somit ihr Aufstiegsmotiv befriedigen.

Auf die motivationale Wirkung von innerbetrieblichen Stellenausschreibungen und Mitarbeitergesprächen als wichtigen Instrumenten im Aufstiegssystem sei abschließend hingewiesen (vgl. im einzelnen S. 167 ff.).

f) Statussystem

Der Status von Menschen in sozialen Systemen — als Ausdruck relativer Wertschätzung durch die Mitglieder (vgl. *Pfiffner/Sherwood* [Organization 274]) — wird durch eine Fülle von Variablen wie soziale Herkunft, Ausbildung, persönliche Eigenschaften und Leistungen, Macht, Handlungsfreiheit, Eigentum, Rang, Titel, Arbeitsentgelt sowie eine Vielzahl von Statussymbolen bestimmt, die vom Betrieb nur partiell kontrolliert werden können (vgl. dazu vor allem die grundlegenden Arbeiten von *Parsons* [Essays 171 ff.] und *Homans* [Group]).

Wie dargelegt, verfügt der ÖVB i. a. über ein relativ gut ausgebautes Statussystem, das sich in der Rangordnung, in Titeln oder auch in spezifischer Dienstkleidung dokumentiert. Die Motivationswirkung ist allerdings nicht klar bestimmbar und die Vorteilhaftigkeit eines Statussystems demnach nicht eindeutig beurteilbar. Statusdeterminanten haben den Charakter von Instrumentalvariablen, die zur Befriedigung von Anerkennungsbedürfnissen dienen (vgl. *Kluth* [Soziologie 76]), und haben keinen motivationalen Eigenwert. Überdies ist eine Überlappung zwischen Aufstiegs- und Statussystem festzustellen, weil eine „ehrenvolle" Position vielfach als Statusbefriedigung empfunden wird.

Die Vorteilhaftigkeit eines Statussystems hängt daher vor allem davon ab, welchen positiven Beitrag die Statusanreize zur Mitarbeitermotivation und zur Organisationsentwicklung generell leisten und inwiefern sie ggf. durch andere Anreizelemente ersetzt werden können. Ein Statussystem kann immerhin erhebliche negative Folgen haben, weil es mit anderen Motivationsinstrumenten partiell unverträglich ist und, falls es auf starker rangmäßiger Differenzierung beruht, überkommene hierarchische Strukturen zementiert und zu fortschrittshemmenden Mitarbeitereinstellungen führt. Daneben trägt ein derartiges Statussystem nicht gerade zur Gleichberechtigung von Organisationsmitgliedern bei (vgl. *Kast/Rosenzweig* [Management 246 f.]), wie sie derzeit vielfach gefordert wird, sondern verstärkt noch die Abstufungen und Barrieren, so daß ein rangorientiertes Statussystem einem fortschrittlichen Personalentwicklungskonzept eher entgegensteht.

Ferner ist auch die ökonomische Seite von Statusdeterminanten zu beachten, denn das Streben nach Status ist aufwendig. Viele Mitarbeiter verwenden einen beachtlichen Anteil ihrer Arbeitszeit darauf, ihren Status gegen Konkurrenten abzusichern. Die Kosten von Statussymbolen (Beispiel: Büroausstattung, Dienstwagen) sind ebenfalls nicht unbedeutend (vgl. *Kelly* [Behavior 227 f.]).

Statussysteme scheinen jedoch naturnotwendig und unvermeidbar zu sein, da das Statusstreben den Charakter einer Selbstdarstellungsstrategie hat und Status als Substitut für persönliche Achtung aufzufassen ist (vgl. *Luhmann* [Funktionen 393]). Das motivatorische Ziel kann demnach nur lauten, das Statusstreben der Mitarbeiter in die richtigen Bahnen zu lenken. Bei der Schaffung eines motivationswirksamen Statussystems sollte man folgende Aspekte bedenken:

(1) Auch für das Statussystem gilt das motivationstheoretische Grundprinzip, daß nur ein unbefriedigtes Bedürfnis motivierend wirkt, mithin nur ein angestrebter aber unerreichter Status einen Leistungsanreiz ausübt; bei erreichtem Status kann nur die Statusangst (negativ) motivierend wirken. Ein effektives Statussystem muß daher ausreichend viele Statuschancen bieten, die aber nur durch überdurchschnittlichen Leistungseinsatz erreichbar sein dürfen.

(2) Status ist von seiten des ÖVB nur bedingt steuerbar, da es sich dabei um eine Wertschätzungsrelation zwischen dem Statusinhaber und seinen Gruppenmitgliedern handelt. Die ÖVB-Leitung kann aber

ihren Organisationsmitgliedern durch Zuweisung entsprechender Statussymbole (Rang, Titel, „Insignien“) positionalen Status verleihen (vgl. *Kast/Rosenzweig* [Management 246]). Dabei scheint es erforderlich, vom hierarchischen auf funktionalen Status überzugehen, weil hierarchischer Status nur beschränkt verfügbar ist und überdies dysfunktionale Folgen hat. Eine zunehmende Attraktivität des funktionalen Status, die sich auch in entsprechenden Berufsbildern äußert (vgl. dazu auch die aufschlußreiche Schrift über den Planer in der Öffentlichen Verwaltung von *Klein* [Berufsbild]), bietet hingegen breitere und positivere motivatorische Ansatzpunkte.

(3) Bei der Entwicklung von Statussymbolen sollte man generell darauf achten, daß die Symbole möglichst eng mit der Zielerreichung verknüpft werden, anstatt sie als Instrumente der Ersatzbefriedigung zu konstruieren, die die Statusinhaber eher von ihrer zielerreichenden Tätigkeit abhalten, anstatt sie dazu anzuspornen.

(4) Wichtige Bedingung eines Statussystems ist die Statusgerechtigkeit. Statussymbole müssen in Übereinstimmung mit der Leistung des Empfängers verliehen werden, sonst erzeugen sie Unzufriedenheit unter den übrigen Gruppenmitgliedern. In Organisationen entwickelt sich meist ein sehr feines Gespür dafür unter den Mitgliedern, ob Statusverteilungen gerecht sind (vgl. dazu die Beispiele bei *Albers* [Management 237]).

g) Sozialsystem

Wie bereits erläutert, sind aus motivationaler Sicht hinsichtlich der Sozialleistungen des ÖVB keine wesentlichen Verbesserungen vorzuschlagen, weil ihre Wirkung auf die Leistungsmotivation gering ist, sie aber andererseits aus sozialpolitischen Gründen nicht verringert werden können. Man sollte im Lichte einer Vereinheitlichung des Mitarbeiterstandes lediglich dafür sorgen, daß die letzten Unterschiede in der sozialen Stellung von Beamten, Angestellten und Arbeitern abgebaut werden, um hier nicht Ungerechtigkeitsemotionen zu nähren, die das Betriebsklima beeinträchtigen können.

h) Ordnungssystem

Aus motivationaler Sicht müßte gefordert werden, das relativ strenge Ordnungssystem des ÖVB abzuschaffen, zumindest aber stark abzumildern. Wenn man nämlich versucht, die Führung auf der Basis von Befehl und Kontrolle durch ein kooperatives, mitarbeiterorientiertes Managementkonzept zu ersetzen, dann bildet darin ein auf Gehorsam und Disziplinarmaßnahmen basierendes Ordnungssystem zweifellos einen Fremdkörper. Bei einer integrativen Führung soll ja gerade versucht werden, äußere Zwänge durch innere Motivationsimpulse zu ersetzen. Allerdings stellt sich hier ein durchaus offenes und an dieser Stelle unentscheidbares Problem: Einerseits hat ein strenges Ordnungssystem ohne Zweifel negative motivatorische Wirkungen. Andererseits darf ein so großes, unübersichtliches und diffiziles soziotechnisches System wie ein ÖVB, der lebenswichtige Funktionen für die Gesellschaft zu erfüllen hat, nicht dem Risiko ausgesetzt werden, daß seine Zielerreichung von einigen Böswilligen, die durch Motivationsimpulse nicht erreichbar sind, manipuliert wird. Ein bestimmtes Minimal-Ordnungssystem scheint zur Gewährleistung der „Spielregeln" daher unabdingbar zu sein.

Betrachtet man im Lichte dieses Kompromisses die derzeit gültigen Variablen des Ordnungssystems, erscheinen folgende Änderungen plausibel:

(1) Die *Gehorsamspflicht* ist in einer modernen Managementkonzeption auf ein Minimum reduzierbar. Gehorsam braucht von den Mitarbeitern nur bezüglich der Befolgung vereinbarter Stellenziele sowie in Ausnahmesituationen bezüglich der Befolgung von Vorgesetztenanweisungen gefordert zu werden. Die Gehorsamspflicht sollte stets aus der Sache erwachsen und möglichst wenig an die Person des Vorgesetzten geknüpft werden.

(2) Hinsichtlich des *Disziplinarsystems* gilt, daß ein gerechtes, klar abgestuftes, situationsadäquates Bündel disziplinarischer Maßnahmen gegen diejenigen Mitarbeiter erforderlich ist, die die Verhaltensregeln im ÖVB dauernd und offenkundig mißachten (vgl. *McFarland* [Management 561 f.]). Dabei sollte nicht die Abschreckungsfunktion, sondern das Lernprinzip im Vordergrund stehen, denn Disziplinarmaßnahmen sollen Lernimpulse zur Verhaltensänderung der Betroffenen liefern, wenn andere Lernmechanismen wie z. B. Mitarbeitergespräche keinen Erfolg zeigen. Konsequenz des Lernprinzips ist etwa, daß Vermerke in Personalakten bei erzielten Verhaltensänderungen gelöscht werden.

Die Motivationswirkung der Androhung von Disziplinarstrafen ist wie analog die Abschreckungsfunktion des allgemeinen Strafrechts als nicht sehr hoch im Vergleich zur Wirkung des interpersonalen Pflichtbewußtseins resp. Rechtsempfindens anzusehen, wie rechtspsychologische Untersuchungen immer wieder gezeigt haben (vgl. *Thieme* [Zweiteilung 150]). Es ist auch zu bedenken, daß einerseits der Vorgesetzte über andere und wirksamere Möglichkeiten der Disziplinierung wie Nichtbeförderung, andere Geschäftsverteilung oder distanziertes Verhalten verfügt (vgl. *Thieme* [Zweiteilung 150 f.]) und andererseits Arbeitsgruppen eigene subtile und wirksame Sanktionsmechanismen entwickeln, die „offizielle“ Disziplinarmaßnahmen teilweise überflüssig machen.

Eine wesentliche Forderung ist in diesem Zusammenhang die Aufhebung des Doppelbestrafungsprinzips bei außerdienstlichen Verfehlungen. In einem demokratischen Rechtsstaat sollten Bedienstete des Staates weder im Guten noch im Schlechten anders als ihre Mitmenschen behandelt werden. Es ist nicht einzusehen, weshalb die Bestrafung im Privatleben begangener Rechtsverstöße durch die zuständigen Gerichte für Staatsdiener nicht ausreichend sein soll. Die Verletzung der Staatswürde durch Privatverfehlungen eines einzelnen Bediensteten erscheint in der heutigen anonymen Massengesellschaft jedenfalls kein ausreichendes Argument zu sein. Verständlich ist allenfalls, daß der ÖVB von einer bestimmten Strafhöhe ab die Mitgliedschaftsfrage stellt, weil derart bestrafte Personen Verhaltensmängel offenbaren, die auf analoges Fehlverhalten im Betrieb schließen lassen.

IV. Personalentwicklung

1. Notwendigkeit und Aussage des Elementes

1. Das letzte Grundelement einer Managementkonzeption des ÖVB ist insofern von besonderer Bedeutung, als es direkt auf die Verbesserung der Leistung des Mitarbeiterpotentials gerichtet ist. Die Personalentwicklung ist gewissermaßen ein logistisches Subsystem des Managementsystems, weil es die personellen Voraussetzungen für ein Funktionieren des Managements schafft. Die qualitative Struktur des „Produktionsfaktors Arbeit“, wie sie sich etwa in einem starren und traditionsverhafteten Personensystem dokumentiert, stellt einen Hauptengpaß im ÖVB dar (vgl. *Chmielewicz* [Betriebswirtschaftslehre 588]), so daß Strategien zu ihrer Verbesserung einen hohen Beitrag zur Effizienzsteigerung des ÖVB leisten können.

Maßnahmen der Personalentwicklung sind darauf gerichtet, Wissen, Fähigkeiten und Verhalten von Verwaltungsmitarbeitern den aus gegenwärtigen, vor allem aber zukünftigen Leistungszielen des ÖVB resultierenden Anforderungen anzupassen und den Mitarbeitern die Chance einer Verbesserung ihrer Stellung im Tätigkeits-, Aufstiegs- und Statussystem einzuräumen (vgl. *House* [Management Development 105]). Dabei erscheint es grundsätzlich unzweckmäßig, die Betrachtung auf den Kreis der Führungskräfte einzuengen, wie dies etwa *v. Eckardstein* [Laufbahnplanung], *Klosinski* [Auslese], *Kruppa* [Ausbildung] oder *Nagel* [Ausbildung] tun, weil einerseits der Begriff Führungskraft kaum abgrenzbar ist und andererseits das Personalpotential, das zukünftig für Führungspositionen in Frage kommen könnte, einen Großteil der Belegschaft umfaßt. Überdies sollte es Ziel einer Managementkonzeption des ÖVB sein, zur Entwicklung des *gesamten* Personalbestandes beizutragen. Trotz dieses generellen Bezuges steht im folgenden der zum gehobenen und höheren Dienst gehörende Personenkreis im Vordergrund, u. a. deshalb, weil die Entwicklung dieser Mitarbeiter besonders aufwendig und langwierig ist.

Die Anpassung der Leistungsprofile von Mitarbeitern an Anforderungsprofile der Stellen kann als betrieblicher *Lernprozeß* begriffen werden, der durch seinen Beitrag zur Erhöhung des Leistungspotentials ebenso als dem Wertverzehr unterliegende Investition zu sehen ist, wie etwa der Einsatz von Betriebsmitteln (vgl. z. B. *Engel* [Ausbildungsinvestitionen]). Eine intensive Potentialerhöhung könnte u. a. auch die Schaffung einer Personalreserve zur Folge haben, die bei Anforderungsänderungen und bei der Besetzung von Führungspositionen zur Verfügung steht und beispielsweise parteipolitische Proporzziele bei Stellenbesetzungen zurückdrängen hilft (vgl. auch *Lorenz* [Fortbildung 53]).

2. Gerade bei diesem Element der Managementkonzeption fallen die *Interdependenzen* zu anderen Elementen ins Auge und zeigen den Systembezug auf. Die modernsten Vorhaben etwa der Zielbildung und Entschlußdezentralisation nützen nicht viel, wenn das dazu erforderliche entsprechend qualifizierte Mitarbeiterpotential nicht vorhanden ist. Umgekehrt trägt die Personalentwicklung wenig zur Leistungsverbesserung im ÖVB bei, solange die „entwickelten" Mitarbeiter keine Gelegenheit haben, die erworbenen Kenntnisse, Fähigkeiten und Verhaltensweisen in konkrete Handlungen umsetzen zu können. Ein besonders enger Konnex ist zum Motivationsbaustein zu sehen, der vor allem über seine drei Subelemente Tätigkeits-, Aufstiegs- und Statussystem eng mit dem Problemkreis Personalförderung verbunden ist. Daneben ist über den Fragenkomplex Mitarbeiterbeurteilung auch eine Verbindung zum Zielbildungs-Baustein erkennbar.

3. Da die Personalentwicklung ein Mittel zur Effizienzerhöhung im ÖVB darstellt, kann ihre Konzeption auch nur im Lichte der *Ziele* des ÖVB beurteilt werden (vgl. zur Verdeutlichung des Zusammenhangs Abb. 17). Über die Planung und Abstimmung der Ziele werden auch die Interdependenzen zwischen den Teilbereichen des ÖVB, so z. B. politische, finanzielle, räumliche Wirkungen auf die Personalentwicklung, im Entwicklungsmodell berücksichtigt. Hier zeigt sich bereits als erstes Hauptproblem der Entwicklungsplanung die lang- und mittelfristige Voraussage von ÖVB-Zielen, deren Kenntnis für die Ableitung von Anforderungsprofilen infolge der Langfristigkeit von Entwicklungsmaßnahmen unerläßlich ist.

Da man bei der Personalentwicklung möglichst individuumorientiert vorgeht, sind im nächsten Schritt die Stellenziele und daraus wiederum die Anforderungsprofile abzuleiten, wobei auch die persönlichen Entwicklungsziele der Mitarbeiter in Rechnung zu stellen sind, mithin nach den vom Mitarbeiter angestrebten Karrierestufen zu fragen ist (vgl. auch *Wild* [Management-Konzeption 87]). Prinzipiell ist davon auszugehen, daß ein Mitarbeiter nur dann zu Entwicklungsaktivitäten motiviert sein wird, wenn durch die Entwicklung seine persönlichen Bedürfnisse befriedigt werden. Gerade hier zeigt sich deutlich das Erfordernis einer kooperativen Zielbildung unter Einschluß der Mitarbeiterinteressen. Aus der Synthese von ÖVB-Zielen und persönlichen Entwicklungszielen resultieren die Ziele des Personalentwicklungsprogramms, aus denen dann schließlich die Entwicklungsverfahren und -instrumente hergeleitet werden können.

4. Die persönlichen Entwicklungsziele werden entscheidend durch die Aufstiegsmöglichkeiten bestimmt. Je größer und objektiver die Chancen sind, durch Entwicklungsaktivitäten die Stellung im Tätigkeits-, Aufstiegs- und ggf. Statussystem verbessern zu können, und je höher demzufolge die Karriereerwartung ist, desto stärker wird auch die Entwicklungsmotivation sein. Der Mitarbeiter muß ferner den Nutzen etwa von Fortbildungsmaßnahmen daran erkennen können, daß die angestrebten Lerninhalte in den von ihm zu besetzenden Stellen erforderlich sind.

Die Karrierechancen sind ihrerseits allerdings an die *Anforderungsprofile* der verfügbaren Positionen gekoppelt. Daran zeigt sich bereits ein natürlicher Verknappungseffekt von Aufstiegschancen: entsprechend der charakteristischen Pyramidenform von Aufstiegssystemen ist stets nur ein relativ geringer Anteil an mittleren und höheren Managementpositionen verfügbar. Aufgrund dieser immanenten Chancenknappheit erhöht sich einerseits der Anreiz für Entwicklungsaktivitäten, wächst aber andererseits auch die Unzufriedenheit der Nichtbeförderten (vgl. *Drucker* [Groß-Unternehmen 183]). Daher kommt es gerade bei der Gestaltung des Personalentwicklungssystems auf Objektivität, Chancengleichheit und Transparenz an.

5. Bei der Konzipierung eines Personalentwicklungssystems sind verschiedene *Einflußgrößen* zu beachten (vgl. dazu auch *House* [Management Development 15 ff.], *McGregor* [Mensch 216 ff.]): die zu entwickelnde Person, ihr Vorgesetzter, ihre Kollegen und die organisatorische Struktur des ÖVB.

(1) Die Leistung eines Mitarbeiters wird, wie bereits erläutert (s. Abb. 14), durch Fähigkeiten, Motivation und Umweltfaktoren bestimmt. Die Fähigkeiten werden ihrerseits durch das zu ihrer Aus-

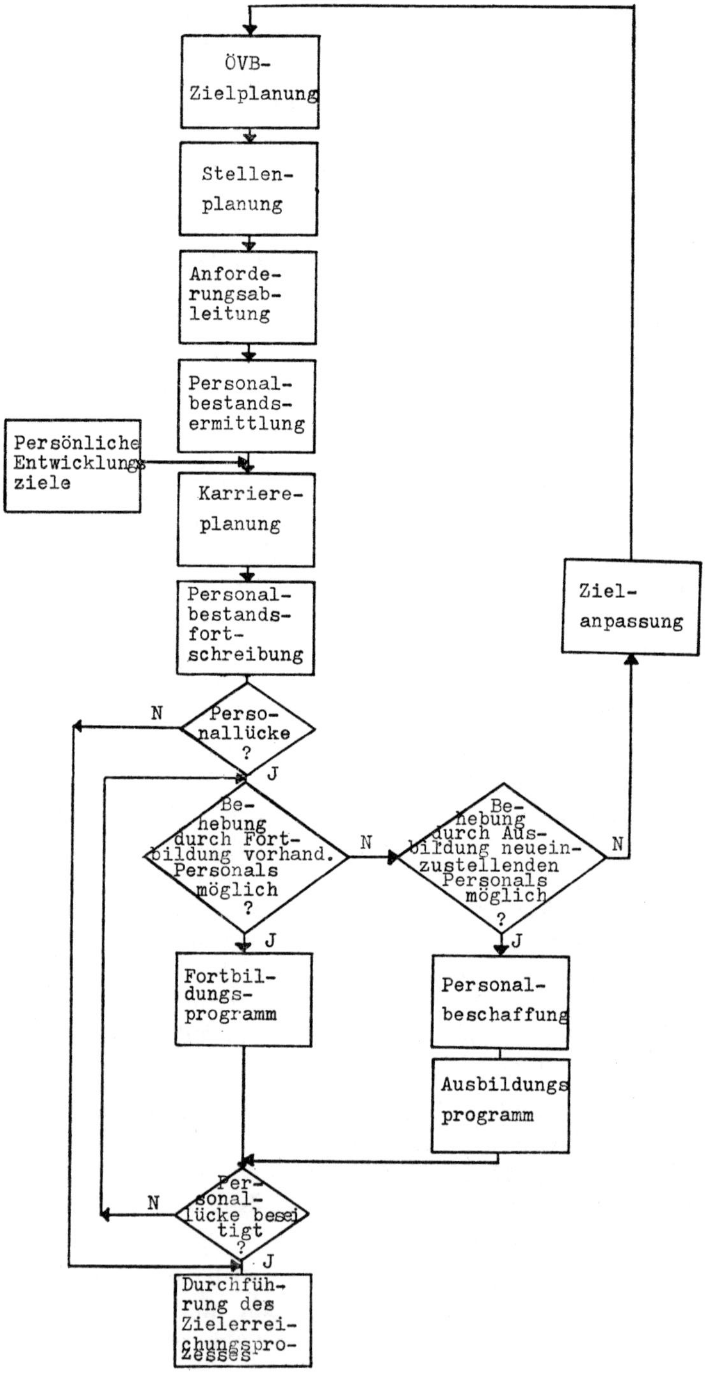

Abbildung 17

übung erforderliche Wissen beeinflußt. Zwischen Fähigkeiten und Leistung kann man schließlich noch als intervenierende Variable das Verhalten einordnen. In diesem Variablengefüge treten Lernen und Erfolgserlebnis als Rückkopplungsbeziehungen auf. Das auf die drei Variablen gerichtete Personalentwicklungssystem wird somit durch die Ausprägungen der Variablen sowie durch die auftretenden Lern- und Motivationsprozesse beeinflußt. Abb. 18 verdeutlicht die Zusammenhänge.

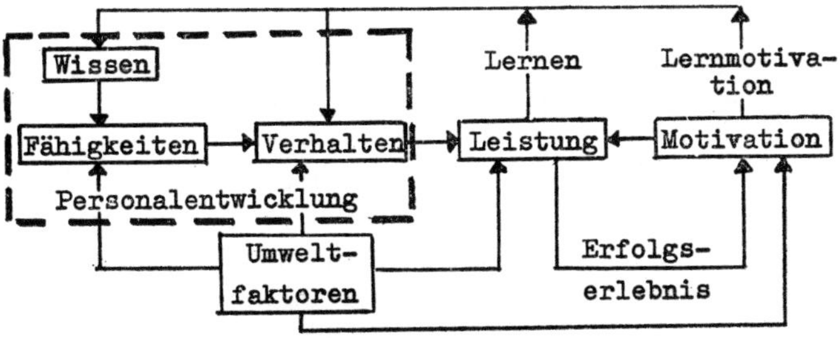

Abbildung 18

(2) Der Vorgesetzte eines Mitarbeiters kann durch Zuweisung leistungsadäquater Tätigkeiten, durch regelmäßige gezielte Förderungsgespräche sowie durch Ermunterung und Freistellung zur Teilnahme an Fortbildungsmaßnahmen auf die Bereitschaft von Mitarbeitern, sich weiterzuentwickeln, stark einwirken. Auch die Umsetzungserwartungen spielen eine Rolle, weil die Umsetzung erworbener Lerninhalte davon abhängt, inwieweit der Vorgesetzte derartige Methoden oder Verhaltensweisen praktiziert resp. zuläßt. Vielfach behindern Vorgesetzte Entwicklungsaktivitäten ihrer Untergebenen aus Angst vor der Aufdeckung eigener Mängel durch diese oder aus Sorge, die — dann qualifizierteren — Mitarbeiter zu verlieren (vgl. *McGregor* [Mensch 216 ff.]).

(3) Ähnlich wie Vorgesetzte wirken auch die Kollegen des betrachteten Mitarbeiters vor allem auf dessen Entwicklungsmotivation ein. Wird etwa die Auswahl eines Mitarbeiters für Fortbildungsmaßnahmen von seiner Gruppe als ungerecht empfunden, dann wird sich der Ausgewählte vor allem dann sträuben, wenn er in der Gruppe bleibt oder nach Fortbildungsabschluß wieder in die Gruppe hineingestellt wird. Aus diesem Grunde sind informale Gruppennormen, die z. B. Entwicklungsfeindlichkeit implizieren können, zu beachten und ggf. zu beeinflussen.

(4) Die Organisation beeinflußt insofern vielfältig die Entwicklungsmotivation und auch die Lern- und Erfolgserlebnisbeziehungen, als durch sie Art und Intensität von Anreizen zur persönlichen Entwick-

lung nicht unerheblich geregelt werden. Je nach Ausprägung des Leitungs-, Kommunikations- oder Teamsystems empfängt der Mitarbeiter unterschiedliche Entwicklungsimpulse.

In den beiden folgenden Abschnitten müssen die Problemkreise Aus- und Fortbildung sowie Personalförderung aus darstellungstechnischen Gründen getrennt behandelt werden, obwohl sich beide Komplexe realiter gegenseitig bedingen.

2. Aus- und Fortbildungssystem

a) Gegenwärtiges Aus- und Fortbildungsprinzip im Öffentlichen Verwaltungsbetrieb

Bei der Analyse von Lernprozessen erscheint es zweckmäßig, die drei Stufen Vorbildung als berufsvorgelagerte allgemeine Bildung, Ausbildung als berufseröffnende Wissensgewinnung vor Übernahme einer Stelle und Fortbildung als Weiterbildung während der Berufsausübung zu unterscheiden (vgl. etwa *Kern* [Herausforderung 123 ff.]). Während die Vorbildung durch Schulen, Hochschulen und andere Bildungseinrichtungen nur beschränkt durch Zielsetzungen der Öffentlichen Verwaltung beeinflußt werden kann, kann das betriebsinterne Aus- und Fortbildungswesen weitgehend nach Ermessen des ÖVB gestaltet werden.

Die gegenwärtige Situation der Aus- und Fortbildung kann, was den hier im Vordergrund stehenden allgemeinen nichttechnischen Dienst angeht, durch die folgenden Hauptmerkmale gekennzeichnet werden:

— einmalige verwaltungsspezifische Ausbildung ohne institutionalisierte Fortbildung,

— einseitig justizjuristische, realisationsbezogene Ausbildungsinhalte,

— innerhalb des Verwaltungshorizonts Allround-Ausbildung der Mitarbeiter „on the job“,

— keine methodische Vorbereitung der Mitarbeiter auf die Übernahme von Führungsfunktionen.

(1) Während als *Vorbildung* bis einschließlich zum gehobenen Dienst nur die Absolvierung bestimmter Allgemeinbildungsstufen vorausgesetzt wird, wird von Kandidaten für den höheren allgemeinen Dienst überwiegend der Abschluß eines juristischen Hochschulstudiums verlangt — ein Tatbestand, den man üblicherweise mit dem Terminus „Juristenmonopol“ belegt. Zwar existiert dieses Vorbildungsmonopol heute nicht mehr in der gleichen Schärfe wie früher, aber faktisch hat nach wie vor die große Mehrheit des höheren allgemeinen Dienstes eine juristische Vorbildung, was angesichts der scheinbaren Dominanz ver-

waltungsrechtlicher Tätigkeitsfelder auf den ersten Blick auch verständlich ist. Daß jedoch juristische Vorbildung keine verwaltungsimmanente Voraussetzung ist, zeigt das Beispiel anderer Länder, etwa der USA, wo es im öffentlichen Dienst keine Vorherrschaft von Juristen, vielmehr nach Sachgebieten spezialisierte Tätigkeitsbilder gibt (vgl. *Brinkmann* [Vorbildung 6]).

Das Entwicklungsmodell der Öffentlichen Verwaltung basiert gegenwärtig auf dem Grundgedanken, daß eine *einmalige Ausbildung* des Verwaltungsmitarbeiters am Beginn seiner beruflichen Laufbahn zur Bewältigung der auf ihn zukommenden Arbeitsprobleme ausreichend sei. Dementsprechend werden dem neu eingetretenen Mitarbeiter in einem längeren Vorbereitungsdienst die für notwendig gehaltenen Wissenselemente, Fähigkeiten und Verhaltensweisen vermittelt.

Die *Fortbildung* hängt gegenwärtig weitgehend von der Initiative des einzelnen Mitarbeiters ab, indem er durch Einarbeitung, Selbststudium und vor allem Sammeln von Erfahrung versucht, seine Fähigkeiten den Anforderungen der Stelle anzupassen (vgl. z. B. § 39, Abs. 1 der Bundeslaufbahnverordnung von 1970). Ein methodisch aufgebautes und institutionalisiertes Fortbildungssystem gibt es auf breiter Basis, abgesehen von Einrichtungen der Bundeswehr, -bahn, -post, bisher so gut wie nicht, erste Ansätze sind allerdings allmählich zu verzeichnen (vgl. dazu *Kern* [Herausforderung 130 ff.]). Derartige Bestrebungen sind in Zeiten einer immer schnelleren Wissensalterung im Sinne eines „life long learning" aber auch unerläßlich. Das Aus- und Fortbildungssystem der Öffentlichen Verwaltung Frankreichs gibt etwa ein Beispiel für die Möglichkeiten, durch Teilnahme an einheitlich geregelten, gestaffelten Fortbildungszyklen und über Aufstiegsprüfungen höhere Laufbahngruppen zu erreichen (vgl. dazu im einzelnen *Lorenz* [Fortbildung 45 ff.]).

Versucht man, die gegenwärtige Aus- und Fortbildungssituation stark vereinfacht in ihrer zeitlichen Struktur sowie im Vergleich zur Anforderungsentwicklung darzustellen, ergibt sich etwa folgendes Bild (vgl. auch *Kern* [Herausforderung 125]):

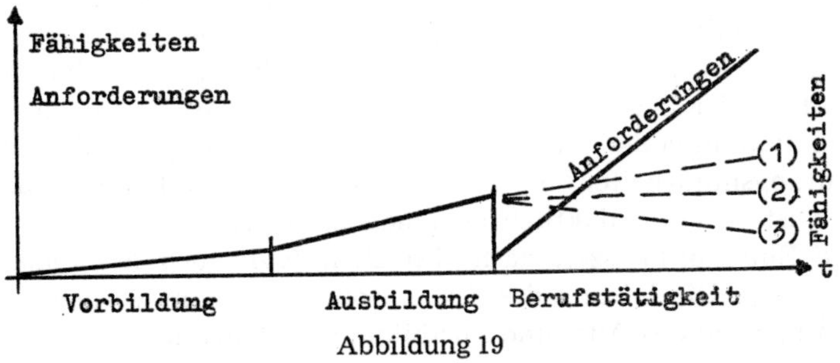

Abbildung 19

Nachdem der Mitarbeiter sich in Vor- und Ausbildung gewisse Fähigkeiten angeeignet hat, wird er in seiner beruflichen Tätigkeit mit den Anforderungen der Stelle(n) konfrontiert, die üblicherweise während seiner Laufbahn anwachsen. Über den Verlauf seiner Fähigkeiten sind drei Annahmen glaubhaft, daß nämlich (1) sich die Summe seiner Fähigkeiten infolge Erfahrungszuwachs vermehren kann, (2) die Fähigkeiten insgesamt konstant bleiben oder (3) die Fähigkeiten infolge Wissensveraltung resp. Verlernen abnehmen können. Annahme (1) scheint angesichts der Bedeutung von Erfahrung im Verwaltungshandeln die größte Plausibilität zu besitzen. Aber selbst bei dieser Verlaufsform nehmen die Anforderungen i. a. — von Anfangstätigkeiten einmal abgesehen — viel stärker zu als die Fähigkeiten. Erfahrung und Intuition können die Fähigkeiten nicht an das Anforderungswachstum anpassen, hierzu bedarf es vielmehr systematischer Fortbildung.

(2) Die Ausbildung des gehobenen Dienstes resp. die Vor- und Ausbildung des höheren Dienstes sind einseitig *justizjuristisch* orientiert. „Für den Verwaltungsbeamten ist nicht der nach Jahren in der obersten Instanz gewonnene, sondern der vermiedene Rechtsstreit die gute Leistung“ (*Haußleiter* [Verwaltungssoziologie 78]). Die vermittelten Ausbildungsinhalte können allenfalls in der Ordnungsverwaltung, nicht aber in der dominanten Leistungsverwaltung sinnvoll verwertet werden.

Bei der Analyse dieser Fragen wird ein *Zirkelproblem* erkennbar. Der vorwiegend juristisch ausgebildete Mitarbeiter wird in seiner Praxis vielfach dazu neigen, primär rechtliche Probleme anzugehen bzw. die rechtlichen Aspekte von Problemen zu bevorzugen. Infolgedessen kann im Istzustand leicht der Eindruck einer Dominanz rechtlicher Probleme entstehen, was zur Bestätigung juristischer Ausbildungsinhalte Anlaß geben könnte. Dabei kann man insofern Selbstverstärkungseffekte beobachten, als ein hoher Anteil rechtlicher Tätigkeiten nach Juristen verlangt, die wiederum rechtliche Tätigkeiten selektieren, was den Bedarf an rechtlich ausgebildeten Mitarbeitern nur noch verstärkt (vgl. auch den Bericht der *Forschungsstelle für empirische Sozialökonomik* [Aspekte], der dazu ausführliche empirische Daten präsentiert). In Wirklichkeit bleiben jedoch bedeutsame ökonomische, technische oder soziale Probleme ungelöst. Die Folge dieser einseitigen und unvollständigen Vor- wie Ausbildung ist, daß sich der Verwaltungsmitarbeiter die Fähigkeiten — soweit dies überhaupt möglich ist — autodidaktisch aneignen muß, was u. a. eine wesentlich längere Einarbeitungszeit nach sich zieht (vgl. auch *Brinkmann* u. a. [Beamte 57]). Die Lösung des Zirkelproblems scheint vornehmlich von einer Änderung des Aus- und Fortbildungssystems her möglich zu sein.

(3) Der Verwaltungsmitarbeiter wird im Rahmen seiner Ausbildung umfassend mit dem Ziel geschult, ihn in möglichst vielen Verwaltungsbereichen einsetzen zu können, um die Personalflexibilität sowie die Einheit der Verwaltung zu erhalten (vgl. *Hartfiel/Sedatis/Claessens* [Beamte 226 ff.]). Diese Allroundausbildung findet, was positiv zu werten ist, primär „on the job" statt, indem die zu schulenden Mitarbeiter am Arbeitsplatz mit praktischen Verwaltungstätigkeiten vertraut gemacht werden. Allerdings haben Auszubildende noch zu häufig reinen Praktikantenstatus, der die Ausbilder davon abhält, sie eigenverantwortlich Vorgänge bearbeiten zu lassen.

(4) Bei der Ausbildung werden die unterschiedlichen Anforderungsprofile von *Spezialisten- und Führungspositionen* unberücksichtigt gelassen. Das in unteren Laufbahnpositionen oft mühsam angeeignete Expertenwissen wird bei Beförderung in Führungspositionen vielfach kaum noch benötigt, während die sodann erforderlichen Führungsfähigkeiten vorher nicht vermittelt worden sind.

b) Grundprozeß der Aus- und Fortbildung

1. Die *Ausbildung* neueingestellter, berufsunerfahrener Mitarbeiter hat vor allem das Ziel, den Mitarbeitern diejenigen Wissensinhalte, Fähigkeiten und Verhaltensweisen zu vermitteln, die sie bei der Ausübung für sie vorgesehener Tätigkeiten beherrschen müssen. Daneben dient ein betriebliches Ausbildungssystem auch dem Ziel, über die Gewährung von Lernerfolgserlebnissen und die Erhöhung von Aufstiegschancen zur Steigerung der Arbeitszufriedenheit der Mitarbeiter beizutragen (vgl. *McFarland* [Management 485]).

Zunächst ist die Vorzugswürdigkeit von *Allround-* oder *Spezialausbildung* zu beurteilen. Als Vorteile einer Allroundausbildung von Verwaltungsmitarbeitern gelten (vgl. insbesondere *Hartfiel/Sedatis/Claessens* [Beamte 248 ff.]):

- Erkennbarkeit von Interdependenzen zwischen den ÖVB-Teilbereichen,
- Erleichterung der Wahl eines endgültigen Arbeitsgebietes,
- Flexibilität des Personaleinsatzes bei späteren Zielverlagerungen und/oder personellen Qualifikationsänderungen; damit verbunden größere Aufstiegschancen auch in anderen ÖVB.

Nachteilig beim Allroundkonzept ist allerdings:
- oberflächlicheres Wissen bei gleicher Lernintensität,
- Verlängerung nachfolgender Einarbeitungszeiten infolge geringer stellenspezifischer Ausbildungsinhalte,

— Notwendigkeit der Aneignung zusätzlichen tätigkeitsspezifischen Fachwissens infolge der Komplexität heutiger Verwaltungsziele.

Das Entscheidungsproblem läuft auf eine Flexibilitätsanalyse hinaus. Aufgrund der geringen Sicherheit von Informationen über zukünftige Leistungs- und Tätigkeitsfelder scheint die Konzeption einer generellen Grundausbildung mit nachfolgender fachspezifischer Zusatzausbildung am erfolgversprechendsten zu sein. Ein derartiges zweigeteiltes Ausbildungssystem kommt einerseits dem Flexibilitäts- und Überblicksmotiv entgegen, andererseits entspricht es der Notwendigkeit gezielter spezifischer Wissensvermittlung.

Das Grundziel der Ausbildungsgestaltung besteht darin, die Leistungsprofile von Mitarbeitern mit den Anforderungsprofilen relevanter Tätigkeitsfelder möglichst zur Deckung zu bringen. Bei der Bestimmung von Anforderungsprofilen kann — in zwar globaler, doch für diese Zwecke ausreichender Form — von drei *Tätigkeitsfeldtypen* (Berufsbildern) im allgemeinen nichttechnischen Dienst ausgegangen werden:

(1) *Ausführer:* Erledigung verwaltungstechnischer Tätigkeiten (Beispiel: Stenotypistin) und Durchführung gesetzlich vorprogrammierter hoheitlicher Verwaltungsakte ohne wesentlichen Entscheidungsspielraum (Beispiel: Einwohnerregistrierung),

(2) *Planer:* Vorbereitung, Entscheidung, Durchsetzung und Kontrolle von Verwaltungsleistungen unterschiedlicher Art, Komplexität und Wertigkeit,

(3) *Führungskraft:* Führung einer Mitarbeitergruppe durch Zielsetzung, Motivation und Entwicklung.

Das Tätigkeitsfeld des Planers hat die größte und in Zukunft angesichts wachsender Verwaltungstätigkeit und zunehmender Automatisierung noch steigende Bedeutung unter den drei Typen (vgl. zum Tätigkeitsfeld des Planers vor allem *Klein* [Berufsbild]). In der Realität wird es allerdings selten reine Typen geben, vielmehr Mischformen wie den „10—80—10“-Mitarbeiter, d. h. den 80 %igen Planer mit 10 % Ausführungs- und 10 % Führungsanteil. In diesem Falle richtet sich die Typenbezeichnung nach der dominanten Tätigkeitsart.

Versucht man in ebenfalls stark vergröberter Form den Tätigkeitsfeldtypen *Anforderungsprofile* bezüglich der primär erforderlichen Fähigkeiten zuzuordnen, und geht man dabei vom folgenden vereinfachten Katalog von Fähigkeitsarten aus

(1) verwaltungstechnische Fähigkeiten

(2) verwaltungsrechtliche Fähigkeiten

(3) technologische Fähigkeiten

(4) Planungsfähigkeiten

(5) Führungsfähigkeiten,

dann ergibt sich folgendes hypothetisches Bild, das sich teilweise auch mit neueren empirischen Erhebungen deckt (vgl. *Brinkmann* u. a. [Beamte 60]).

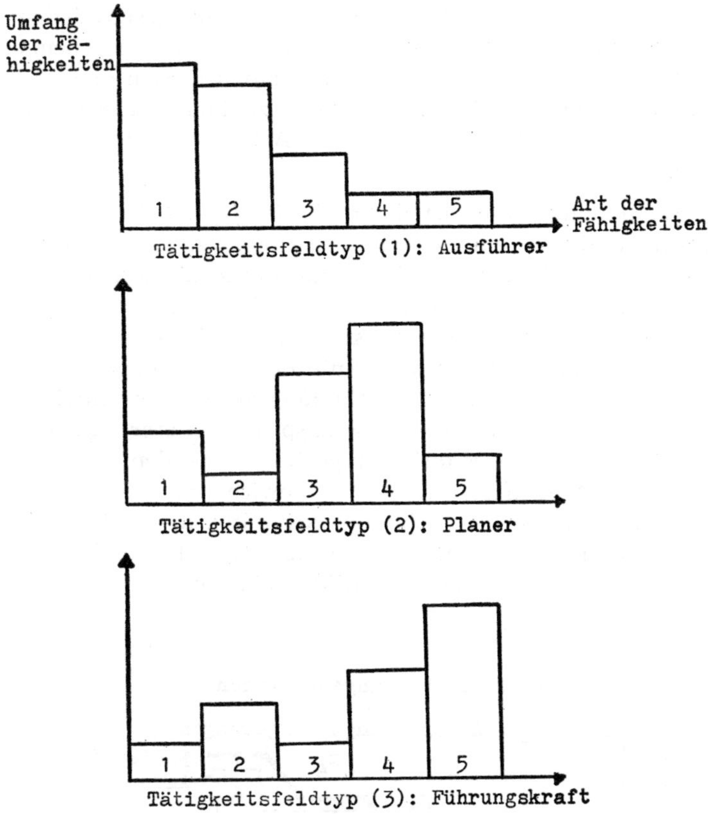

Abbildung 20

Eine in der Praxis mit Sicherheit erforderliche detailliertere Ableitung von Anforderungsprofilen wird von empirisch gesicherten Arbeitsplatzbewertungen auszugehen haben und sich letztlich in Stellenbeschreibungen niederschlagen (vgl. hierzu auch S. 109 f.).

Aus der Aufstellung von Anforderungsprofilen folgt zwingend die Notwendigkeit einer Neufassung der *Ausbildungsinhalte*. Da der Ausführer zunehmend in den Hintergrund tritt und Führungskräfte zweckmäßigerweise über den „Umweg“ des Planers entwickelt werden, ist die Ausbildung von Planern das dominante Problem (vgl. dazu insbesondere *Lorenz* [Fortbildung 15 ff.], *Klein* [Berufsbild 86 ff.], *Brinkmann* u. a. [Beamte 58 f.]).

2. Die berufsbegleitende *Fortbildung* von Verwaltungsmitarbeitern verfolgt vor allem das Ziel, die Mitarbeiter mit fachspezifischen Wissens- und Fähigkeitselementen, die sie in gegenwärtigen oder zukünftigen Positionen benötigen könnten, vertraut zu machen, darüber hinaus bereits erworbenes Wissen wiederaufzufrischen und sie schließlich mit ungewohnten Verhaltensformen zu konfrontieren. Auch hier gilt als Nebenziel die Anhebung der Arbeitszufriedenheit der Mitarbeiter.

Der Fortbildungsprozeß ist durch *Zweistufigkeit* des Vorgehens gekennzeichnet. Ein in ein Personalförderungssystem integrierter Fortbildungsprozeß vollzieht sich im Sinne eines „Aufschaukelns“ durch ein Wechselspiel von Fähigkeits- und Anforderungssteigerung. Es handelt sich also um einen Anpassungsprozeß, in dem, ausgehend von einem Anfangsgleichgewicht von Anforderungen und Leistungen, zunächst die Fähigkeiten durch Fortbildungsaktivitäten entwickelt werden und danach durch Zuweisung anspruchsvollerer Tätigkeiten die Anforderungen an den Mitarbeiter gesteigert werden, so daß sich ein neues Fähigkeits-/Anforderungs-Gleichgewicht einstellt, das als Ausgangspunkt für weitere Fortbildungsaktivitäten dienen kann. Versucht man, den zeitlichen Ablauf dieses sukzessiven Fortbildungsprozesses darzustellen, ergibt sich folgendes Bild (Abb. 21):

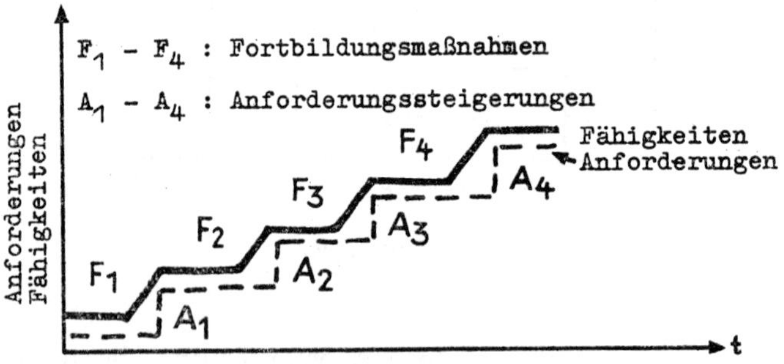

Abbildung 21

Bei dieser bewußt vereinfachten Darstellung wird davon ausgegangen, daß Fähigkeitssteigerungen nur von Fortbildungsmaßnahmen, nicht aber vom Sammeln praktischer Erfahrungen herrühren und daß die Anforderungen einer Tätigkeit bis zu ihrer bewußten Erhöhung konstant bleiben (vgl. als praktisches Beispiel das „Integrierte Personal-Informations-System“ der Firma Ford: *o. V.* [Beispiel Ford 25]).

c) Verfahren und Instrumente eines Aus- und Fortbildungssystems

Beim hier angesprochenen instrumentalen Fragenkomplex ist eine explizite Trennung von Aus- und Fortbildung unzweckmäßig, weil einige Verfahren und Instrumente teilweise in beiden Bereichen zum Einsatz kommen. In einer ersten groben Gliederung kann man im ÖVB anwendbare Verfahren und Instrumente der Aus-/Fortbildung in zwei Gruppen aufteilen: arbeitsplatzferne Verfahren („Training off the job“) und arbeitsplatznahe Verfahren („Training on the job“) mit den zugehörigen Instrumenten (vgl. zu den Verfahren und ihrer Trennung z. B. *House* [Management Development 65 ff.], *Engel* [Ausbildungsinvestitionen 35 ff.], *Kruppa* [Ausbildung 173 ff.], *Lorenz* [Fortbildung 21 ff.], *Nagel* [Ausbildung 90 ff.], *Schönfeld* [Führungsausbildung 180 ff.]).

Im Rahmen eines on-the-job-Trainings ist insbesondere ein Praktikantenaustausch mit Privatunternehmungen von Bedeutung, wie man es etwa in den USA neuerdings verstärkt realisiert (vgl. *Scholz* [Beamte]). Dieses Verfahren hat für den ÖVB den unschätzbaren Vorteil einer „Leistungsinfizierung“ von außen, so daß das Verwaltungsdenken langsam mit ökonomischen Denkkategorien durchsetzt wird (vgl. auch *Chmielewicz* [Betriebswirtschaftslehre 588]). Eine weitere Folge kann eine höhere Übereinstimmung zwischen ÖVB und Unternehmung hinsichtlich der Managementmethoden sein, ferner eine Wissenssteigerung bei denjenigen Verwaltungsmitarbeitern, die später mit Unternehmungen zu tun haben (z. B. Umweltschützer, Bauplaner, Wirtschaftsförderer oder Finanzbeamte).

Auf einen Vorteil der Tätigkeitsrotation speziell bei der Ausbildung von Führungsnachwuchs in der Bundesverwaltung ist gesondert hinzuweisen (vgl. *Haußleiter* [Verwaltungssoziologie 15 f.]): Nachwuchskräfte werden bislang mit praktischen Realisationsproblemen, z. B. bei der Veranlagung von Steuerschuldnern oder bei der Ausführung gesetzlicher Vorschriften, kaum vertraut gemacht, so daß sie später Durchführungsschwierigkeiten etwa bei Gesetzentwürfen nicht erkennen können. Hier könnte ein Rotationssystem Abhilfe schaffen, das die Mitarbeiter mit selbständig zu lösenden Realisationsproblemen auch auf Kommunal- und Landesebene konfrontiert. Dadurch wäre vielleicht der zu Lasten der Durchführbarkeit gehende einseitig juristische Perfektionismus etwa bei der Steuergesetzgebung reduzierbar.

3. Personalförderungssystem

a) Gegenwärtige Praktiken der Personalförderung im Öffentlichen Verwaltungsbetrieb

1. Im gegenwärtig praktizierten Personalentwicklungssystem des ÖVB sind wichtige Elemente eines Personalförderungssystems bereits enthalten, wenn auch nicht immer mit den erforderlichen Merkmalsausprägungen. Immerhin gibt es im ÖVB eine Laufbahnplanung, regelmäßige Mitarbeiterbeurteilungen und für Positionen des gehobenen und höheren Dienstes ein Stellenausschreibungsverfahren. Einige kritische Anmerkungen zur derzeitigen Personalförderung müssen mit Blick auf ein integriertes Personalentwicklungssystem dennoch gemacht werden.

2. Zur *Laufbahngestaltung* ist zu bemerken, daß sie trotz Inkrafttretens einer neuen Bundeslaufbahnverordnung vom 1. 5. 1970, die von Mindestdienstzeiten absieht und Durchlässigkeit sowie Leistungsprinzip proklamiert, zu formalistisch und senioritätsorientiert ist (vgl. dazu genauer S. 120 f.). Infolge der faktisch nach wie vor bestehenden Barrieren zwischen den Laufbahngruppen werden viele individuelle Entwicklungsprozesse willkürlich vorzeitig gestoppt. Um die Laufbahnvorschriften formal zu erfüllen, inhaltlich aber zu umgehen, werden Manipulationen vorgenommen, die z. B. unter den Phänomenen der Dienstpostenaushöhlung oder Dienstpostenverschiebung bekannt sind (vgl. dazu *Gscheidle* [Personalwirtschaft 55 f.]). Mit ersterem sind faktische Verlagerungen von Teiltätigkeiten einer Stelle auf andere Bearbeiter infolge mangelnder Leistungsfähigkeit des Stelleninhabers, der auf diesen Dienstposten befördert worden ist, gemeint, bei letzterem werden Dienstposten haushaltsmäßig ausgetauscht, nur um die formalen Voraussetzungen für geplante Beförderungen zu schaffen. Beide Erscheinungen beleuchten schlaglichtartig den Formalismus und Bürokratismus des praktizierten Laufbahnsystems.

3. Bezüglich des *Mitarbeiterbeurteilungsverfahrens* ist einzuwenden, daß es, obschon die bloße Tatsache seines Vorhandenseins gegenüber mancher Privatunternehmung einen Fortschritt darstellt, dem Subjektivitätsvorwurf ausgesetzt ist, weil die Beurteilung ausschließlich durch recht pauschale Einschätzungen des Vorgesetzten zustande kommt. Darüber hinaus hat es selten den Charakter eines für den Mitarbeiter informativen Förderungsgespräches. Schließlich weist es zu lange Intervalle auf, weil die üblicherweise 3 Jahre Abstand zwischen zwei Beurteilungen etwa bei negativen Urteilen eine zu lange Frist zur Ausbesserung negativer Eindrücke sind.

4. Der größte Mangel des gegenwärtigen Personalförderungssystems besteht jedoch nicht in den geschilderten Elementen, sondern im Fehlen einer lang- und mittelfristigen Personalplanung des ÖVB. Dieser Mangel ist allerdings weitgehend auf die bestehende Unvollkommenheit der Zielplanung des ÖVB zurückzuführen, die eine exakte Bedarfsprognose nicht zuläßt.

b) Grundprozeß der Personalförderung

1. Die Personalförderung ist gewissermaßen die andere Seite des Personalentwicklungsmodells und steht mit dem Aus- bzw. Fortbildungszweig in enger Wirkungsbeziehung, denn das Grundprinzip der Personalentwicklung besteht in einem Wechselspiel von Trainings- und Förderungsmaßnahmen. Aus diesem Grunde brauchen verschiedene Teilfragen hier nicht noch einmal aufgeworfen zu werden.

Der Grundprozeß der Personalförderung besteht stets darin, ausgehend von der Planung zukünftiger ÖVB-Ziele und der daraus resultierenden Personalbedarfsplanung (vgl. dazu z. B. *v. Eckardstein* [Laufbahnplanung 46 ff.]), in regelmäßigen Beurteilungen die *Eignung* der erfaßten Mitarbeiter für bestehende resp. neu zu schaffende Tätigkeitsfelder zu bestimmen und bei positivem Befund den Mitarbeitern die neuen Tätigkeiten zuzuweisen. Die „Förderung" von Mitarbeitern beinhaltet also die Betrauung mit anspruchsvolleren Tätigkeiten, d. h. die Verbesserung des Standortes im Tätigkeitssystem, was aus motivationalen Gründen mit Anhebungen im Vergütungs-, Aufstiegs- und Statussystem verknüpft sein sollte. Daß das Einverständnis des Förderungsadressaten vorauszusetzen resp. durch Motivationsmaßnahmen sicherzustellen ist, versteht sich bei diesem Prozeß von selbst.

2. Der Eckpfeiler des Förderungsprozesses ist die *Beurteilungsstufe*, denn von ihrer Qualität und insbesondere Objektivität hängt die weitere Leistung sowie die Zufriedenheit der beurteilten Mitarbeiter ab. Hauptzweck der Beurteilung ist die Feststellung der Übereinstimmung von Leistung und Anforderung. Die Mitarbeiterbeurteilung ist dabei auf die Ermittlung der Leistungsfähigkeit, die Arbeitsplatzbewertung auf die Bestimmung der Anforderungen gerichtet. Ist die Leistungsfähigkeit — stark vereinfacht — größer als die Tätigkeitsanforderung, sind Förderungsmaßnahmen durchzuführen. Entspricht die Leistungsfähigkeit hingegen nicht den Anforderungen, kommt Förderung normalerweise nicht in Betracht, allerdings können über den Umweg von Fortbildungsaktivitäten noch Förderungsaussichten bestehen. Diese Leistungs-/Anforderungsprüfung ist indes nicht ohne Probleme. Zum einen treten bereits in der Gegenwart erhebliche Meß- und Bewertungsprobleme auf, zum anderen sind die aufgefundenen

Ergebnisse in die Zukunft zu transponieren, da Förderungsentscheidungen nach Maßgabe antizipierter ÖVB-Zielvorstellungen die zukünftige Laufbahn von Verwaltungsmitarbeitern bestimmen. Infolge der stets langfristigen Bindung des Mitarbeiters an die Öffentliche Verwaltung ist bei Förderungsentscheidungen das Prognoseproblem schwerwiegender als in der Privatunternehmung. Dafür kann andererseits auch mit langfristigem Verbleib des Mitarbeiters im Verwaltungsbereich gerechnet werden. Infolge der Dynamik der Persönlichkeitsentfaltung sind somit die Erfolgsgrößen des Personaleinsatzes in noch höherem Grade unsicher als dies für materielle Investitionen gilt.

Die Messung der Mitarbeiterleistungsfähigkeit ist insbesondere durch Informations- und Zurechnungsprobleme gekennzeichnet. Da die Mitarbeiterleistung zweckvoll nur am Output gemessen werden kann, dieser aber durch eine Vielzahl von Einflußfaktoren bewirkt wird und seinerseits wieder Input nachfolgender Leistungsprozesse sein kann, ist die verfügbare Informationsbasis i. a. recht unvollkommen. Je indirekter die Beziehung zwischen der betrachteten Leistung und dem ÖVB-Leistungsziel ist, desto größer ist die Meßproblematik. In besonderem Maße gilt das für die Tätigkeitsfeldtypen des Planers und der Führungskraft. Speziell bei Führungskräften wird auch die Zurechnungsproblematik deutlich: infolge der Interdependenz der Teilleistungen von Führer und Gruppenmitgliedern ist eine isolierte, differentielle Erfolgszurechnung zur Führungsleistung nicht möglich.

3. Da mithin eine Leistungs-Messung nur in seltenen Fällen möglich ist, tritt eine Leistungs-Bewertung an ihre Stelle. *Leistungsbewertung* ist ein im Kern stets subjektiver Einschätzungsakt dazu legitimierter Betriebsmitglieder, der auf die Persönlichkeitsstrukturen der zu beurteilenden Mitarbeiter gerichtet ist. Mangels Existenz spezifischer Leistungsmetriken werden meist über die eigentliche Leistung hinausgehende Persönlichkeitsurteile gefällt, die etwa Aspekte des Verhaltens gegenüber Vorgesetzten oder Einstellungen zur Tätigkeit betreffen (vgl. dazu *Blaschke* [Bedingungen]).

Alle sicherlich notwendigen Versuche analytischer, systematischer Personalbeurteilung, durch Standardisierung von Beurteilungskriterien und Aufdeckung von Fehlerqellen (Berücksichtigung des Halo-Effekts oder des konstanten Fehlers; vgl. dazu z. B. *Rippe* [Personalwesen 158 f.], *Justen* [Mitarbeiterbeurteilung 35 ff.]) das Verfahren zu objektivieren, dürfen nicht über die immanente *Subjektivität* der Leistungsbewertung hinwegtäuschen. Aus diesem Grunde sind Verbesserungsmöglichkeiten vor allem in der Transparentmachung sowie im intersubjektiven Vergleich von Wertungen, etwa Beurteilung durch mehrere Vorgesetzte oder zusätzliche Eigenbeurteilungen zu sehen.

4. Transparenz des Beurteilungssystems ist für den ÖVB ein dringliches Problem, da hier bislang der Parteien-Lobbyismus eine bedeutsame Rolle spielt. Die Zugehörigkeit zur „richtigen" Partei, ergänzt durch Proporzdenken, ist immer noch eine der wichtigsten Voraussetzungen für eine schnelle Verwaltungskarriere. Werden bisher geltende formale Laufbahnbestimmungen (Mindestverweilzeiten usw.) ersatzlos abgebaut, kann die Gefahr des Parteieneinflusses sogar noch zunehmen. Aus diesem Grunde kann nur eine gleich- und regelmäßige Mitarbeiterbeurteilung mit Hilfe standardisierter Kriterien zum Abbau des Parteieneinflusses beitragen.

c) Verfahren und Instrumente eines Personalförderungssystems

1. Ein formales Hilfsmittel bei der Gestaltung des Förderungsprozesses kann z. B. die *Entscheidungsbaumtechnik* sein, die sich bei der Flexibilitätsanalyse von Entscheidungsalternativen bewährt hat (vgl. z. B. *Schmidt* [Wirtschaftslehre II, 72 ff.]) und die dem Mitarbeiter die Entwicklungsmöglichkeiten seiner Laufbahn klar vor Augen führt. Das Formalgerüst eines Laufbahn-Entscheidungsbaumes könnte etwa folgende Gestalt haben, wobei von zwischengeschalteten Fortbildungsperioden abgesehen wird (Abb. 22).

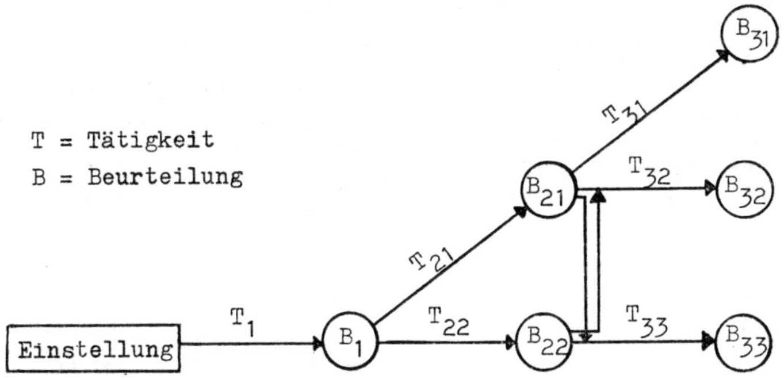

Abbildung 22

Drei Hauptalternativen zeichnen sich im Laufbahnbaum ab: der schnelle Aufstieg nach B_{31}, der mittlere Aufstieg nach B_{32} und das Verbleiben auf dem Anfangsniveau (B_{33}). Restriktionen wie etwa Mindestzeiten je Tätigkeit, Begrenzungen des Ebenensprunges, Verbot der Herabstufung usw. lassen sich in dieses Schema leicht einbauen.

2. Fernerhin werden zur Vorbereitung von Förderungsentscheidungen Verfahren zur Beurteilung der *Mitarbeiterleistungen* benötigt. Obwohl es, wie oben betont, völlig objektive Beurteilungsverfahren nicht gibt,

stehen zur Aufdeckung und Vergleichbarmachung subjektiver Wertungen eine Reihe von Verfahren zur Verfügung. Beim Versuch einer Systematisierung derartiger Verfahren stellt man fest, daß einige von der ex post-Feststellung der Leistung in der bisher ausgeübten Tätigkeit ausgehen und daraus Leistungsvoraussagen ableiten, andere dagegen direkt die Leistungserwartung zu bestimmen versuchen (vgl. Abb. 23).

Zur ersten Gruppe gehören zweifellos vor allem *Vorgesetztenurteile,* ggf. ergänzt durch Urteile anderer Vorgesetzter, durch Urteile gleichrangiger oder nachgeordneter Kollegen sowie durch Selbsturteile, wobei speziell im letzten Fall nicht unerhebliche Motivationserfolge auftreten können und Meinungsdivergenzen aufgedeckt werden können (vgl. dazu auch *McGregor* [Mensch 103 f.]). Hilfsmittel zur Urteilsfindung können dabei Einstufungsskalen sein, die — analog den Verfahren analytischer Stellenbewertung — von abstufbaren Leistungsarten ausgehen (vgl. z. B. *Hauri* [Leistungsbewertung 626 ff.]) und die man ggf. durch die Zusammenstellung relevanter Leistungsmerkmale in besonderen Checklists verfeinern kann (vgl. *Rippe* [Personalwesen 162], vgl. ferner als Beispiel für die Vorgehensweise in der US-Bundesverwaltung die Beurteilungs-Checklist bei *Lynton/Pareek* [Development 85 f.]).

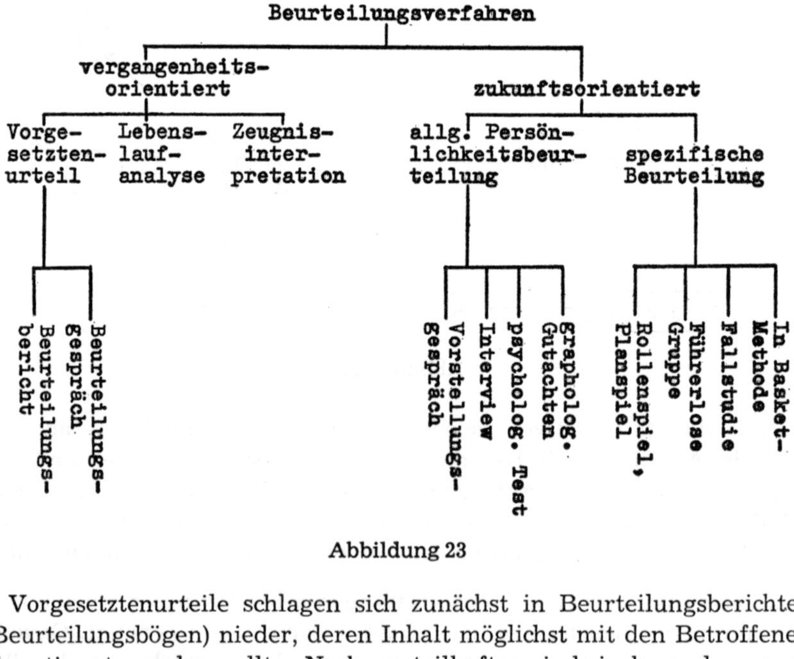

Abbildung 23

Vorgesetztenurteile schlagen sich zunächst in Beurteilungsberichten (Beurteilungsbögen) nieder, deren Inhalt möglichst mit den Betroffenen abgestimmt werden sollte. Noch vorteilhafter sind, insbesondere auch aus konflikttheoretischer Sicht, Beurteilungsgespräche (Appraisal-Interviews; vgl. dazu *Vogel* [Appraisalprogramm 65 ff.]), weil in ihnen Meinungsverschiedenheiten zwischen Vorgesetzten und Untergebenen offen diskutiert und notwendige Entwicklungsmaßnahmen besprochen werden können. Mitarbeitergespräche können allerdings auch Frustrationen auf beiden Seiten zur Folge haben, wenn der Untergebene beispielsweise schwer Kritik verträgt oder der Vorgesetzte das Kritisieren als unangenehm empfindet, so daß eine optimale Konflikthandhabung bei Mitarbeitergesprächen schwierig ist (vgl. im einzelnen *Krüger* [Konflikthandhabung 137 ff.]).

In Fällen wie Neueinstellungen, in denen nicht auf vergangene innerbetriebliche Leistungsresultate zurückgegriffen werden kann, setzen vergangenheitsorientierte Verfahren wie die Lebenslaufanalyse oder die Zeugnisinterpretation ein, auf deren beschränkten Aussagewert hier nicht weiter hingewiesen zu werden braucht. Von größerer Bedeutung sind dagegen diejenigen Verfahren, die die direkte Bestimmung *zukünftiger* Mitarbeiterleistungen zum Gegenstand haben. Sie gliedern sich in zwei Gruppen, von denen die eine von der Beurteilung allgemeiner Persönlichkeitsstrukturen ausgeht und daraus Schlüsse über die zukünftige Leistungsfähigkeit des Mitarbeiters herleitet, die andere dagegen versucht, die anforderungsspezifischen Fähigkeiten und Verhaltensweisen des zu beurteilenden Mitarbeiters zu erkunden.

Zur ersten Gruppe gehören das Vorstellungsgespräch als allgemeine, unstrukturierte Befragung (vgl. z. B. *Knebel* [Inhalt]), das Interview als strukturierte und standardisierte Befragung (vgl. *Rippe* [Personalwesen 144]), der psychologische Persönlichkeitstest, zu dem auch das verbreitete Verfahrensbündel der Intelligenztests gerechnet werden kann (vgl. z. B. *Gellermann* [Testverfahren]) und schließlich das graphologische Schriftgutachten, dessen Aussagewert nach allgemeiner Ansicht gering zu veranschlagen ist (vgl. aber *Gubser* [Führungseigenschaften]). Allen diesen Verfahren ist eine relativ geringe Effizienz gemeinsam, weil sie sich mehr oder weniger ausschließlich an allgemeinen Persönlichkeitseigenschaften orientieren, aber nicht über deren Transformation in spezifische Fähigkeiten Auskunft geben (vgl. *Stiefel* [Lehrmethoden 173]). Daher können derartige Beurteilungsverfahren nicht mehr als ergänzenden Charakter haben. Zur alleinigen Beurteilung sind sie nur dort geeignet, wo andere, aussagefähigere Verfahren nicht angewendet werden können.

Zur Gruppe der zukunftsorientierten Beurteilungsverfahren sind das Rollenspiel und das Planspiel, die führerlose Gruppe (leaderless group), die Fallstudie und die „In-Basket"-Methode zu rechnen (vgl. *Stiefel* [Lehrmethoden 174 ff.]). Mit diesen Verfahren kann das Vorhandensein spezifischer Fähigkeiten und Verhaltensweisen wie Kreativität, Problembewußtsein, Erkennen und Bewerten von Alternativen, Entschlußfreudigkeit oder Durchsetzungsvermögen exploriert werden. Die Verhaltensbeobachtung in der führerlosen Gruppe oder im Rollenspiel gibt insbesondere Hinweise über das Gruppen- und Führungsverhalten in unstrukturierten Situationen (vgl. *Bass* [Discussion]). Mit der Fallmethode sowie auch im Planspiel wird primär die Anwendung spezifischen Wissens und das Vorhandensein problemgerechten Entscheidungsverhaltens festgestellt (vgl. auch *Kosiol* [Fallstudien]). Zur Überprüfung spezifischer Fähigkeiten dient auch die „In-Basket"-Methode, bei der der Mitarbeiter repräsentative Vorgänge seines prospektiven Arbeitsplatzes, wie sie typischerweise im „Eingangskorb" liegen, in kurzer Zeit bearbeiten muß (vgl. *Lopez* [In-Basket-Technique]).

3. Die geschilderten Verfahren sind auch danach zu beurteilen, *woran* sie die Leistung messen. Einige der Verfahren orientieren sich mangels geeigneter Maßstäbe, wie dargelegt, an allgemeinen Persönlichkeitsmerkmalen. Andere Verfahren können die Leistung dagegen entweder primär „verfahrensorientiert", d. h. durch Beurteilung des Leistungseinsatzprozesses, oder „ergebnisorientiert", d. h. durch Ergebnisbeurteilung, kontrollieren (zum Unterschied von Verfahrens- und Ergebniskontrolle vgl. auch *Frese* [Kontrolle 874]). Verfahrenskontrollen, die die Leistung primär an der Einhaltung formaler Verfahrensvorschriften beurteilen, sind kennzeichnend für bürokratische Systeme. Aussagefähiger sind *Ergebniskontrollen*, weil sie auf dem Soll-Ist-Vergleich von Zielen und Zielwirkungen basieren und sich nicht auf die Überprüfung des Weges zum Ziel beschränken. Geht man, wie hier vorgeschlagen (vgl. S. 69 ff.), von Zielen als Lenkungsinstrumenten des Managementsystems aus und beteiligt man die Mitarbeiter an der Zielbildung, so ist die Beurteilung der Mitarbeiterleistung an der Erreichung der gesetzten Ziele notwendige Folge. Aus diesem Grunde ist die oben bereits propagierte Einbettung des Beurteilungsprogramms in ein kooperatives integriertes Zielbildungssystem ein zweckmäßiger und notwendiger Schritt. In der Mitarbeiterbeurteilung liegen auch die eigentlichen Erfolge des Management-by-Objectives-Konzeptes. Infolge des Vorhandenseins operationaler Stellenziele ist ein Mitarbeiter in der Lage, seine Tätigkeitsprozesse als „Subregler" selbst zu lenken und seine Leistung anhand eigener Ziel-Ergebnis-Analysen bis zu einem gewissen Grade auch selbst zu beurteilen (vgl. *Wild* [Management-Konzeption 81 ff.]), was sowohl aus motivations- wie aus lerntheoretischer Sicht vorteilhaft ist. Dadurch kann der Mitarbeiter nämlich selbst Schwachstellen aufdecken und Entwicklungsaktivitäten ableiten. Problematisch ist bei der ergebnisorientierten Mitarbeiterbeurteilung allerdings das Vorgehen bei unrealistisch gesetzten Zielen,

also etwa die Beurteilungsanpassung bei irrtümlich zu hoch veranschlagten Zielvorstellungen. Hier wird eine ausführliche und offene Abweichungsanalyse unerläßlich sein. Als Folge anfänglicher Unstimmigkeiten kann aber von dieser Beurteilungsform ein heilsamer Zwang zu exakterer Zielplanung ausgehen (vgl. auch *Bernstein* [Development 13 ff.]).

4. Zusammenfassend bleibt festzustellen, daß eine hinreichend vollständige und objektive Beurteilung von Mitarbeiterleistungen als wichtigste Voraussetzung für Förderungsmaßnahmen unter folgenden Bedingungen zustandekommen kann:

(1) Einführung eines regelmäßigen, durch standardisierte Merkmalskataloge sowie durch Einschaltung mehrerer Vorgesetzter objektivierten Leistungsbeurteilungsprogramms,

(2) Durchführung von zielbezogenen Beurteilungsgesprächen, in denen die Stärken und Schwächen der Beurteilten offen diskutiert und Verbesserungsmaßnahmen beschlossen werden,

(3) Bestimmung der für die vorgesehenen Stellen erforderlichen Fähigkeiten und Verhaltensweisen mittels der genannten spezifischen Beurteilungsverfahren.

Abschließend sei vermerkt, daß der Erfolg eines Personalentwicklungssystems in erster Linie vom erzeugten Organisationsklima und nicht von der Komplexität und Verfeinerung des eingesetzten Entwicklungsinstrumentariums abhängig ist (vgl. auch *McGregor* [Mensch 230]). Bei einem ausgefeilten „Management Development“-System besteht ganz besonders im ÖVB die Gefahr bürokratischer Erstarrung. Fortbildungsinstrumente und Beurteilungsmechanismen dürfen nicht starr und automatisch gehandhabt werden, sonst tritt der Mensch, um den es dabei ja geht, in den Hintergrund.

D. Erweiterungsmöglichkeiten der Managementkonzeption

In einem abschließenden Teil sind die Zusammenhänge und Ausprägungsformen der geschilderten Grundelemente zumindest skizzenhaft zu erläutern. Die Ausführungen können nicht mehr als Hinweischarakter haben, weil eine tiefergehende Darstellung den Rahmen dieser Arbeit bei weitem sprengen würde.

In der Sprache der Systemtheorie kann das Anliegen dieses Teils so skizziert werden, daß nach der Schilderung der möglichen Eigenschaften und Funktionsweisen von Elementen einer Managementkonzeption nunmehr ergänzend die Relationen zwischen den Elementen aufgezeigt und die Merkmalsausprägungen der Elemente und deren Gewichtungen in konkreten Managementsituationen dargestellt werden.

I. Zusammenhang der Grundelemente

Wie sich bereits bei der Ableitung der Grundelemente aus den Anforderungen an die Management-Konzeption des ÖVB zeigte, sind die Bestandteile der Elemente sowohl intra- als auch interelementweise interdependent. Abb. 24 macht in schematischer Darstellungsform wichtige Relationen zwischen den diskutierten Elementbestandteilen deutlich. Bei einigen Subelementen besteht sogar partielle Identität, so etwa zwischen „Zielvereinbarung" als Bestandteil des Zielbildungs-Elementes und „Stellenzielvereinbarung" als Unterfall des Entschlußdezentralisationselementes, weil in beiden Fällen die Partizipation an Zielsetzungsentschlüssen der inhaltliche Kern ist.

Um mit Hilfe der Managementkonzeption einen ÖVB zielgerecht lenken zu können, ist nicht nur die Kenntnis der Wirkungsweisen der einzelnen Elemente erforderlich, sondern überdies auch Wissen um die Wirkungsbeziehungen zwischen den Elementen. Kern dieser Betrachtung ist die Bestimmung der Relevanz von Wirkungsbeziehungen (vgl. dazu generell *Schmidt* [Wirtschaftslehre II, 20 ff.]), weil vom Relevanzgrad die Intensität ein- oder gegenseitiger Elementbeeinflussungen abhängt. Bestimmte Ausprägungen eines Elementes, wie etwa ein autoritärer Führungsstil, können die Wirkung eines anderen Elementes, beispielsweise von kooperativer Zielvereinbarung, beeinträchtigen oder sogar aufheben. Andere Ausprägungen können hingegen verstärkende Kraft haben. Eine Reihe von Wirkungsbeziehungen sind bereits bei der Darstellung der Grundelemente aufgedeckt worden, insbesondere Interdependenzen zwischen dem Motivationsbaustein und den übrigen drei Elementen.

Eine systematische Wirkungsanalyse von Managementkonzeptionselementen ist in dieser Untersuchung allerdings nicht durchführbar, weil dies, abgesehen von der Ausweitung des Themas, umfangreiches empirisches Material über reale Wirkungszusammenhänge der Managementkonzeption des ÖVB voraussetzen würde, das derzeit nicht verfügbar ist.

II. Modifikationen der Managementkonzeption bei unterschiedlichen Ausführungsteilsystemen

Die untersuchte Management-Grundkonzeption gilt nicht gleichermaßen in jeder betrieblichen Situation, für jeden ÖVB und auch nicht für jedes Subsystem eines ÖVB. Die Ausführungen wurden vielmehr bewußt allgemein gehalten, um eine Rahmenkonzeption zu gewinnen, die entsprechend der Zielsetzung dieser Arbeit prinzipiell auf alle ÖVB anwendbar ist. Aus diesem Grunde wurde versucht, generelle Erklärungsansätze und Gestaltungsprinzipien zu entwickeln, die die Lenkung eines ÖVB im Lichte relevanter betriebswirtschaftlicher, entscheidungstheoretischer und sozialpsychologischer Erkenntnisse gestatten.

Bei der konkreten Formulierung von Managementkonzeptionen sind daher Modifikationsalternativen zu beachten, die bei Vorhandensein bestimmter Merkmalsausprägungen eingesetzt werden können. Es zeigt sich, daß einige Bestandteile der Konzeption verstärkt den Modifikationen ausgesetzt sind, während andere aus Gleichheitsgründen für den Gesamtbetrieb gelten müssen. Dies gilt etwa für Teile des Anreizsystems. Bei der Gestaltung von Konzeptionsmodifikationen ist ein typisierendes Vorgehen empfehlenswert, indem alternative Managementkonzeptions-Typen in Abhängigkeit von beobachteten Merkmalsausprägungen gebildet werden.

Als mögliches Merkmal zur Bildung von Konzeptionstypen kommt beispielsweise die dominante *Motivationsstruktur* von in einer Gruppe zusammenarbeitenden Mitarbeitern in Frage. Denn da sich Personen mit dominanten psychischen Motiven anerkanntermaßen anders in Organisationen verhalten als etwa Personen mit dominanten physischen Motiven, sind auch jeweils andere Lenkungsprozesse und -instrumente einzusetzen, nämlich im ersten Fall beispielsweise mehr intrinsische, im zweiten Falle mehr extrinsische Motivatoren.

Als zweites mögliches Merkmal kann man die *Art* (insbesondere Komplexität) der in einem ÖVB resp. in einem Subsystem vorherr-

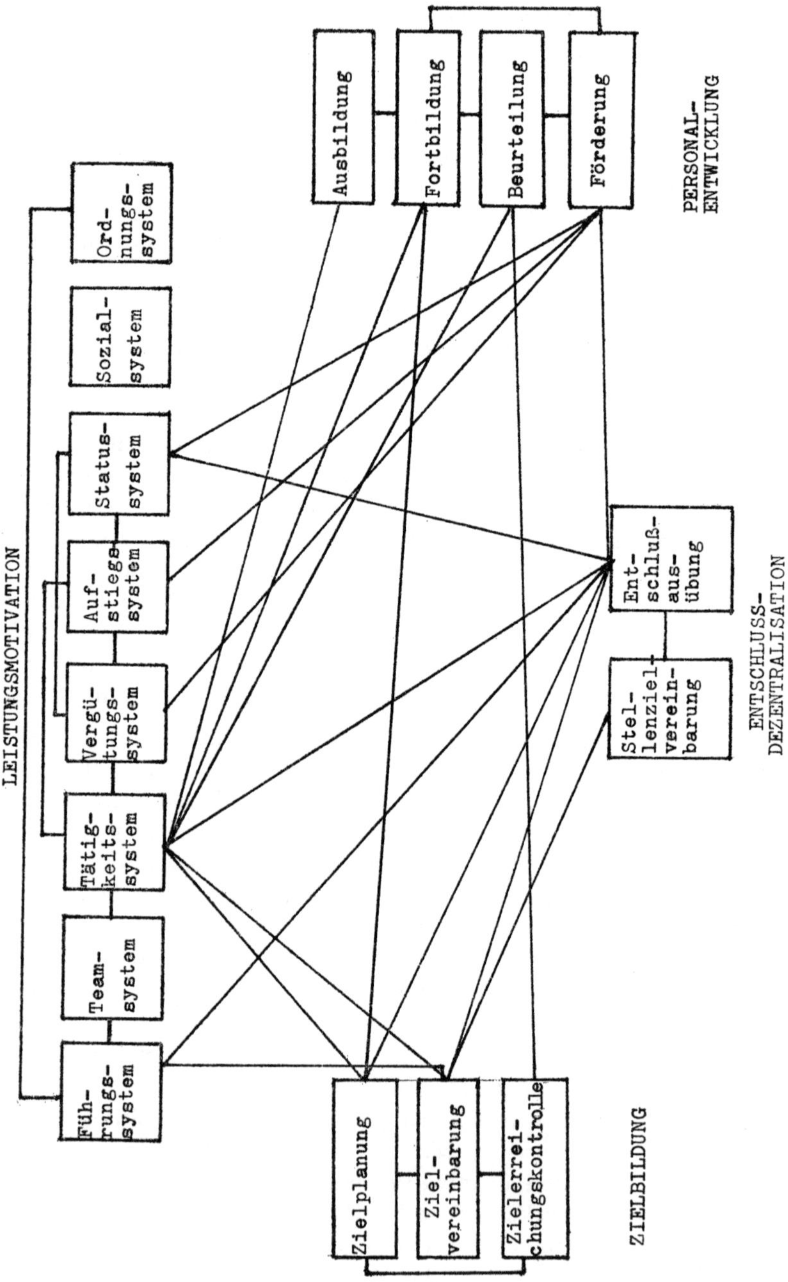

Abbildung 24

schenden *Tätigkeit* ansehen. Zieht man als Kriterium für die Tätigkeitsart den Grad der Wiederholbarkeit heran, so ergibt sich bei grober Differenzierung das Merkmalspaar repetitive und nichtrepetitive Tätigkeiten, — eine Unterscheidung, die bereits im einleitenden Kapitel (B.I.) zur Abgrenzung von Innovations- und Routinesystemen geführt hat.

Eine dritte Möglichkeit der Merkmalsbildung ist der Einbezug der *Zeitdimension,* indem die Bestandteile von Managementkonzeptionen danach beurteilt werden, wie sie bei bestimmten Ausführungszeiten beobachteter Tätigkeitsfelder die Systemlenkung ermöglichen. Bei knapper Zeitspanne zur Problemlösung, wie etwa in Krisensituationen, muß mehr Gewicht auf zentrale Lenkung und autoritäre Führung gelegt werden als wenn Zeit in ausreichendem Maße zur Verfügung steht.

In bezug auf einen Ausschnitt aus dem Elementverbund der Managementkonzeption, nämlich den *Führungsstil* (s. S. 133 ff.), soll der Zusammenhang der beiden letztgenannten Merkmale aufgezeigt werden. Bei jeweils grober, dychotomischer Merkmalsausprägung der Tätigkeitsart und der Ausführungszeit lassen sich für die gegenwärtige gesellschaftliche Situation folgende Ausprägungshypothesen über den Führungsstil aufstellen:

		Zur Verfügung stehende Ausführungszeit	
		gering	ausreichend
Tätigkeitsart	innovativ	kooperativ	kollektiv
	Routine	gemäßigt autoritär	kooperativ

Abbildung 25

Man sieht, welch erheblichen Einfluß die Führungssituation, hier repräsentiert durch Tätigkeit und Zeit, auf den Führungsstil hat. Bei schnell zu vollziehenden Routinetätigkeiten, wie beispielsweise Feuerwehreinsätzen, ist stärkere Betonung der Vorgesetztenautorität und insbesondere Vorbehalt der Entschlußkompetenz vonnöten, als bei innovativen Aktivitäten, die sich ohne Zeitdruck vollziehen können. Ähnliches gilt für andere Kombinationsformen.

Obwohl ein dieser Art kombinatorisch aggregiertes System von Elementausprägungen sicherlich wertvolle Anhaltspunkte zur Gestaltung von Managementkonzeptionen liefern könnte, muß in diesem Rahmen auf seine Entwicklung verzichtet werden. Bei den folgenden Modifikationsüberlegungen wird vielmehr das Merkmal Tätigkeitsart herangezogen, weil dieses Merkmal sich als Gliederungskriterium bei der funktionalen Systemstrukturierung des ÖVB (s. S. 33) bereits bewährt hat.

Die im folgenden umrißartig zu prüfenden Konzeptionsmodifikationen beziehen sich mithin auf das Innovations- und das Routinesystem als Teilbereiche des Ausführungssystems. Die Modifikationen treffen gleichermaßen auch auf ganz bzw. überwiegend routinisierte resp. innovative Gesamtbetriebe zu, also auf die Fälle, wenn die beschriebene Tätigkeitstrennung in repetitive und nicht-repetitive Aktivitäten infolge der spezifischen Zielkonzeption des ÖVB nicht in Frage kommt.

1. Modifikationen bei der Lenkung von Innovationssystemen

Das Innovationssystem des ÖVB verfolgt das Ziel, neue Verwaltungsleistungen, neue Verfahren zur Leistungserstellung und/oder neue Strukturen von Basis- oder Teilsystemen des ÖVB zu entwickeln (vgl. *Bleicher* [Perspektiven 117 ff.], *Kieser* [Innovationen 743]). Im Innovationssystem vollziehen sich Such-, Lern- und Problemlösungsprozesse, die durch Innovationsziele gelenkt werden (vgl. *Naschold* [Organisation 74], *Wild* [Management-Konzeption 87]). Der Erfolg des Innovationssystems hinsichtlich der Produktion neuer Ideen hängt erheblich vom Innovations- resp. Kreativitätspotential seiner Mitglieder ab, das wiederum entscheidend durch die Strukturen von Organisation und Managementkonzeption bestimmt wird.

In organisatorischer Hinsicht ist ein erfolgreiches Innovationssystem, wie zahlreiche Untersuchungen immer wieder gezeigt haben (vgl. dazu vor allem die informativen Zusammenfassungen von *Schmidt* [Produkt-Innovation 91 ff.] und *Schmitt-Grohé* [Produktinnovation 36 ff.]), vor allem durch einen geringen Formalisierungs- und Organisationsgrad der Arbeitsprozesse, durch Betonung des Teamsystems im Vergleich zum Leitungssystem und durch ein multilaterales, offenes Informationssystem gekennzeichnet.

Eine wichtige Bedingung für Produktivität der Ideengewinnung scheint die „Institutionalisierung von Widerspruch“ als Ausdruck demokratischer Willensbildung zu sein, die in alternativen Organisationsformen in unterschiedlich starkem Maße gegeben ist (*Grauhan* [Verwaltung 364 f.] in Anlehnung an *Deutsch* [Nerves 254 f.]). Die Möglichkeit der Artikulation von Widerspruch oder m. a. W. der Austragung von Konflikten ist im Innovationssystem deshalb von Bedeutung, weil produktive Konflikte kreativitätsfördernd sind und das Innovationspotential der Mitglieder verstärken resp. freisetzen (vgl. *Schmidt* [Produkt-Innovation 101 f.]). Organisatorische Konsequenz dieser konflikttheoretischen Erkenntnis ist in erster Linie die Zulassung von

Management von Innovationssystemen

Element	Bestandteil	Merkmalsausprägungen
Ziel-bil-dung	Zielplanung	langfristig, flexibel, integrativ
	Zielvereinba-rung	hohe Partizipationsrate bei Stellen-zielen und insbesondere bei Innova-tionszielen
Ent-schluß-dezen-trali-sation		hohe Partizipationsrate bei Inno-vations-Entschlüssen, weitgehende Ermöglichung von Selbstkontrollen, Schwerpunkt der Vorgesetztenfunktion auf der Initiierung und Koordination von Innovationsprozessen, gering formalisierte Regeln und In-strumente infolge häufiger Aktivi-tätsänderungen
Lei-stungs-motiva-tion	Führungssystem	kooperativer, ggf. auch kollektiver Führungsstil je nach Führungssitua-tion,
	Teamsystem	starke Betonung von Gruppenkontak-ten
	Tätigkeitssystem	Dominanz im gesamten Anreizsystem; Ermöglichung vollständiger, sinnhaf-ter, wenig reglementierter und über-wachter Problemlösungen, hohe Partizi-pationsmöglichkeiten,
	Vergütungssystem Aufstiegssystem Sozialsystem	keine zentrale Bedeutung im Anreiz-system; aber Erfüllung der Gleich-heitsbedingung,
	Statussystem	minimale Statusanreize wegen mög-lichst geringer Statusdifferenzen,
	Ordnungssystem	geringe Betonung wegen negativer Innovationswirkung
Perso-nalent-wick-lung	Ausbildung	Berufsbild des Planers hat Dominanz, Vermittlung von Team-Kooperations-regeln usw.,
	Fortbildung	institutionalisierte, ständige Fort-bildung wegen rascher Wissensalterung,
	Beurteilung	zielorientierte, offene Appraisals,
	Förderung	Karriere im Leitungssystem weniger wichtig

Abbildung 26

Gruppenprozessen zur Lösung von Innovationsproblemen, weil in Gruppen sachorientierte Konflikte mit innovationsstimulierender Wirkung ausgetragen werden können und zudem positive motivationale Effekte auftreten (vgl. *Likert* [Patterns 117]).

Der Gruppenaspekt leitet zur Managementproblematik über. Ein hoher Zielerreichungsgrad des Innovationssystems ist wahrscheinlich, wenn hohe Partizipation der Systemmitglieder an Zielsetzungs- und Zielerreichungsentscheidungen, breite Entscheidungsspielräume, geringe Fremdkontrollen und primär intrinsische Anreize gewährleistet sind (vgl. auch *Schmidt* [Produkt-Innovation 95 ff.]). Daraus folgt auch, daß sich zur Lenkung von Innovationssystemen, wie bereits erörtert, kooperative Führung mehr als autoritäre eignet, weil sie Kreativität und Motivation fördert. Zieht man die in Teil C entwickelten Elemente der Managementkonzeption mit ihren relevanten Bestandteilen zur Prüfung ihrer innovationsfördernden Merkmalsausprägungen heran, so ergibt sich das in Abb. 26 skizzierte Ausprägungsprofil. Man erkennt hieraus unschwer, bei welchen Elementen der Grundkonzeption im Falle ihrer Anwendung auf Innovationssysteme Modifikationen erforderlich sind.

Eine leistungsfähige Managementkonzeption hat indes nicht nur für eine reibungslose Ideenproduktion im Innovationssystem zu sorgen, sondern auch für die Implementation und Umsetzung der Ideen im Routinesystem. Mit den dabei auftretenden Durchsetzungsproblemen ist zugleich die Frage der Systemkopplung angesprochen, auf deren Problematik hier jedoch nur hingewiesen werden kann (vgl. *Burns/Stalker* [Innovation 155 ff.]). Auf organisatorischer Seite bestehen Kopplungsmöglichkeiten durch Institutionalisierung der zwischen Subsystemen möglichen Konflikte etwa in Form der Matrixorganisation (s. S. 88 ff.), indem sich Mitglieder des Routine- und Innovationssystems in einer Projektgruppe über Meinungsverschiedenheiten direkt verständigen (vgl. *Schmidt* [Produkt-Innovation 109 ff. und 117]). Die Managementkonzeption kann zur effektiven Systemkopplung vor allem durch Entwicklung eines bedürfnissynchronen Anreizsystems beitragen, das das Verhalten der Mitglieder des Routinesystems in Richtung einer positiven Aufnahme von Innovationen lenkt. Daneben erscheint intensive Personalfortbildung eine Hilfe beim Versuch der Überwindung von Sprachbarrieren zwischen Innovator und Ausführer zu sein (vgl. *Burns/Stalker* [Innovation 177 ff.]).

2. Modifikationen bei der Lenkung von Routinesystemen

Im Routinesystem des ÖVB werden Zielerreichungsprozesse repetitiver Natur durchgeführt. Obwohl sich der Anteil von Routineprozessen im ÖVB im Zuge der Zunahme von Planungsaktivitäten vermutlich verringern wird, besteht doch die Mehrzahl aller Verwaltungshand-

Management von Routinesystemen

Element	Bestandteil	Merkmalsausprägungen
Zielbildung	Zielplanung	Schwergewicht auf taktisch-operativer Zielplanung, insbesondere Zielumsetzung, Entwicklung präziser Leistungsstandards,
	Zielvereinbarung	mittlere Partizipationsrate bei Stellenzielen,
Entschlußdezentralisation		abgestufte Partizipation an Zielerreichungsentschlüssen nach Maßgabe von Zielart und Qualifikation, Selbstkontrollen mit zusätzlichen stichprobenartigen Fremdkontrollen,
		Vorgesetztenfunktionen: Initiierung, Koordination, Überwachung, exakte Dezentralisationsregeln und -instrumente zur Stabilisierung der Prozesse,
Leistungsmotivation	Führungssystem	kooperativer, ggf. auch gemäßigt autoritärer Führungsstil je nach Führungssituation,
	Teamsystem	Gruppenkontakte mit Koordination durch Vorgesetzten,
	Tätigkeitssystem	Tätigkeitsanreicherung mit abgestuften Partizipationsmöglichkeiten,
	Vergütungssystem	leistungsgerechte Vergütung wichtig,
	Aufstiegssystem	aussichtsreiche Laufbahn mit detaillierter Karriereplanung wichtig,
	Statussystem	differenziertes, gerechtes Statussystem bedeutungsvoll,
	Sozialsystem, Ordnungssystem	mittlere Bedeutung im Anreizsystem,
Personalentwicklung	Ausbildung	relevante Berufsbilder: Ausführer und Planer, Vermittlung insbesondere von verwaltungstechnischen und -rechtlichen Fähigkeiten,
	Fortbildung	institutionalisierte ständige Fortbildung zur Anhebung des Leistungsniveaus,
	Beurteilung	zielorientierte, offene Appraisals,
	Förderung	leistungskongruente, geplante Beförderung im Leitungssystem hat Bedeutung

Abbildung 27

lungen nach wie vor aus Routinetätigkeiten. Im Routinesystem kommt es in erster Linie auf den raschen und sachgerechten Vollzug von Entscheidungsprogrammen nach Maßgabe weitgehend vorgegebener Handlungsziele an (vgl. auch *Luhmann* [Flexibilität 326 ff.]). Das Routinesystem bedarf nicht in gleichem Maße der Systemöffnung nach außen und Systemanpassung an Umweltänderungen, im Gegenteil vielmehr einer gewissen Stabilisierung gegen die Umwelt, um Routineleistungen gleichmäßig abgeben zu können. Aus diesem Stabilitätserfordernis allerdings wie *Luhmann* [Flexibilität 328] darauf zu schließen, daß das Reflektieren über Ziele oder Mittel abzulehnen sei, weil es den Routineprozeß durcheinanderbringe, ist wohl ungerechtfertigt, wie im Verlauf dieser Untersuchung verschiedentlich deutlich zu machen versucht wurde.

Da Ziele, Strukturen und Prozesse des Routinesystems vom Innovationssystem abweichen, ist dies bei einer Modifikation der Managementkonzeption zu berücksichtigen. Eine hohe Effektivität des Routinesystems ist zu vermuten, wenn eine Managementkonzeption vorhanden ist, die für eine präzise Ziel-/Maßnahmenplanung und Ableitung realistischer Leistungsstandards sowie für qualifikations- und situationsadäquate Entschlußpartizipation bei Zielsetzungs- und vor allem Zielerreichungsentscheidungen sorgt. Bei der Gestaltung eines routinebezogenen Anreizsystems erscheint eine ausgewogene Mischung extrinsischer und intrinsischer Anreize zweckvoll zu sein. Starkes Gewicht ist auf eine intensive Personalaus- und -fortbildung zu legen, weil primär über die Anhebung des Leistungsniveaus die Mitarbeiter für qualifiziertere Tätigkeiten freigesetzt werden können (vgl. auch *Bleicher* [Verwaltung 76 f.]). Abb. 27 gibt die Zuordnung relevanter Merkmalsausprägungen zu den Elementen und Bestandteilen der Management-Grundkonzeption wieder. Die Grundvorstellung einer auf das Routinesystem ausgerichteten Managementkonzeption des ÖVB liegt in einer durch den kürzeren Zeitbezug möglichen exakteren Planung, einer infolge der größeren Determination von Entscheidungen erforderlichen geringeren Partizipation sowie in einer vor allem in Krisensituationen unvermeidlichen strafferen Führung. Diese Einschränkungen sind durch ein pluralistisches Anreizsystem so weit wie möglich auszugleichen, um auch diesem Mitarbeiterkreis Motivbefriedigung zu verschaffen.

E. Ergebnisse der Untersuchung

In der Grundlegung dieser Arbeit wurde das Ziel gesetzt, eine Managementkonzeption für den Öffentlichen Verwaltungsbetrieb zu entwickeln und zu diesem Zwecke Betriebscharakter und Struktur Öffentlicher Verwaltungen aufzudecken. Im Verlauf der Untersuchung konnten folgende Ergebnisse erarbeitet werden:

1. Die Öffentliche Verwaltung als zielerreichendes Vollzugssystem des Staates gliedert sich in sachlich-räumlich partiell verselbständigte Einheiten, denen man Betriebscharakter zusprechen kann. Ein aus dem gesamten Verwaltungssystem herausgelöster „Öffentlicher Verwaltungsbetrieb" (ÖVB) hat die Funktion eines Instrumentes nach Maßgabe der Interessenlagen einer Reihe verschiedener Trägergruppen, wobei der Anteil betriebsexterner Zielauflagen an der Zielkonzeption eines ÖVB dominant, aber nicht umfassend ist.

Zur zielgerechten Lenkung der Zielerreichungsaktivitäten eines ÖVB bedarf es eines Managementsystems, dessen Träger, Strukturen, Funktionen und Instrumente ihrerseits durch die Merkmalsausprägungen der einzusetzenden Managementkonzeption geformt werden. Zur Entwicklung relevanter Elemente einer Managementkonzeption des ÖVB ist die Kenntnis der Determinanten des Managementsystems einerseits, der Anforderungen an ihre Neugestaltung andererseits erforderlich. Dabei leitet sich das Neugestaltungserfordernis insbesondere aus dem Wandel der Zielstrukturen des ÖVB her, der durch die Entwicklung von der Hoheits- zur Leistungs- und Planungsverwaltung bedingt ist und dem das gegenwärtige Verwaltungsmanagement in keiner Weise Rechnung trägt. Im Zuge der Analyse werden vier Grundelemente einer leistungsfähigen Managementkonzeption abgeleitet, die ihrerseits jeweils aus einer Reihe von Subelementen bestehen und den Lenkungskomplex des Verwaltungsmanagements hinreichend vollständig abdecken, wenn auch wichtige, aber das Thema sprengende, Fragestellungen wie die Organisation oder das Informationssystem eines ÖVB außer acht bleiben müssen.

2. Mit dem Zielbildungselement als erstem Konzeptionsbaustein wird hauptsächlich die Planungsfunktion des Managements angesprochen. Es wird die Struktur eines integrierten und flexiblen Zielbildungsprozesses entworfen, bei der die mit der Einführung eines Planning-Programming-Budgeting-Systems (PPBS) in verschiedenen Ländern

erworbenen Erfahrungen berücksichtigt werden. Eine wesentliche Komponente dieses Prozesses ist eine angemessene Partizipation der Verwaltungsmitarbeiter an den betrieblichen Zielentscheidungen, die auf der Überlegung basiert, daß die Erfahrungen der Mitarbeiter bei der Bildung „vereinbarungsfähiger" Ziele die Zielqualität verbessern können und daß darüber hinaus wichtige Motivationseffekte zu erwarten sind. Auf diese Weise kommt es zur Verknüpfung zweier bedeutender Managementkonzepte, nämlich des sachorientierten PPBS und des personenorientierten Management by Objectives, zum kooperativen integrierten Zielbildungssystem.

3. Bei der Erarbeitung des zweiten Bausteines zeigt sich im Zuge der entscheidungsprozessualen Analyse von Vorgesetzten- und Untergebenen-Aktivitäten, daß durch Entschlußdezentralisation ein insgesamt höherer Zielerreichungsgrad erreicht werden kann. Dieses Ergebnis ist vor allem darauf zurückzuführen, daß Vorgesetzte von unproduktiven Überwachungsfunktionen freigesetzt und wichtigeren Innovations-, Planungs- und Führungsaktivitäten zugeführt werden, daß Untergebene bei Übernahme der Entschlußkompetenz ein wesentlich engagierteres und motivierteres Verhalten zeigen und daß schließlich Entschlußdezentralisation Voraussetzung für die Selbstregelungsfähigkeit von Subsystemen ist.

4. Das Motivationselement wird auf der Grundlage neuerer sozialpsychologischer Erkenntnisse entwickelt, die über relevante menschliche Bedürfniskategorien sowie über Motivationsinstrumente Auskunft geben, die gleichzeitig zur Leistungssteigerung wie zur Zufriedenheit beitragen. Das Resultat der Analyse des Motivationsprozesses im ÖVB ist ein pluralistisches Anreizsystem, das extrinsische wie auch intrinsische Motivationsinstrumente enthält. Dabei zeigt sich, daß kooperativer Führungsstil, Gruppenkontakte, sinnvoll angereicherte Tätigkeiten und eine leistungsgerechte Karriere starke Motivationskraft haben, während etwa der Unkündbarkeit von Beamten keine wesentliche motivationale Wirkung zukommt.

5. In einem letzten Baustein werden Prozesse und Instrumente eines Management-Development-Systems des ÖVB dargelegt. Es wird deutlich, daß sich infolge der Dominanz des Berufsbildes des Planers die Anforderungsprofile an Verwaltungsmitarbeiter ändern und demzufolge andere Lernziele bei der Aus- und Fortbildung maßgeblich sind. Darüber hinaus erscheint der Einsatz mitarbeitsintensiver und arbeitsplatznaher Aus- und Fortbildungsverfahren empfehlenswert. Die dadurch erworbenen Fähigkeiten und Verhaltensweisen können in einem mehrstufigen Förderungsprozeß, der sich auf zukunftsorientierte spezifische Beurteilungsverfahren stützt, für den ÖVB nutzbar gemacht werden.

6. Die Grundelemente der Managementkonzeption stehen nicht isoliert nebeneinander, sondern befinden sich, wie verschiedentlich nachgewiesen wird, in vielfältigem Wirkungsverbund. Insbesondere der Motivationsbaustein überlappt die übrigen Elemente, weil mit allen Managementaktivitäten auch Motivationseffekte verbunden sind. Ferner stellt sich bei einer abschließenden Wirkungsanalyse der Managementkonzeption heraus, daß ein Teil der Konzeptionsbestandteile beim Einsatz in Innovations- bzw. Routinesystemen jeweils bestimmten Modifikationen unterzogen werden muß, die auf die unterschiedlichen Managementkonsequenzen von Innovations- und Routineaktivitäten rückführbar sind. Während eine auf das Innovationssystem gerichtete Managementkonzeption sich durch hohe Partizipationsraten, minimale Fremdkontrollen und primär intrinsische Motivationsinstrumente auszeichnet, ist eine routinebezogene Konzeption durch mittlere, abgestufte Partizipation, stichprobenweise Fremdkontrollen und ein gleichermaßen aus extrinsischen wie intrinsischen Anreizen bestehendes Motivationsinstrumentarium gekennzeichnet.

Vergleicht man abschließend die eingangs aufgestellten Ergebniserwartungen mit den erzielten Resultaten, muß zugestanden werden, daß das in der Grundlegung aufgezeigte Problem einer „staatsphilosophischen Brücke" zwischen Privatwirtschaft und Öffentlicher Verwaltung zumindest zum Teil offen geblieben ist. Zwar ist der Unterschied zwischen „Staatsdienern" und „Unternehmungsdienern" de facto geringer, als es die über Jahrhunderte getrennt verlaufene Terminologie von Staats- und Wirtschaftswissenschaft glauben läßt. Auch ist im Hinblick auf Zielstrukturen und Mitarbeitermentalitäten durchaus eine Konvergenz zwischen Privatwirtschaft und Öffentlicher Verwaltung zu beobachten. Dennoch bleiben Besonderheiten in der Funktion des Staates, die sich mit dem hier eingesetzten Instrumentarium nicht erfassen lassen. Insofern müssen manche Vorschläge dieser Untersuchung unter Vorbehalt verwendet werden.

Auch muß einschränkend darauf hingewiesen werden, daß die erarbeiteten Vorschläge nicht immer die für eine direkte Umsetzung in die Praxis erforderliche Präzision und Bestätigung besitzen. Die Untersuchung muß sich vielfach mit unbestätigten Plausibilitätsannahmen über die Wirkungen bestimmter Managementaktivitäten im ÖVB begnügen. Der gegenwärtige Stand einer Managementlehre der Öffentlichen Verwaltung läßt indes andere Aussagen kaum zu. Die meisten Ergebnisse der Management-, Motivations- oder Entscheidungstheorie sind nicht einmal im Unternehmungsbereich, in dem sie entwickelt wurden, eindeutig bestätigt. Um so mehr steht ihre Bewährung im Verwaltungsbereich noch aus. Worauf es daher ankommt, ist die Gewinnung empirisch signifikanten Materials über reale Wirkungsbeziehungen im ÖVB. Hierzu bedarf es unter anderem einer verstärkten Öffnung der Öffentlichen Verwaltung in Richtung der Sozialwissenschaften sowie einer vermehrten interdisziplinären Kooperation.

Literaturverzeichnis

Abkürzungen

ASQ	= Administrative Science Quarterly
HBR	= Harvard Business Review
HWO	= Handwörterbuch der Organisation, hrsg. von Erwin Grochla, Stuttgart 1969
IO	= Industrielle Organisation
MIR	= Management International Review
ZfB	= Zeitschrift für Betriebswirtschaft
ZfbF	= Schmalenbachs Zeitschrift für betriebswirtschaftliche Forschung
ZfO	= Zeitschrift für Organisation

Acker, H. B.: [Stellenbeschreibung]
Stellenbeschreibung. In: HWO, Sp. 1582—1587.

Adams III, P. G.; J. W. *Slocum* jr.: [Groups]
Work Groups and Employees Satisfaction. In: Personnel Administration 1971, Nr. 2, S. 37—43.

Adorno, Th. W.: [Verhältnis]
Zum Verhältnis von Soziologie und Psychologie. In: Soziologica, Bd. 1, Frankfurt/M. 1955, S. 11—45.

Albach, H.: [Gruppenbefragung]
Informationsgewinnung durch strukturierte Gruppenbefragung. Die Delphi-Methode. In: ZfB 1970, Ergänzungsheft, S. 21—36.

Albers, H. H.: [Management]
Management: The Basic Concepts. New York 1972.

Alewell, K.; K. *Bleicher;* D. *Hahn:* [Anwendung]
Anwendung des Systemkonzepts auf betriebswirtschaftliche Probleme. In: ZfO 1971, S. 159—160.

Allport, G. W.: [Background]
Historical Background of Modern Social Psychology. In: Gardner/Lindzey (Eds), Handbook of Social Psychology. Reading, Mass. 1954.

Argyris, C.: [Competence]
Interpersonal Competence and Organizational Effectiveness. Homewood, Ill. 1962.

Arnim, H. v.: [Beamte)
Der Beamte als Vorgesetzter. Gedanken zu Fragen der Personalführung in der Behörde. Hamburg, Berlin, Bonn 1961.

Atkinson, J. W. (Ed.): [Motives]
Motives in Fantasy, Action, and Society. Princeton usw. 1958.

Badenhoop, R. K. J.: [Organisation]
Organisation der öffentlichen Verwaltung. In: HWO, Sp. 1055—1072.

Bass, B. M.: [Discussion]
The Leaderless Group Discussion. In: Psychological Bulletin 1954, Nr. 51, S. 465—492.

Bass, B. M.; S. D. *Deep* (Eds.): [Perspectives]
Current Perspectives for Managing Organizations. Englewood Cliffs, N. J. 1970.

Becker, U.: [Instrumentarium]
Das strukturelle Instrumentarium von Regierung und Verwaltungsführung. In: MIR 1970, Nr. 1, S. 27—35.

Bellinger, B.: [Funktionen]
Versuch eines Gliederungssystems betrieblicher Funktionen. In: ZfB 1955, S. 228—240.

Benda, E.: [Führung]
Politische Führung und Verwaltungsorganisation. In: Rationalisierung 1969, S. 8—10 und 19.

Bendix, R.: [Macht]
Über die Macht der Bürokratie. In: Mayntz [Organisation 359—365].

Bendixen, P.; E. *Schnelle;* W. H. *Stähle:* [Evolution]
Evolution des Management. Neue Wege des Methoden- und Verhaltenstrainings für Entscheider in konkreten Problemen und Konflikten. Quickborn 1968.

Berelson, B.: [Content Analysis]
Content Analysis in Communication Research. Glencoe, Ill. 1952.

Berger, W.: [Management]
Modernes Management in der Verwaltung. In: Die Demokratische Gemeinde 1971, S. 849—851.

Bernstein, L.: [Development]
Management Development. London 1968.

Berthel, J.: [Unternehmungssteuerung]
Unternehmungssteuerung mit Hilfe von Zielsystemen und Unternehmungsverfassung. In: Probleme der Unternehmungsverfassung, Gedanken zum 70. Geburtstag von Martin Lohmann, hrsg. von R.-B. Schmidt, Tübingen 1971, S. 97—116.

[Sektoralzielprogramme]
Sektoralzielprogramme der Unternehmung. Stuttgart 1973.

Beyer, H.-T.: [Unternehmensführung]
Die Lehre der Unternehmensführung. Entwurf eines Forschungsprogramms. Berlin 1970.

[Managementlehre]
Wissenschaftstheorie und Managementlehre. In: Betriebswirtschaftliche Forschung und Praxis 1972, S. 336—353.

Bischofsberger, P.: [Durchsetzung]

Durchsetzung und Fortbildung betriebswirtschaftlicher Erkenntnisse in der Öffentlichen Verwaltung. Diss. St. Gallen 1964.

Blake, R. E.; J. S. *Mouton:* [Verhaltenspsychologie]

Verhaltenspsychologie im Betrieb. Düsseldorf, Wien 1968.

Blaschke, D.: [Bedingungen]

Bedingungen des Karriereerfolgs von Führungskräften. Frankfurt/M. 1972.

Bleicher, K.: [Führungsmodell]

Ein systemorientiertes Organisations- und Führungsmodell. Teil 4. In: ZfO 1970, S. 166—176.

[Verwaltung]

Zur Organisation von Leitung und Führung in der Verwaltung. In: W. Michalski (Hrsg.): Leistungsfähigkeit und Wirtschaftlichkeit in der Öffentlichen Verwaltung, Hamburg 1970, S. 53—80.

[Perspektiven]

Perspektiven für Organisation und Führung von Unternehmungen. Baden-Baden u. Bad Homburg v. d. H. 1971.

Böhret, C.: [Entscheidungshilfen]

Entscheidungshilfen für die Regierung. Modelle, Instrumente, Probleme. Köln u. Opladen 1970.

Borkel, W.: [Management-Techniken]

Amerikanische Management-Techniken und das Harzburger Modell. In: Bürotechnik und Organisation 1970, S. 660—662.

Bornemann, E.: [Betriebspsychologie]

Betriebspsychologie. Wiesbaden 1967.

Brinkmann, G.: [Vorbildung]

Personalstruktur und Ausbildung im höheren Verwaltungsdienst. I. USA: Spezialisierte Vorbildung für Beamte. In: Analysen 1972, H. 4, S. 4—8.

Brinkmann, G.; W. *Pippke;* W. *Rippe:* [Beamte]

Personalstruktur und Ausbildung im höheren Verwaltungsdienst. II. BRD: Beamte müssen nicht Juristen sein. In: Analysen 1972, H. 5, S. 56 bis 60.

Britt, A.: [Führung]

Führung und Führungsmodelle. In: IO 1970, S. 245—249.

Brümmerhoff, D.: [PPBS]

Das „Planning-Programming-Budgeting System“ (PPBS). In: Finanzarchiv 1970, S. 64—74.

Bühler, T.: [Arbeitsbewertung]

Die Arbeitsbewertung als Grundlage einer gerechten Entlöhnung. In: Geiger [Personalführung 77—94].

Bureau of the Budget: [Guidance]

Guidance for PPBS. BoB-Bulletin No. 68—9. In: The Analysis and Evaluation of Public Expenditures: The PPB System. A Compendium of Papers submitted to the Subcommittee on Economy in Government of the Joint Economic Committee, U.S. Congress, Vol. 1—3, Washington, D.C. 1969.

Burns, T.; G. M. *Stalker:* [Innovation]
The Management of Innovation. London 1961.

Chmielewicz, K.: [Forschungskonzeptionen]
Forschungskonzeptionen der Wirtschaftswissenschaft. Stuttgart 1970.
[Betriebswirtschaftslehre]
Überlegungen zu einer Betriebswirtschaftslehre der Öffentlichen Verwaltung. In: ZfB 1971, S. 583—610.

Crozier, M.: [Circulus]
Der bürokratische Circulus vitiosus und das Problem des Wandels. In: Mayntz [Organisation 277—288].

Dahms, K.: [Führung]
Über die Führung. München/Basel 1963.

Dahrendorf, R.: [Betriebssoziologie]
Industrie- und Betriebssoziologie. Berlin 1956.
[Verwaltung]
Wie schlecht ist unsere Verwaltung? In: Der Volkswirt 1968, Nr. 45, S. 16.
[Verwaltungsreform]
Anfänge der Verwaltungsreform. In: Der Volkswirt 1968, Nr. 46, S. 18.

Dale, E.: [Management]
Management: Theory and Practice. New York (usw.) 1965.

Deutsch, K. W.: [Nerves]
The Nerves of Government. New York 1966.
[Politische Kybernetik]
Politische Kybernetik: Modelle und Perspektiven. Freiburg 1969.

Deyhle, A.: [Konzeption]
Die Konzeption des DIB/MAM-Management-Systems. In: IO 1971, S. 508 bis 514.

Diederichs, H.: [Delegation]
Die Delegation von Entscheidungen und ihr Einfluß auf die Zielsetzung des Betriebes. In: Wirtschaftsstudium 1972, Nr. 2, S. 47—52.

Drucker, P. F.: [Praxis]
Die Praxis des Management. 3. Aufl., Düsseldorf 1962.
[Groß-Unternehmen]
Das Groß-Unternehmen. Düsseldorf/Wien 1966.

Ducommun, Ch. F.: [Teamarbeit]
Teamarbeit und Einzelarbeit in der Verwaltung. Erfahrungen, Möglichkeiten und Grenzen der Teamarbeit bei Kadern und administrativen Aufgaben. In: IO 1962, S. 147 ff.

Dullien, M.: [Organisation]
Flexible Organisation. Opladen 1972.

Dunbar, R. L. M.: [Budgeting]
Budgeting for Control. In: ASQ 1971, S. 88—96.

Easton, D.: [Analysis]
A Systems Analysis of Political Life. New York—London—Sydney 1965.

Eckardstein, D. v.: [Laufbahnplanung]
Laufbahnplanung für Führungskräfte. Berlin 1971.

Ehmke, H.: [Computer]
Computer helfen der Politik. In: Die Zeit 1971, Nr. 51, S. 42.

Eichhorn, P.: [Bürgermeister]
Bürgermeister, Gemeindedirektor oder City Manager? Wie man in den Vereinigten Staaten das Problem der städtischen Verwaltungsführung löst. In: Die öffentliche Wirtschaft 1968, S. 122—125.

[Haushalte]
Öffentliche Haushalte und Betriebswirtschaftslehre. In: ZfB 1972, S. 611 bis 622.

Eichhorn, P.; G. *Ludwig:* [Planungstechniken]
Quantitative Planungstechniken zur Rationalisierung staatlicher Entscheidungen. In: Der öffentliche Haushalt 1971, S. 7—13.

Ellwein, Th.: [Verwaltungslehre]
Einführung in die Regierungs- und Verwaltungslehre. Bd. I. Stuttgart (usw.) 1966.

[Struktur]
Struktur und Aufgaben der staatlichen Verwaltung. In: Die Neue Gesellschaft 1967, S. 441—449.

Ellwein, Th.; A. *Görlitz:* [Parlament]
Parlament und Verwaltung. 1. Teil: Gesetzgebung und politische Kontrolle. Stuttgart (usw.) 1967.

Emmerich, H.: [Organization]
Federal Organization and Administrative Management. Alabama 1971.

Engel, Fr.: [Ausbildungsinvestitionen]
Ausbildungsinvestitionen in betriebswirtschaftlicher Sicht. Berlin 1970.

[Entwurf]
Entwurf zur Neuordnung des Zeichnungsrechts für die Behörde für Wirtschaft und Verkehr der Freien und Hansestadt Hamburg (Organisationsamt) vom 18. August 1969.

Evans, M. G.: [Motivation]
Herzbergs Two-Factor Theory of Motivation: Some Problems and a Suggested Test. In: Personnel Journal 1970, Nr. 1, S. 32—35.

Faude, A.: [Strukturreform]
Aspekte einer Strukturreform von Bundesregierung und Bundesverwaltung. In: Produktiv führen und verwalten, Stuttgart (usw.) 1971, S. 119 bis 127.

Fiedler, F. E.: [Contingency]
The Contingency Model: A Theory of Leadership Effectiveness. In: Problems in Social Psychology, ed. by C. W. Backman and P. F. Secord, New York 1966.

[Leadership]
A Theory of Leadership Effectiveness. New York 1967.

Fischer, G.: [Führung]
Die Führung von Betrieben. Stuttgart 1961.

Flechtner, H.-J.: [Grundbegriffe]
Grundbegriffe der Kybernetik. 3. Aufl., Stuttgart 1968.

Flik, H.: [Ansätze]
Kybernetische Ansätze zur Organisation des Führungsprozesses der Unternehmung. Berlin 1969.

Forschungsstelle für empirische Sozialökonomik: [Aspekte]
Quantitative und qualitative Aspekte des Bedarfs an höheren Beamten des Öffentlichen Dienstes. Hrsg. v. d. Forschungsstelle für empirische Sozialökonomik in Köln, Köln 1972.

Franke, J.: [Führungsform]
Psychologische Überlegungen zu einer zeitgemäßen Führungsform. In: IO 1970, S. 467—473.

Frei, M.-D.: [Bestimmungsfaktoren]
Betriebswirtschaftliche und soziopsychologische Bestimmungsfaktoren des unternehmerischen Entscheidungsprozesses. In: MIR 1971, H. 2—3, S. 67 bis 81.

French, J. R. P. jr.; J. *Israel;* D. *As:* [Participation]
An Experiment on Participation in a Norwegian Factory. In: Human Relations 1960, S. 3—19.

Frese, E.: [Kontrolle]
Organisation der Kontrolle. In: HWO, Sp. 873—881.
[Ziele]
Ziele als Führungsinstrumente. In: ZfO 1971, S. 227—238.

Fuchs, H.: [Systemtheorie]
Systemtheorie. In: HWO, Sp. 1618—1630.

Fürstenberg, F.: [Aufstiegsproblem]
Das Aufstiegsproblem in der modernen Gesellschaft. Stuttgart 1969.
[Führungsstile]
Führungsstile. Vom Befehlsempfänger zum Mitarbeiter. In: Wirtschaftswoche 1971, Nr. 50, S. 41—43.

Gäfgen, G.: [Entscheidung]
Theorie der wirtschaftlichen Entscheidung. Tübingen 1963.

Geiger, Willi (Hrsg.): [Personalführung]
Die Personalführung in der Öffentlichen Verwaltung. Einsiedeln, Zürich, Köln 1964.

Gellermann, S. W.: [Testverfahren]
Testverfahren zu Personalauslese sind besser als ihr Ruf. In: Personal 1963, S. 244—247.

Georgopoulos, B. S.; G. M. *Mahoney;* N. W. *Jones:* [Approach]
A Path-Goal Approach to Productivity. In: Vroom/Deci [Motivation 237—252].

Giersch, H.: [Wirtschaftspolitik]

Allgemeine Wirtschaftspolitik. Grundlagen. Wiesbaden 1960.

Goodman, R. A.: [Operationality]

On the Operationality of the Maslow Need Hierarchy. In: British Journal of Industrial Relations 1968.

Grauhan, R.-R.: [Verwaltungsführung]

Modelle politischer Verwaltungsführung. Konstanz 1969.

[Verwaltung]

Politische Verwaltung. Auswahl und Stellung der Oberbürgermeister als Verwaltungschefs deutscher Großstädte. Freiburg 1970.

Griem, H.: [Unternehmungsentscheidung]

Der Prozeß der Unternehmungsentscheidung bei unvollkommener Information. Eine Ablauf- und Problemanalyse. Berlin 1968.

Grothus, H.: [Job enrichment]

Job enrichment — nur eine neue Masche? In: Plus 1971, H. 4, S. 35—40.

Grün, O.: [Hierarchie]

Hierarchie. In: HWO, Sp. 677—683.

Gscheidle, K.: [Personalwirtschaft]

Personalwirtschaft im öffentlichen Dienst. Köln 1961.

Gubser, F.: [Führungseigenschaften]

Inwieweit sind „Führungseigenschaften“ graphologisch faßbar? In: IO 1972, S. 147—154.

Guilleaume, E.: [Reorganisation]

Reorganisation von Regierung und Verwaltungsführung. Baden-Baden 1966.

Guserl, R.; M. *Hofmann:* [Harzburger Modell]

Harzburger Modell: Bürokratie statt Kooperation. In: Manager Magazin 1972, H. 2, S. 60—65.

Gutenberg, E.: [Unternehmensführung]

Unternehmensführung. Organisation und Entscheidungen. Wiesbaden 1962.

Habermas, J.; N. *Luhmann:* [Sozialtechnologie]

Theorie der Gesellschaft oder Sozialtechnologie — Was leistet die Systemforschung? Frankfurt/M. 1971.

Hackh, St.: [Arbeitszeit]

Gleitende Arbeitszeit. München 1971.

Häusler, J.: [Integration]

Integration des Systemelementes „Mensch“ in Mensch-Maschine-Systeme. Vervielfältigtes Vorlesungsmanuskript, Aufbauseminar Systemtechnik III, TU Berlin 1971.

Hahn, D.: [Führung]

Führung des Systems Unternehmung. In: ZfO 1971, S. 161—169.

Haire, M.: [Psychology]

Psychology in Management. New York 1956.

Hall, R. J.:[Strukturen]
Die dimensionale Natur bürokratischer Strukturen. In: Mayntz [Organisation 65—81].

Hartfiel, G.; L. *Sedatis;* D. *Claessens:* [Beamte]
Beamte und Angestellte in der Verwaltungspyramide. — Organisationssoziologische und verwaltungsrechtliche Untersuchungen über das Entscheidungshandeln in der Kommunalverwaltung. Berlin 1964.

Haseloff, O. W.: [Motivation]
Motivation. In: HWO, Sp. 1010—1026.

Hasenack, W.: [Funktionenlehre]
Funktionenlehre, betriebswirtschaftliche. In: Handwörterbuch der Betriebswirtschaft, 3. Aufl., 2. Bd., Stuttgart 1958, Sp. 2095—2105.

Hauri, H.: [Leistungsbewertung]
Das neue System der Leistungsbewertung. In: IO 1968, S. 623—633.

Hauschildt, J.: [Initiative]
Initiative. In: HWO, Sp. 734—741.
[Verantwortung]
Verantwortung. In: HWO, Sp. 1693—1702.
[Artikulation]
Zur Artikulation von Unternehmenszielen. In: ZfbF 1970, S. 545—559.

Haußleiter, O.: [Verwaltungssoziologie]
Verwaltungssoziologie, Baden-Baden 1969.

Heckhausen, H.: [Leistungsmotivation]
Leistungsmotivation. In: Handbuch der Psychologie, hrsg. v. H. Thomae, 2. Band, Göttingen 1965, S. 602—702.
[Motivation]
Motivation in der Leistungsgesellschaft. In: O. W. Haseloff (Hrsg.), Struktur und Dynamik des menschlichen Verhaltens. Stuttgart (usw.) 1970, S. 83—97.

Hederer, G.: [Motivation]
Die Motivation von Investitionsentscheidungen in der Unternehmung. Eine verhaltenswissenschaftliche Studie. Meisenheim a. G. 1971.

Heinen, E.: [Zielsystem]
Das Zielsystem der Unternehmung. Grundlagen betriebswirtschaftlicher Entscheidung. Wiesbaden 1966.

Henning, M.: [Harzburger Modell]
Anmerkungen zum Harzburger Modell. In: Die Demokratische Gemeinde 1971, S. 851.

Herzberg, Fr.: [Employees]
One more time: How do you motivate employees? In: HBR 1968, Nr. 1, S. 53—62.

Herzberg, Fr.; B. *Mausner;* B. *Snyderman:* [Motivation]
Motivation to work. 2. ed. New York (usw.) 1959.

Herzog, R.: [Wandlungen]
Wandlungen in der Struktur der Verhältnisse zwischen der technokratischen Verwaltung und der politischen Führung und die Abgrenzung der beiden Funktionsbereiche. In: [Verwaltung 34—45].

Hilgard, E. R.; D. G. *Marquis*: [Conditioning]
Conditioning and Learning. London 1961.

Hill, W.: [Unternehmungsorganisation]
Zur Entwicklung der Theorie der Unternehmungsorganisation. In: Beiträge zur Lehre von der Unternehmung. Festschrift für K. Käfer, hrsg. v. O. Angehrn u. H. P. Künzi, Stuttgart 1968, S. 225—241.

Hitch, Ch. J.: [Choice]
On the Choice of Objectives in System Studies. The Rand Corp., P. — 1955, Santa Monica 1960.

Höckel, G.: [Vorschlagswesen]
Vorschlagswesen: Bestandteil moderner Führungssysteme. In: IO 1972, S. 187—191.

Höfele, D. E.: [Kontrollorgane]
Probleme der Führungs- und Kontrollorgane öffentlicher Betriebswirtschaften. Diss. München 1967.

Höhn, R.: [Führungsanweisung]
Führungsanweisung. In: HWO, Sp. 568—576.
[Verwaltung]
Verwaltung heute. Autoritäre Führung oder modernes Management. Bad Harzburg 1971.
[Organisationsprinzipien]
Inwieweit lassen sich die modernen Führungs- und Organisationsprinzipien aus der Wirtschaft auf die Kommunalverwaltung übertragen? — 3. Teil (Schluß). In: Harzburger Hefte 1972, Nr. 1—2, S. 29—36.

Höhn, R.; G. *Böhme*: [Verwirklichung]
Die Verwirklichung der Führung im Mitarbeiterverhältnis in der Verwaltung. Ein Stufenplan. Bad Harzburg 1971.

Hoffmann, S.: [Kontrolle]
Die Kontrolle der Regierung durch parlamentarische Rechnungsprüfung im Deutschen Bundestag. Göttingen 1970.

Hofstätter, P.: [Sozialpsychologie]
Einführung in die Sozialpsychologie. 4. Aufl., Stuttgart 1966.

Homans, G. C.: [Group]
The Human Group. New York 1950.

House, R. J.: [Management Development]
Management Development: Design, Evaluation and Implementation. Ann Arbor 1967.
[Education]
T-Group Education and Leadership Effectiveness: A Review of the Empirical Literature and a Critical Evaluation. In: Personnel Psychology 1967, S. 1—32.

House, R. J.; L. A. *Wigdor:* [Theory]

Herzberg's Dual-Factor Theory of Job Satisfaction and Motivation: A Review of the Evidence and a Criticism. In: Personnel Psychology 1967, S. 369—389.

Hovey, H. A.: [PPB-Approach]

The PPB-Approach to Government Decision-Making. New York, Washington, London, 2. pr. 1970.

Hughes, Ch. L.: [Goal Setting]

Goal Setting Key to Individual and Organizational Effectiveness. New York 1965.

Hull, C. L.: [System]

A Behavior System. New Haven 1952.

Humble, J. W.: [Ziele]

Ziele setzen, Gewinne steigern. München 1967.

Illetschko, L. L.: [Management]

Management. In: HWO, Sp. 951—956.

Irle, M.: [Führungsprobleme]

Psychologische Führungsprobleme. In: HWO, Sp. 583—595.

Ivarson, S. V.: [Program Budgeting]

Program Budgeting in Sweden. Experiments, Experiences, Effects. Stockholm 1970.

Janowsky, B.: [Bürokratie]

Bürokratie. In: HWO, Sp. 324—328.

Jochimsen, R.: [Aufbau]

Zum Aufbau und Ausbau eines integrierten Aufgabenplanungssystems und Koordinationssystems der Bundesregierung. In: Bulletin des Presse- und Informationsamts der Bundesregierung 1970, Nr. 97, S. 949—957.

Jung, J.: [Zweispurigkeit]

Die Zweispurigkeit des öffentlichen Dienstes. Eine Untersuchung über die Veränderungen der Personalstruktur im öffentlichen Dienst und die Verankerung des Berufsbeamtentums im Grundgesetz. Berlin 1971.

Justen, R.: [Mitarbeiterbeurteilung]

Mitarbeiterbeurteilung. Objektivere Beurteilung nach analytischer Methode. Stuttgart 1971.

Kaiser, C.-C.: [Aufstand]

Die Beamten im Aufstand. In: Die Zeit 1970, Nr. 51, S. 54.

Kast, F. E.; J. E. *Rosenzweig:* [Management]

Organization and Management. A Systems Approach. New York (usw.) 1970.

Katz, D.; R. L. *Kahn:* [Psychology]

The Social Psychology of Organizations. New York, London, Sydney 1966.

Kazmier, L.: [Management]

Einführung in die Grundsätze des Management. Deutsche Bearbeitung von W. Riedmann. 2. Aufl., München 1972.

Kelly, J.: [Behavior]
Organizational Behavior. Homewood, Ill. 1969.

Kern, E.: [Herausforderung]
Herausforderung an Aus- und Fortbildung im öffentlichen Dienst. In: Moderne Mittel des Verwaltungshandelns. Chancen und Probleme elektronischer Informationsverarbeitung im Öffentlichen Dienst. Bonn—Bad Godesberg 1970, S. 113—134.

KGSt: [Stellenbewertung]
Stellenplan — Stellenbewertung. Gutachten der Kommunalen Gemeinschaftsstelle für Verwaltungsvereinfachung (KGSt). 4. Aufl., Köln 1964.
[Delegation]
Funktionelle Organisation; Delegation von Entscheidungsbefugnissen. Bericht der Kommunalen Gemeinschaftsstelle für Verwaltungsvereinfachung (KGSt), Nr. 3/1971. Köln 1971.

Kieser, A.: [Innovationen]
Innovationen. In: HWO, Sp. 741—750.

Kilgus, E.: [Anwendbarkeit]
Zur Anwendbarkeit von Führungs-Modellen bei Schweizer Banken. In: Die Unternehmung 1970, S. 227—247.

Kirsch, W.: [Unternehmungsziele]
Die Unternehmungsziele in organisationstheoretischer Sicht. In: ZfbF 1969, S. 665—675.
[Entscheidungsprozesse III]
Entscheidungsprozesse. Band III. Wiesbaden 1970.

Klein, P.-J.: [Berufsbild]
Das Berufsbild des Planers in der öffentlichen Verwaltung. Ein Beitrag zum Selbstverständnis des modernen Verwaltungsmannes. Köln, Berlin, Bonn, München 1971.

Klein, S. M.; J. *Luytjes*; D. *Schaupp*: [Participative Management]
Participative Management in the United States. In: MIR 1972, H. 1, S. 17 bis 22.

Klis, M.: [Überzeugung]
Überzeugung und Manipulation. Grundlagen einer Theorie betriebswirtschaftlicher Führungsstile. Wiesbaden 1970.
[Führungsstile]
Machttheoretische Grundlagen moderner Führungsstile. In: ZfO 1971, S. 5—13.

Klosinski, F.: [Auslese]
Kriterien für die Auslese von Führungskräften des Unternehmens. Diss. Freiburg 1969.

Kluth, H.: [Soziologie]
Soziologie der Großbetriebe. Stuttgart 1968.

Knebel, H.: [Inhalt]
Inhalt und Technik des Vorstellungsgesprächs. In: Personal 1970, S. 17 bis 21.

Köhler, R.: [Marketing-Ziele]

Operationale Marketing-Ziele im Rahmen des „Management by Objectives“. In: Neue Betriebswirtschaft 1971, Nr. 3—4, S. 19—29.

König, K.: [Erkenntnisinteressen]

Erkenntnisinteressen der Verwaltungswissenschaft. Berlin 1970.

König, R.: [Herrschaftsformen]

Herrschaftsformen. In: HWO, Sp. 667—676.

Koontz, H. (Ed.): [Theory]

Towards a Unified Theory of Management. New York 1964.

Koontz, H.; C. *O'Donnell:* [Management]

Principles of Management. An Analysis of Managerial Functions. 4. ed. New York (usw.) 1968.

Kosiol, E.: [Organisation]

Organisation der Unternehmung. Wiesbaden 1962.

[Einführung]
Einführung in die Betriebswirtschaftslehre. Wiesbaden 1968.

[Fallstudien]
Fallstudien. In: HWO, Sp. 511—515.

Kosiol, E. mit N. *Szyperski* und K. *Chmielewicz:* [Systemforschung]

Zum Standort der Systemforschung im Rahmen der Wissenschaften. In: ZfbF 1965, S. 337—378.

Krauch, H.: [Systemanalyse]

Systemanalyse im Bereich der Regierung und Verwaltung. Freiburg 1972.

Kraus, H.: [Grundriß]

Grundriß einer Theorie der Verwaltung. Betriebswirtschaftliche Merkmale der Verwaltungstätigkeit. Wien—New York 1969.

Kroeber-Riel, W.: [Konsumentenverhalten]

Konsumentenverhalten und kognitives Gleichgewicht — Verhaltensorientierte Grundlagen der Absatzprognose. In: ZfbF 1971, S. 395—418.

Krüger, W.: [Konflikthandhabung]

Grundlagen, Probleme und Instrumente der Konflikthandhabung in der Unternehmung. Berlin 1972.

Kruppa, M.: [Ausbildung]

Systeme betrieblicher Ausbildung des Führungsnachwuchses. Berlin 1970.

Landwehrmann, F.: [Möglichkeiten]

Von den Möglichkeiten und Grenzen der Änderung der Autoritätsstruktur und Milderung des hierarchischen Prinzips in der modernen Verwaltung. In: [Verwaltung 55—69].

Lange, W.: [Dank]

Der Dank des Vaterlandes. Staatsdienst hat viele Vorteile gegenüber der privaten Wirtschaft. In: Die Zeit 1971, Nr. 51, S. 27.

Laux, E.: [Verwaltungsführung]
Überlegungen zur Verwaltungsführung. In: Der Städtetag 1969, S. 60—64.
[Führungsorganisation]
Führungsorganisation in Großverwaltungen der öffentlichen Hand. In: Produktiv führen und verwalten, Stuttgart (usw.) 1971, S. 128—139.

Lauxmann, F.: [Hierarchie]
Die kranke Hierarchie. Stuttgart 1970.

Lawrence, P. R.; J. W. *Lorsch:* [Organization]
Organization and Environment. Boston 1967.

Leavitt, H. J.: [Psychology]
Managerial Psychology. 2. ed., Chicago 1964.

Lersch, Ph.: [Aufbau]
Aufbau der Person. 6. Aufl., München 1953.

Levinson, H.: [Management]
Management by whose Objectives? In: HBR 1970, Nr. 4, S. 125—135.

Lewin, K.; R. *Lippit;* R. K. *White:* [Patterns]
Patterns of Aggressive Behavior in Experimentally Created Climates. In: Journal of Social Psychology 1939, Nr. 2, S. 271—299.

Likert, R.: [Motivation]
Motivation: The Core of Management. New York 1953.
[Patterns]
New Patterns of Management. New York 1961.

Lindemann, K. A.: [Bürger]
Behörde und Bürger. Darmstadt 1958.

Litwak, E.: [Bürokratiemodelle]
Drei alternative Bürokratiemodelle. In: Mayntz [Organisation 117—126].

Litwin, G. H.; R. A. *Stringer:* [Climate]
Motivation and Organizational Climate. Boston 1968.

Lopez, F. M.: [In-Basket Technique]
Evaluating executive decision making: The In-Basket Technique. AMA-Research Study 75. New York 1966.

Lorenz, H. F.: [Fortbildung]
Moderne Verwaltung durch Fortbildung des Behördenpersonals. Baden-Baden 1968.

Luhmann, N.: [Funktionen]
Funktionen und Folgen formaler Organisation. Berlin 1964.
[Grenzen]
Die Grenzen einer betriebswirtschaftlichen Verwaltungslehre. In: Verwaltungs-Archiv 1965, S. 303—313.
[Vertrauen]
Vertrauen. Ein Mechanismus der Reduktion sozialer Komplexität. Stuttgart 1968.

[Zweckbegriff]
Zweckbegriff und Systemrationalität. Über die Funktion von Zwecken in sozialen Systemen. Tübingen 1968.

[Flexibilität]
Die Programmierung von Entscheidungen und das Problem der Flexibilität. In: Mayntz [Organisation 324—341].

[Zweck]
Zweck-Herrschaft-System. Grundbegriffe und Prämissen Max Webers. In: Mayntz [Organisation 36—55].

[Erkenntnisse]
Die Bedeutung sozialwissenschaftlicher Erkenntnisse zur Organisation und Führung der Verwaltung. In: [Verwaltung 70—82].

Lynton, R. P.; U. *Pareek:* [Training]
Training for Development. Homewood, Ill. 1967.

Macy, J. W. jr.: [Service]
Public Service: The Human Side of Government. New York 1971.

Mahoney, T. A.; T. H. *Jerdee;* S. J. *Carroll:* [Management]
The Job(s) of Management. In: Industrial Relations 1965, S. 97—110.

Maier, N. R. F.: [Assets]
Assets and Liabilities in Group Problem Solving: The Need for an Integrative Function. In: Bass/Deep [Perspectives 382—392].

Malewski, A.: [Verhalten]
Verhalten und Interaktion. Tübingen 1967.

March, J. G.; H. A. *Simon:* [Organizations]
Organizations. New York 1958.

Marx, A.: [Einflußgrößen]
Einflußgrößen der menschlichen Arbeitsergiebigkeit. In: Personalführung I, hrsg. v. A. Marx, Wiesbaden 1969, S. 17—36.

Maslow, A. H.: [Motivation]
Motivation and Personality. New York 1954.

[Creativity]
Creativity in self-actualizing people. In: H. Anderson (ed.), Creativity and its Cultivation, New York 1959, S. 83—95.

[Theory]
A Theory of Human Behavior. In: Vroom/Deci [Motivation 27—41].

Massie, J.: [Theory]
Management Theory. In: Handbook of Organizations, ed. by J. G. March, Chicago 1965.

Mayntz, R. (Hrsg.): [Organisation]
Bürokratische Organisation. Köln—Berlin 1968.

McClelland, D. C.; J. W. *Atkinson;* R. A. *Clark;* E. L. *Lowell:* [Achievement Motive]
The Achievement Motive. New York 1953.

McFarland, D. E.: [Management]
Management. Principles and Practices. 3. ed. New York—London 1970.

McGregor, D.: [Mensch]
Der Mensch im Unternehmen. Düsseldorf—Wien 1970.

Meffert, H.: [Flexibilität]
Zum Problem der betriebswirtschaftlichen Flexibilität. In: ZfB 1969, S. 779—800.

Mellerowicz, K.: [Unternehmenspolitik]
Unternehmenspolitik. 3 Bde., Freiburg 1963/64.

Merton, R. K.: [Struktur]
Bürokratische Struktur und Persönlichkeit. In: Mayntz [Organisation 265—276].

Merton, R. K. u. a. (Eds.): [Bureaucracy]
Reader in Bureaucracy. 2. pr. Glencoe, Ill. 1960.

Meyer, K.: [Fortbildung]
Fortbildung in der hamburgischen Verwaltung. Hamburg 1968.

Miner, J. B.: [Management Theory]
Management Theory. New York, London 1971.

Mockler, R. J.: [Theory]
Situational Theory of Management. In: HBR 1971, Nr. 3, S. 146—155.

Morse, F. B.: [Responsibility]
Private Responsibility for Public Management. In: HBR 1967, Nr. 2, S. 6—21.

Morstein-Marx, F.: [Bürokratie]
Einführung in die Bürokratie. Neuwied 1959.

Müller, G.: [Regierung]
Die Stabsstelle der Regierung als staatsrechtliches Problem. Basel und Stuttgart 1970.

Muggli, A.: [Führungsaufgaben]
Führungsaufgaben in der öffentlichen Verwaltung. In: IO 1956, S. 175 bis 178.

Myers, M. S.: [Workers]
Who are your motivated workers? In: HBR 1964, Nr. 1, S. 73—88.
[Motivation]
Conditions for Manager Motivation. In: HBR 1966, Nr. 1, S. 58—71.
[Employee]
Every Employee a Manager. In: Bass/Deep [Perspectives 261—278].

Nagel, A.: [Zielsystem]
Das nationale Zielsystem der Bundesrepublik Deutschland 1957—1969. Der Zielformel-Ansatz als analytisches Instrumentarium zur Erarbeitung gewichteter Zielsysteme für das politische Decision-making. In: analysen und prognosen 1969, H. 6, S. 18—27.

Nagel, K.: [Ausbildung]
Die innerbetriebliche Ausbildung von Führungskräften in Großunternehmungen. Berlin 1969.

Naschold, F.: [Organisation]
Organisation und Demokratie. Stuttgart (usw.) 1969.

[Systemsteuerung]
Systemsteuerung. Stuttgart (usw.) 1969.

Neuffer, M.: [Fortbildung]
Fortbildung für kommunale Führungskräfte. In: Der Städtetag 1965, S. 161—165.

Newman, W. H.; Ch. E. *Summer;* E. K. *Warren:* [Management-Prozesse]
Management-Prozesse. Bearb. v. H. J. Rüschenpöhler. Stuttgart 1968.

Novick, D. (Ed.): [Program]
Program Budgeting. 2. ed. Cambridge, Mass. 1967.

Odiorne, G.: [Management]
Management by Objectives. Führung durch Vorgabe von Zielen. München 1967.

Oehen, F.: [Führungsgrundsätze]
Moderne Führungsgrundsätze in der öffentlichen Verwaltung. In: Schweizerisches Zentralblatt für Staats- und Gemeindeverwaltung 1969, H. 3, S. 33—42.

Oettle, K.: [Zielsetzungen]
Über den Charakter öffentlich-wirtschaftlicher Zielsetzungen. In: ZfbF 1966, S. 241—259.

Opitz, H. J.: [Verwaltungsbegriff]
Der Verwaltungsbegriff in der Betriebswirtschaftslehre. Köln und Opladen 1955.

Opsahl, R. L.; M. D. *Dunnette:* [Compensation]
The Role of Compensation in Industrial Motivation. In: Vroom/Deci [Motivation 127—159].

Parsons, T.: [Essays]
Essays in Sociological Theory Pure and Applied. Glencoe 1949.

Paul, W. J.; K. B. *Robertson:* [Job Enrichment]
Job Enrichment and Employee Motivation. London 1970.

Pfiffner, J. M.; F. P. *Sherwood:* [Organization]
Administrative Organization. Englewood Cliffs, N.J. 1960.

Pöhlmann, G.: [Unternehmensführung]
Der Prozeß der Unternehmensführung. Berlin 1964.

Pohmer, D.: [Steuerlehre]
Grundlagen der betriebswirtschaftlichen Steuerlehre. Berlin 1958.

Popper, K. R.: [Conjectures]
Conjectures and Refutations. The Growth of Scientific Knowledge. London 1963.

Porter, L.W.; E. E. *Lawler*, III: [Attitudes]
Managerial Attitudes and Performance. Homewood, Ill. 1968.

[PPBS]

PPBS. The Planning-Programming-Budgeting-System: Progress and Potentials, Hearings before the Subcommitee on Economy in Government, Washington 1967.

Price, K.: [Institute]

The Fourth Police Administration Institute for Security and Law Enforcement Officers; University of Southern California, Los Angeles 1966 (zitiert nach Lorenz [Fortbildung 27]).

Püttner, G.: [Unternehmen]

Die öffentlichen Unternehmen. Bad Homburg v. d. H. 1969.

Raidt, F.: [Stellenbeschreibung IV]

Stellenbeschreibung (IV. Teil). In: Bürotechnik und Organisation 1971, S. 122—132.

Ramm, Th.: [Streikrecht]

Das Koalitions- und Streikrecht der Beamten. Ein Rechtsgutachten. Köln 1970.

Reber, G.: [Führungsstil]

Vom patriarchalisch-autoritären zum bürokratisch-autoritären Führungsstil? In: ZfB 1970, S. 633—638.

Recktenwald, H. C. (Hrsg.): [Programmbudget]

Nutzen-Kosten-Analyse und Programmbudget. Tübingen 1970.

Reichelt, J.: [Organisationsprobleme]

Organisationsprobleme der öffentlichen Verwaltung. In: Organisationsleiter-Handbuch, hrsg. v. A. Degelmann, München 1968, S. 323—358.

Reinermann, H.: [Kontrollsysteme]

Integrierte Planungs- und Kontrollsysteme im Regierungs- und Verwaltungsbereich. In: Bundeswehrverwaltung 1971, S. 121—128 und 155—162.

Rippe, W.: [Personalwesen]

Betriebswirtschaftslehre — Organisation und Personalwesen. Düsseldorf 1971.

Rösinger, H. M.: [Grundlagen]

Grundlagen des modernen Budgetmanagements unter besonderer Berücksichtigung des PPBS. Bern 1970.

[Managementsysteme]
Managementsysteme für den Staat. In: Wirtschaftswoche 1971, Nr. 17, S. 69—72.

Rosenstiel, L. v.: [Motivation]
Motivation im Betrieb. München 1972.

Rühli, E.; W. G. *Riedweg*: [Budgetierungssystem]

Planungs-, Programmierungs- und Budgetierungssystem (PPBS). Bern und Stuttgart 1971.

Rürup, B.: [Programmfunktion]

Die Programmfunktion des Bundeshaushaltsplans. Berlin 1971.

Rush, H. M. F.: [Job Design]

Job Design for Motivation. New York 1971.

[Sachverstand]

Sachverstand und Verantwortung in der öffentlichen Verwaltung. Vorträge und Diskussionsbeiträge des 34. Staatswissenschaftlichen Fortbildungskursus der Hochschule für Verwaltungswissenschaften Speyer. Berlin 1966.

Sauermann, H.; R. *Selten:* [Anspruchsanpassungstheorie]

Anspruchsanpassungstheorie der Unternehmung. In: Zeitschrift für die gesamte Staatswissenschaft 1962, S. 577—597.

Sayre, W. S.; H. *Kaufmann:* [Governing]

Governing New York City. New York 1960.

Schäfer, E.: [Funktionalbetrachtung]

Die Funktionalbetrachtung in der Betriebswirtschaftslehre. In: Gegenwartsprobleme der Betriebswirtschaft, hrsg. v. F. Henzel u. a., Baden-Baden/Frankfurt/M. 1955, S. 11—24.

Schanz, G.: [Wertfreiheit]

Zum Prinzip der Wertfreiheit in der Betriebswirtschaftslehre: Wissenschaftstheoretische Anmerkungen zu Erich Loitlsbergers Plädoyer für eine normative Wissenschaft. In: ZfbF 1972, S. 379—392.

Scheuch, E. K.: [Denkstruktur]

Neue Anforderungen an die Denkstruktur und an die Verhaltensweise der Verwaltung in einer modernen Gesellschaft. In: [Verwaltung 98—118].

Schmale, H.: [Abkehr].

Abkehr vom Fließband. In: Manager Magazin 1972, Nr. 2, S. 90—91.

Schmidt, G.: [Produkt-Innovation]

Produkt-Innovation und Organisation. Diss. Gießen 1969.

Schmidt, K.; E. *Wille:* [Finanzplanung]

Die mehrjährige Finanzplanung. Wunsch und Wirklichkeit. Tübingen 1970.

Schmidt, R.-B.: [Entscheidungen]

Unternehmerische und unternehmungspolitische Entscheidungen — Probleme ihrer Dezentralisierung. In: Führung in der Wirtschaft, Festschrift zum zehnjährigen Bestehen der Akademie für Führungskräfte der Wirtschaft, Bad Harzburg 1966, S. 124—139.

[Wirtschaftslehre I]
Wirtschaftslehre der Unternehmung. Grundlagen. Stuttgart 1969.

[Wirtschaftslehre II]
Wirtschaftslehre der Unternehmung. Zielerreichung. Stuttgart 1972.

Schmidt, R. H.: [Überlegungen]

Einige Überlegungen über die Schwierigkeiten, heute eine „Methodologie der Betriebswirtschaftslehre“ zu schreiben. In: ZfbF 1972, S. 393—413.

Schmidt-Sudhoff, U.: [Unternehmerziele]

Unternehmerziele und unternehmerisches Zielsystem. Wiesbaden 1967.

Schmitt-Grohé, J.: [Produktinnovation]

Produktinnovation. Verfahren und Organisation der Neuproduktplanung. Wiesbaden 1972.

Schneider, D.: [Zielvorstellungen]

Zielvorstellungen und innerbetriebliche Lenkungspreise in privaten und öffentlichen Unternehmen. In: ZfbF 1966, S. 260—275.

[Flexible Planung]

Flexible Planung als Lösung der Entscheidungsprobleme unter Unsicherheit? In: ZfbF 1971, S. 831—851.

Schnelle, E.: [Entscheidung]

Entscheidung im Management. Quickborn 1966.

Schnettler, A.: [Betriebe]

Betriebe, öffentliche Haushalte und Staat. Berlin 1964.

Schönfeld, H.-M.: [Führungsausbildung]

Führungsausbildung im betrieblichen Funktionsgefüge. Wiesbaden 1967.

Schönfelder, H.: [Management]

Management, Leistungsfähigkeit und Wirtschaftlichkeit in der Öffentlichen Verwaltung. In: Zeitschrift für Beamtenrecht 1971, S. 157—165.

Scholz, G.: [Beamte]

Beamte für die Industrie. In: Die Zeit 1971, 23.7., S. 24.

Scott, W. G.: [Theory]

Organization Theory. A Behavioral Analysis for Management. Homewood, Ill. 1967.

Seashore, S.: [Cohesiveness]

Group Cohesiveness in the Industrial Work Group. Ann Arbor 1954.

Seemann, K.: [Managementsysteme]

Neue integrierte Managementsysteme in Regierung und Verwaltung. In: Berichte des Deutschen Industrieinstituts zur Wirtschaftspolitik 1970, Nr. 9.

[Planungsprobleme]

Planungsprobleme in der Bundesrepublik der sozialliberalen Koalition. Köln 1971.

Sieber, E. H.: [Weiterbildung]

Aus- und Weiterbildung von Führungskräften. In: HWO, Sp. 576—583.

Silbermann, A.: [Inhaltsanalyse]

Systematische Inhaltsanalyse. In: König, R. (Hrsg.), Handbuch der empirischen Sozialforschung. Bd. I, Stuttgart 1962, S. 570—600.

Simon, H. A.: [Verwaltungshandeln]

Das Verwaltungshandeln. Eine Untersuchung der Entscheidungsvorgänge in Behörden und privaten Unternehmen. Stuttgart 1955.

Staerkle, R.: [Voraussetzungen]

Organisatorische Voraussetzungen einer fortschrittlichen Personalführung. In: Geiger [Personalführung 21—38].

Stern, K.: [Staatsorganisation]

Staatsorganisation. In: HWO, Sp. 1536—1543.

Stickel, H.: [Entscheidung]

Die Analyse der Entscheidung in der Landesforstverwaltung Baden-Württemberg. Diss. Freiburg 1969.

Stiefel, R. Th.: [Lehrmethoden]
Lehrmethoden als Instrumente in der Personalauswahl. In: IO 1972, S. 172—176.

Strasser, H.: [Zielbildung]
Zielbildung und Steuerung der Unternehmung. Wiesbaden 1966.

Sutter, U.: [Führung]
Führung, Organisation und Koordination in der Öffentlichen Verwaltung und in öffentlichen Unternehmen. Das Verhältnis von zentralen und dezentralen Organisationseinheiten. In: Die Unternehmung 1971, S. 17—32.

Tagiuri, R.; G. H. *Litwin* (Eds.): [Climate]
Organizational Climate. Boston 1968.

Taylor, F. W.: [Management]
Scientific Management. New York u. London 1947.

Thiel, E.: [PPBS]
Planning-Programming-Budgeting-System. Ein Versuch zur Erhöhung der Effizienz der Staatstätigkeit. In: W. Michalski (Hrsg.), Leistungsfähigkeit und Wirtschaftlichkeit in der Öffentlichen Verwaltung, Hamburg 1970, S. 41—52.

Thieme, W.: [Verwaltungslehre]
Verwaltungslehre. Köln, Berlin, Bonn, München 1967.

[Stiefkind]
Das Stiefkind des Staates. Das Beamtenrecht muß reformiert werden: Hort der Staatstugenden oder Relikt aus der Vergangenheit? In: Die Zeit 1970, Nr. 38, S. 60.

[Zweiteilung]
Sind die Zweiteilung des öffentlichen Dienstes und das gegenwärtige Laufbahn- und Besoldungsrecht noch zeitgemäß? In: [Verwaltung 145 bis 159].

Thomae, H. (Hrsg.): [Motivation]
Die Motivation menschlichen Handelns. Köln—Berlin 1965.

Thompson, V. A.: [Hierarchie]
Hierarchie, Spezialisierung und organisationsinterner Konflikt. In: Mayntz [Organisation 217—227].

Tolman, E. C.: [Motivationsmodell]
Ein kognitives Motivationsmodell. In: Thomae [Motivation 448—461].

Ulrich, H.: [System]
Die Unternehmung als produktives soziales System. Bern—Stuttgart 1968.

[Delegation]
Delegation. In: HWO, Sp. 433—437.

[Kompetenz]
Kompetenz. In: HWO, Sp. 852—856.

[Entwicklungstendenzen]
Entwicklungstendenzen der Managementlehre. In: W. Schürer, U. Schneider (Hrsg.), Entwicklungstendenzen des Managements, Bern u. Stuttgart 1971, S. 101—108.

Valentine, R. F.: [Objectives]
Performance Objectives for Managers. New York 1966.

Veld, J. In 't: [Führungstheorie]
Eine einheitliche Führungstheorie für Wirtschaft und Verwaltung. In: MIR 1962, H. 1, S. 50—51.

Vente, R. E.: [Zielplanung]
Zielplanung. Baden-Baden 1971.

[Verwaltung]
Verwaltung im modernen Staat. Berliner Beamtentage 1969. Berlin 1970.

Vodrazka, K.: [Funktionsbegriff]
Zum Funktionsbegriff in der Betriebswirtschaftslehre. In: Beiträge zur Begriffsbildung und Methode der Betriebswirtschaftslehre. Festschrift für W. Bouffier, hrsg. v. R. Bratschitsch und K. Vodrazka, Wien 1965, S. 215 bis 234.

Vogel, J.: [Appraisalprogramm]
Appraisalprogramm für leitende Angestellte. In: Personalführung I, hrsg. v. A. Marx, Wiesbaden 1969, S. 61—77.

Vogler, G.: [Steuerungssystem]
Die Unternehmung als Steuerungssystem. Stuttgart 1969.

Vroom, V. H.: [Work]
Work and Motivation. 3. pr. New York 1967.
[Compensation]
The Role of Compensation in Motivating Employees. In: Bass/Deep [Perspectives 103—112].
[Psychology]
Industrial Social Psychology. In: Vroom/Deci [Motivation 91—106].

Vroom, V. H.; E. L. *Deci* (Eds.): [Motivation]
Management and Motivation. Harmondsworth 1970.

Wagener, F.: [Neubau]
Neubau der Verwaltung. Berlin 1969.
[Veränderungen]
Voraussehbare Veränderungen der inneren Struktur der öffentlichen Verwaltung auf Grund technischer und sozioökonomischer Entwicklungen. In: [Verwaltung 176—189].

Weber, M.: [Gesellschaft]
Wirtschaft und Gesellschaft. 2 Bde. Köln, Berlin 1964.

Weddingen, W.: [Anstalten]
Die öffentlichen Unternehmungen und Anstalten. In: Finanzarchiv 1962/63, S. 204—217.

Wegner, G.: [Systemanalyse]
Systemanalyse. In: HWO, Sp. 1610—1617.

Whyte, W. F.: [Money]
Money and Motivation. New York 1955.

Wild, B.: [Infiltration]
Infiltration und Durchsetzungsmöglichkeiten von Interessen bei unternehmerischen Entscheidungen. Diss. Mannheim 1967.

Wild, J.: [Grundlagen]
Grundlagen und Probleme der betriebswirtschaftlichen Organisationslehre. Entwurf eines Wissenschaftsprogramms. Berlin 1966.

[Organisationsforschung]
Neuere Organisationsforschung in betriebswirtschaftlicher Sicht. Berlin 1967.

[Management-Konzeption]
Management-Konzeption und Unternehmungsverfassung. In: Probleme der Unternehmungsverfassung, Gedanken zum 70. Geburtstag von M. Lohmann, hrsg. von R.-B. Schmidt, Tübingen 1971, S. 57—95.

Wilkenloh, F.: [Programm]
Das verkehrspolitische Programm für die Jahre 1968—1972 im Spiegel der Verwaltungsarbeit. In: Die Verwaltung 1969, H. 1, S. 65—77.

[Grundzüge]
Grundzüge moderner Managementmethoden und die Möglichkeiten ihrer Anwendung in der öffentlichen Verwaltung. In: Archiv für das Post- und Fernmeldewesen 1971, S. 99—126.

Winckelmann, H.: [Betriebswirtschaftslehre]
Begriff und Aufgaben einer Betriebswirtschaftslehre der öffentlichen Verwaltung. In: ZfbF 1963, S. 321—336.

Wiswede, G.: [Motivforschung]
Motivforschung. Eine Analyse ihrer Erkenntnisgrenzen. München 1962.

Witte, E.: [Entscheidung]
Analyse der Entscheidung. In: Organisation und Rechnungswesen, Festschrift zum 65. Geburtstag von E. Kosiol, hrsg. von E. Grochla, Berlin 1964, S. 101—124.

[Verwaltung]
Organisation und Führung der Verwaltung nach betriebswirtschaftlichen Grundsätzen. In: [Verwaltung 190—198].

[Post]
Die Post — ein Modellfall. In: Der Volkswirt 1971, Nr. 27, S. 27—29.

Witte, E.; J. *Hauschildt:* [Unternehmung]
Die Öffentliche Unternehmung im Interessenkonflikt. Berlin 1966.

Wolff, H. J.: [Verwaltungsrecht II]
Verwaltungsrecht II: Verwaltungs-Organisation, Öffentlicher Dienst. 2. Aufl., München 1967.

Wolfslast, J.: [Analyse]
Cost-Benefit-Analyse im Gesundheitswesen. Hamburg 1968.

Wysocki, K. v.: [Staat]
Betriebswirtschaftslehre und Staat. In: ZfbF 1966, S. 198—219.

Zaleznick, A.; C. R. *Christensen;* F. J. *Roethlisberger;* G. C. *Homans:* [Motivation]
The Motivation, Productivity, and Satisfaction of Workers — A Prediction Study. Boston 1958.

Zangemeister, C.: [Nutzwertanalyse]
Nutzwertanalyse in der Systemtechnik. Eine Methodik zur multidimensionalen Bewertung und Auswahl von Projektalternativen. 2. Aufl., München 1971.

Zeitler, K.: [Zulagen]
Zulagen und Prämien für besondere Leistung. In: Die demokratische Gemeinde 1971, S.335—337.

Zepf, G.: [Verhalten]
Das Verhalten von Vorgesetzten im Entscheidungsprozeß. Eine empirische Untersuchung in Unternehmungen. Köln 1971.

Ziegler, H.: [Autorität]
Strukturen und Prozesse der Autorität in der Unternehmung. Stuttgart 1970.

o. V.: [Beispiel Ford]
Zum Beispiel Ford — Management Karriere in Deutschland. In: Capital 1971, Nr. 8, S. 24—26.

o. V.: [Denken]
„Denken ist Anwendung geistigen Könnens.“ In: Wirtschaftswoche 1972, Nr. 13, S. 20.

Betriebswirtschaftliche Forschungsergebnisse

1. **Plankostenrechnung als Instrument moderner Unternehmensführung.** Hrsg. von E. Kosiol. 2. Aufl. 353 S. 1960. Ln. DM 33,60

2. **Einkaufsplanung und Produktionsumfang.** Von E. Kosiol und Mitarbeitern. 132 S. mit zahlreichen Tab. 1956. Ln. DM 22,—

3. **Grundlagen und Methoden der Organisationsforschung.** Von E. Kosiol. 2. überarbeitete und erweiterte Auflage. 153 S. 1968. Ln. DM 29,80

4. **Organisation des Entscheidungsprozesses.** Hrsg. von E. Kosiol. 221 S. mit 23 Abb. 1959. Ln. DM 32,60

5. **Organisation der innerbetrieblichen Materialbewegung.** Von D. Köhler. 142 S. mit 1 Ausschlagtafel. 1959. Ln. DM 23,60

6. **Grundlagen und Formen der Entlohnung.** Von H. Martens. 128 S. mit 20 Abb. 1958. Ln. DM 22,60

7. **Institut für Industrieforschung 1948—1958.** Von E. Kosiol. 141 S. mit 5 Kunstdrucktafeln und 1 Ausschlagtafel. 1959. Ln. DM 21,80

8. **Betriebsverband und Verbandbetrieb.** Von E. Grochla. 338 S. mit 10 Schaubildern. 1959. Ln. DM 36,60

9. **Aufbauorganisation der industriellen Lagerwirtschaft.** Von J. Göldner. 305 S. mit 50 Abb. 1960. Ln. DM 36,60

10. **Freiwillige soziale Leistungen der industriellen Unternehmung.** Von U. Pleiß. 248 S. 1960. Ln. DM 32,60

11. **Untersuchungen zur Aufbauorganisation der Arbeitsvorbereitung und des Einkaufs industrieller Unternehmungen.** Von E. Kosiol und Mitarbeitern. 170 S. mit zahlreichen Abb. 1960. Ln. DM 24,60

12. **Die Entwicklung der industriellen Kostenrechnung in Deutschland.** Von G. Dorn. 232 S. 1961. Ln. DM 32,60

13. **Bürowirtschaftliche Forschung.** Hrsg. von E. Kosiol. 291 S. mit 15 Tab. und 7 Abb. 1961. Ln. DM 39,60

14. **Bibliographie der Organisationsliteratur.** Hrsg. von E. Kosiol. 184 S. 1961. Ln. DM 44,60

15. **Kritische Analyse der ertragsgesetzlichen Kostenaussage.** Von G. Dlugos. 132 S. mit 16 Abb. 1961. Ln. DM 22,80

16. **Zur Problematik der quantitativen Terminologie in der Betriebswirtschaftslehre.** Von N. Szyperski. 169 S. 1962. Ln. DM 22,60

17. **Die Bewertung des Anlagevermögens in amerikanischen Bilanzen.** Von H.-J. Dux. 186 S. 1962. Ln. DM 29,60

18. **Aufbauorganisation der internen Revision in tiefgegliederten Unternehmungen und Konzernen.** Von A. Brimberg. 156 S. mit 48 Abb. 1962. Ln. DM 28,60

19. **Die Gewinnverwendung der Unternehmung.** Von R.-B. Schmidt. 242 S. 1963. Ln. DM 38,60

20. **Die Kapazitätsnutzung in der Industrieunternehmung.** Von P. Clar. 283 S. 1964. Ln. DM 39,80

21. **Ablauforganisation der industriellen Lagerwirtschaft.** Von J. Göldner. 348 S. 1964. Ln. DM 49,60

22. **Probleme der Ablauforganisation in Unternehmungen.** Von M. Schweitzer. 158 S. mit 25 Abb. 1964. Ln. DM 28,60

23. **Information und Kommunikation.** Von R. Kramer. 194 S. mit 25 Abb. 1965. Ln. DM 36,60

24. **Wesen und Formen des Verbundbetriebes.** Von H. Lehmann. 195 S. mit 4 Schaubildern. 1965. Ln. DM 36,60

25. **Zum Problem der Messung des wirtschaftlichen Handelns mit Hilfe der Bilanz.** Von H.-H. Schulze. 247 S. 1966. Ln. DM 38,—

26. **Zentralisation und Dezentralisation von Aufgaben in der Organisation der Unternehmungen.** Von K. Bleicher. 291 S. mit 34 Abb. 1966. Ln. DM 56,60

27. **Informale Erscheinungen in der Betriebsorganisation.** Von O. Grün. 131 S. 1966. Ln. DM 24,80

28. **Grundlagen und Probleme der betriebswirtschaftlichen Organisationslehre.** Von E. Wild. 227 S. 1966. Ln. DM 42,—

29. **Die optimale Beschaffungsmenge.** Von E. Kottke. 148 S. mit 21 Abb. und 8 Tab. 1966. Ln. DM 44,80

30. **Informationen und Vorgänge ihrer Bearbeitung in der Unternehmung.** Von J. Berthel. 212 S. mit 3 Tab. und 2 Abb. 1967. Ln. DM 46,60

31. **Neuere Organisationsforschung in betriebswirtschaftlicher Sicht.** Von J. Wild. 270 S. 1967. Ln. DM 49,80

32. **Liquidität und Gewinn im industriellen Unternehmensprozeß.** Von H. Schweitzer. 166 S. 1967. Ln. DM 58,—

33. **Die Bedeutung interpersonaler Beziehungen für die Organisation der Unternehmung.** Von K. Sommer. 153 S. 1968. Ln. DM 39,60

34. **Die Umsatzeinnahmen als Gegenstand der unternehmerischen Liquiditätsplanung und Liquiditätspolitik.** Von H. Kossbiel. 295 S. 1968. Ln. DM 78,60

35. **Grundlagen der industriellen Produktgestaltung.** Von K. Chmielewicz. 257 S. 1968. Ln. DM 59,60

36. **Kritische Untersuchungen über den Geltungsbereich des Prinzips der Gewinnmaximierung.** Von F. X. Bea. 149 S. 1968. Ln. DM 38,60

37. **Der Prozeß der Unternehmensentscheidung bei unvollkommener Information.** Von H. Griem. 197 S. 1968. Ln. DM 39,80

38. **Das Leistungsziel als Verhaltensdeterminante von Bankunternehmungen der öffentlichen Hand.** Von R. Kroll. 187 S. 1968. Ln. DM 42,60

39. **Zur Aussagefähigkeit neuer Kostenrechnungsverfahren.** Von D. Moews. 216 S. 1969. Ln. DM 56,60

40. **Die Steuerung dezentraler Kostenentscheidungen im Herstellungsbereich industrieller Unternehmungen.** Von D. Hamann. 171 S. 1969. Ln. DM 38,60

41. **Kybernetische Ansätze zur Organisation des Führungsprozesses der Unternehmung.** Von H. Flik. 152 S. mit 18 Abb. 1969. Ln. DM 42,60

42. **Organisationsprinzipien.** Von R. Beensen. 234 S. 1969. Ln. DM 48,60

43. **Elemente und Strukturdeterminanten des informatorischen Kommunikationssystems industrieller Unternehmungen.** Von H.-J. Drumm. 176 S. 1969. Ln. DM 39,60

44. **Information und Planung in industriellen Unternehmungen.** Von J. Berthel und D. Moews. 206 S. 1970. Ln. DM 44,60

45. **Unternehmensgröße, Wachstum und Reorganisation.** Von D. Schulz. 225 S. 1970. Ln. DM 44,60

46. **Unternehmungswachstum und Produktinnovation.** Von A. Kieser. 242 S. mit 34 Abb. und 33 Tab. 1970. Ln. DM 64,60

47. **Automation und Leitungsstruktur.** Von H. J. Drumm. 145 S. 1970. Ln. DM 36,60

48. **Zum Normenproblem in der Wirtschaftswissenschaft.** Von A. Ruffner. 175 S. 1970. Ln. DM 48,60

49. **Unternehmenswirtschaftliche Reservierung.** Von P. R. Wossidlo. 266 S. mit 11 Abb. und 10 Tab. 1970. Ln. DM 66,60

50. **Zur Anwendung mathematischer Programmierungsverfahren auf die Bestimmung wirtschaftlich optimaler Informationsvorgänge.** Von H. Krug. 122 S. 1970. Ln. DM 36,60

51. **Kommunikation und Kollegialorgane.** Von C. K. Kanellopoulos. 187 S. 1970. Ln. DM 44,80

52. **Probleme der simultanen Optimierung von Leistungsprozessen in Unternehmungen.** Von W. Matthes. 360 S. 1970. Ln. DM 88,60

53. **Modelle zur Bestimmung der Gewinnerwartung im Rahmen der Neuprodukt-Planung.** Von G. Kreußlein. 199 S. 1971. Ln. DM 59,60

54. **Simultane Produktions-Investitionsplanung mit Hilfe der Portfolio Selection.** Von L. Peters. 148 S. 1971. Ln. DM 48,—

55. **Zur Gliederung der betriebswirtschaftlichen Bilanz.** Von J. Fudickar. 203 S. 1971. Ln. DM 48,60

56. **Erfolgskonsolidierung in Konzernabschlüssen.** Von J. Weitkamp. 110 S. 1971. Ln. DM 33,60

57. **Struktur und Funktion der Bilanz.** Von M. Schweitzer. 250 S. 1972. Brosch. DM 28,—; Ln. DM 38,—

58. **Entscheidungstrategien bei Produktverbundenheit.** Von F. J. Berners. 228 S. 1972. Ln. DM 68,60

59. **Grundlagen, Probleme und Instrumente der Konflikthandhabung in der Unternehmung.** Von W. Krüger. 200 S. 1972. Ln. DM 49,60

60. **Beteiligungsentscheidungen.** Betriebswirtschaftliche Grundlagen des Erwerbs und der Veräußerung von Unternehmensbeteiligungen. Von H. Schierenbeck. 197 S. 1973. Ln. DM 54,60

D U N C K E R & H U M B L O T / B E R L I N